생활 속 문제를 통해
배워보는 머신 러닝

생활 속 문제를 통해 배워보는 머신 러닝

파이썬 머신 러닝 블루프린트

알렉산더 콤스 지음

곽용훈 옮김

| 지은이 소개 |

알렉산더 콤스 Alexander T. Combs

경험이 풍부한 데이터 과학자이자 전략가며 재무 데이터의 추출과 자연어 처리 및 생성,
대규모 통계적 모델링 관련 경험이 있는 개발자이기도 하다. 현재 뉴욕에서 데이터 과학
집중 프로그램의 선임 강사로 활동하고 있다.

책을 저술하는 것은 정말 힘든 과정이므로 다른 사람들의 지원이 없었다면 이 책의 출간은 불
가능했을 겁니다. 가족의 사랑과 격려, 그리고 조슬린(Jocelyn)의 인내와 이해심에 감사합니
다. 모두에게 엄청난 빚을 졌네요.

| 기술 감수자 소개 |

쿠샬 칸델왈 Kushal Khandelwal

데이터 과학자이자 풀스택full-stack 개발자다. 확장성 있는 머신 러닝과 이미지 처리 소프트
웨어 애플리케이션을 구축하는 데 관심이 많다. 파이썬 코딩에 능숙해 여러 오픈소스 프
로젝트에 적극적으로 기여하고 있다. 현재 농부들을 돕는 확장성 있는 웹 애플리케이션을
구축하는 농부 중심의 스타트업 Truce.in의 기술 책임자로 일하고 있다.

| 옮긴이 소개 |

곽용훈(kkwaks@gmail.com)

애플II 컴퓨터와의 만남을 시작으로 초등학교 때부터 컴퓨터 프로그래밍을 시작했다. 고려대학교 전자공학과를 졸업한 후 지난 20여 년간 IT 분야의 초기 스타트업부터 대기업까지 두루 몸담았으며, 프로그래머에서 신사업 개발에 이르기까지 다양한 분야와 기술을 경험했다. 현재 LG전자에서 빅데이터 분석을 통한 고객 가치 창출 및 오퍼레이션 트랜스폼Operation Transform과 같은 실제 비즈니스적인 성과를 만들어내기 위해 노력하고 있다.

알파고^{AlphaGo}와 4차 산업 혁명으로 인해 빅데이터 분석과 머신 러닝이 더욱 중요해졌고 대중의 관심도 상당히 높아지고 있습니다. 데이터 분석이나 머신 러닝을 잘 모르는 일반 대중들도 딥러닝이라는 용어가 낯설지 않을 만큼 각종 매체를 통해 자주 접하고 있으며, 오히려 이러한 익숙함이 데이터 분석과 머신 러닝을 통해 실제 현장의 문제를 푸는 데이터 분석가들을 곤란하게 할 때가 많습니다. 머신 러닝이라는 '마법 열쇠'만 있으면 모여 있는 데이터를 통해 자율 주행차도 만들고 바둑 분야에서 세계 랭킹 1위도 꺾을 수 있다는 인식을 갖도록 만들었기 때문입니다.

하지만 실제 업무 현장에서 문제를 풀기 위해서는 마법 열쇠가 아닌 데이터에 대한 충분한 이해와 통계적 분석에 기반한 머신 러닝 모델링이 필요합니다. 우선 풀어야 할 문제와 해당 분야에 대한 이해를 기반으로 목적에 맞는 데이터를 수집해야 합니다. 수집 후에는 데이터 정합성 검증 과정과 데이터 정제를 거쳐 분석이 가능한 형태의 데이터로 변환합니다. 이렇게 데이터에 대한 전처리를 마치고 나면 탐색적이고 통계적인 분석을 통해 데이터를 심층적으로 이해하게 되고, 이를 기반으로 문제를 풀기 위한 머신 러닝 알고리즘을 선택하게 됩니다. 반복적인 학습/검증 과정을 통해 머신 러닝 모델링을 구현하고, 이를 지속적으로 평가하고 개선하는 작업이 지속돼야 합니다.

이 책에는 저렴한 가격의 아파트 찾기나 저렴한 항공권 구하기와 같은 일상의 문제부터 챗봇 및 추천 엔진 구축과 같은 기술 중심의 문제까지 친숙하고 다양한 사례가 포함돼 있습니다. 그리고 실제 업무와 비슷한 단계를 거쳐 강력한 라이브러리를 가진 파이썬으로 사례들을 풀어가고 있습니다. 이 책을 통해 데이터 분석 분야에서 파이썬이 지닌 편리함과 강력함을 이해하고 머신 러닝으로 생활 속의 문제를 푸는 방법을 배운다면 실제 업무 현장에서 다양한 문제들을 풀어낼 기반이 될 것이라고 생각합니다.

| 차례 |

머신 러닝은 데이터 중심 세상에서 빠르게 영역을 확대하고 있으며 로봇 공학과 의학에서부터 소매와 출판에 이르기까지 다양한 분야에 적용되고 있다. 이 책에서는 실제적인 머신 러닝 애플리케이션을 구축하는 방법을 단계별로 설명한다.

쉽게 이해할 수 있는 프로젝트를 통해 다양한 형태의 데이터를 처리하는 방법을 살펴보고 지도 학습과 비지도 학습 같은 다양한 머신 러닝 기술을 언제 적용해야 하는지 배운다.

이 책에 나오는 각각의 프로젝트는 실제적이며 교육적인 가치를 제공한다. 예를 들어, 항공료 할인 판매를 찾기 위해 클러스터링 기술을 사용하는 방법을 배우고, 저렴한 아파트를 찾기 위해 선형 회귀를 사용하는 법을 배운다. 이 책은 이해하기 쉽고 현실적인 방식으로 머신 러닝을 이용해 방대한 양의 데이터를 수집, 분석, 처리하는 것을 알려준다.

▌ 이 책에서 다루는 내용

1장. 파이썬 머신 러닝 에코시스템 심도 있는 내용과 활성화된 개발자 커뮤니티를 가진 파이썬과 과학계 출신의 여러 개발자에 대해서도 탐구한다. 이 때문에 파이썬은 과학적인 계산을 위한 풍부한 라이브러리를 제공한다. 주요 라이브러리의 특징을 살펴보고 가장 잘 활용할 수 있는 환경을 준비하는 것에 대해 알아본다.

2장. 저렴한 아파트 찾기 앱 구축하기 삭시만 실제석인 예제인 저렴한 아파트를 잦는 애플리케이션의 구축을 시작으로 첫 번째 머신 러닝 애플리케이션을 구축하는 과정을 안내한다. 끝에서는 좀 더 쉽게 적당한 아파트를 찾는 애플리케이션을 만들어본다.

3장. 저렴한 항공료 찾기 앱 구축하기   가격을 지속적으로 모니터링하는 애플리케이션을 구축하는 방법을 설명한다. 변칙적인 가격이 나타나면, 빠르게 조치할 수 있도록 알려준다.

4장. 로지스틱 회귀를 이용해 IPO 시장 예측하기   머신 러닝을 이용해 어떤 IPO가 면밀히 관찰할 가치가 있는지 결정한다.

5장. 맞춤형 뉴스피드 만들기   뉴스 취향을 이해하고 매일 개인적으로 맞춤화된 뉴스레터를 보내주는 시스템의 구축 방법을 다룬다.

6장. 콘텐츠 입소문 예측하기   가장 많이 공유된 콘텐츠를 검토해 사람들이 적게 공유하는 콘텐츠와 차별화되는 공통 요소를 찾아본다.

7장. 머신 러닝으로 주식 시장 예측하기   트레이딩 전략을 구축하고 테스트하는 방법을 다룬다. 자신만의 시스템을 고안하려고 할 때 피해야 할 위험은 셀 수 없을 정도로 많다. 하지만 상당한 재미를 느낄 수 있으며, 가끔은 수익도 가져다준다.

8장. 이미지 유사도 엔진 구축하기   이미지 기반의 고급 딥러닝 애플리케이션을 만든다. 또한 딥러닝 알고리즘이 왜 중요한지, 그리고 왜 과장돼 있는지를 이해하기 위해 딥러닝 알고리즘을 알아본다.

9장. 챗봇 구축하기   밑바닥에서부터 챗봇Chatbot을 만드는 방법을 설명한다. 이것을 통해 해당 분야의 역사와 앞으로의 전망에 대해 파악할 수 있다.

10장. 추천 엔진 구축하기   다양한 종류의 추천 시스템을 알아보고, 상업적으로 어떻게 수행되고 작동하는지 살펴본다. 또한 깃허브GitHub 저장소를 찾아주는 추천 엔진을 실행해본다.

▮ 준비 사항

파이썬 3.x와 현실 세계의 머신 러닝 프로젝트에 대한 열망만 있으면 이 책을 충분히 활용할 수 있다. 이 책의 코드 파일과 함께 자세한 소프트웨어 목록이 제공된다.

▌ 이 책의 대상 독자

이 책은 파이썬 기반의 머신 러닝 시스템을 구축하길 원하면서 데이터 과학에 대한 기본 지식을 갖춘 파이썬 프로그래머와 데이터 과학자, 아키텍트를 대상으로 한다.

▌ 편집 규약

이 책에서는 독자의 이해를 돕고자 다루는 정보에 따라 글꼴 스타일을 다르게 적용했다. 이러한 스타일의 예와 의미는 다음과 같다.

텍스트에서 코드 단어는 다음과 같이 표기한다. "데이터프레임에서 .corr()를 호출해 실행할 수 있다."

코드 블록은 다음과 같이 표기한다.

```
<category>
    <pattern>I LIKE TURTLES</pattern>
    <template>I feel like this whole <set name="topic">turle</set>
    thing could be a problem. What do you like about them?</template>
</category>
```

명령행 입력이나 출력은 다음과 같이 표기한다.

```
sp = pd.read_csv(r'/Users/alexcombs/Downloads/spy.csv')
sp.sort_values('Date', inplace=True)
```

화면상에 표시되는 메뉴나 버튼은 다음과 같이 표기한다. "페이지에서 오른쪽 버튼을 클릭하고 Inspect element를 클릭한다."

 경고나 중요한 노트는 이와 같이 나타낸다.

 팁과 요령은 이와 같이 나타낸다.

▌ 독자 의견

독자로부터의 피드백은 항상 환영이다. 이 책에 대해 무엇이 좋았는지 또는 좋지 않았는지 소감을 알려주길 바란다. 독자 피드백은 앞으로 더 좋은 책을 발행하는 데 큰 도움이 된다. 일반적인 피드백을 우리에게 보낼 때는 간단하게 feedback@packtpub.com으로 이메일을 보내면 되고, 메시지의 제목에 책 이름을 적으면 된다.

여러분이 전문 지식을 가진 주제가 있고, 책을 내거나 책을 만드는 데 기여하고 싶다면 www.packtpub.com/authors에서 저자 가이드를 참조하길 바란다.

▌ 고객 지원

팩트출판사의 구매자가 된 독자에게 도움이 되는 몇 가지를 제공하고자 한다.

▌ 예제 코드 다운로드

이 책에 사용된 예제 코드는 http://www.packtpub.com의 계정을 통해 다운로드할 수 있다. 다른 곳에서 구매한 경우에는 http://www.packtpub.com/support를 방문해 등록하면 파일을 이메일로 직접 받을 수 있다.

코드를 다운로드하려면 다음과 같이 한다.

1. 팩트출판사 웹사이트(http://www.packtpub.com)에서 이메일 주소와 암호를 이용해 로그인하거나 계정을 등록한다.
2. 맨 위에 있는 SUPPORT 탭으로 마우스 포인터를 이동한다.
3. Code Downloads & Errata 항목을 클릭한다.
4. Search 입력란에 책 이름을 입력한다.
5. 코드 파일을 다운로드하려는 책을 선택한다.
6. 드롭다운 메뉴에서 이 책을 구매한 위치를 선택한다.
7. Code Download 항목을 클릭한다.

또한 팩트출판사 웹사이트에서 제공하는 책 웹 페이지에서 Code Files를 클릭해 코드 파일을 다운로드할 수도 있다. 해당 페이지는 책 이름을 검색 창에 입력해 접근할 수 있으며, 이를 위해서는 팩트출판사 계정에 로그인해야 한다.

파일을 다운로드한 후에는 다음과 같은 압축 프로그램을 이용해 파일의 압축을 해제한다.

- 윈도우: WinRAR, 7-Zip
- 맥: Zipeg, iZip, UnRarX
- 리눅스: 7-Zip, PeaZip

이 책의 코드 묶음은 깃허브 https://github.com/packtpublishing/pythonmachine learningblueprints에서도 받을 수 있으며, https://github.com/PacktPublishing/에서

는 다른 책들의 코드 묶음과 동영상들을 제공한다. 또한 에이콘출판사의 도서 정보 페이지인 http://www.acornpub.co.kr/book/python-ml-blueprints에서도 예제 코드를 다운로드할 수 있다.

정오표

내용을 정확하게 전달하기 위해 최선을 다했지만, 실수가 있을 수 있다. 팩트출판사의 도서에서 문장이든 코드든 간에 문제를 발견해서 알려준다면 매우 감사하게 생각할 것이다. 그런 참여를 통해 그 밖의 독자에게 도움을 주고, 다음 버전의 도서를 더 완성도 높게 만들 수 있다. 오탈자를 발견한다면 http://www.packtpub.com/submit-errata를 방문해 책을 선택하고, 구체적인 내용을 입력해주길 바란다. 보내준 오류 내용이 확인되면 웹사이트에 그 내용이 올라가거나 해당 서적의 정오표 부분에 그 내용이 추가될 것이다. http://www.packtpub.com/support에서 해당 도서명을 선택하면 기존 정오표를 확인할 수 있다. 한국어판은 에이콘출판사 도서정보 페이지 http://www.acornpub.co.kr/book/python-ml-blueprints에서 찾아볼 수 있다.

저작권 침해

인터넷에서의 저작권 침해는 모든 매체에서 벌어지고 있는 심각한 문제다. 팩트출판사에서는 저작권과 사용권 문제를 아주 심각하게 인식한다. 어떤 형태로든 팩트출판사 서적의 불법 복제물을 인터넷에서 발견한다면 적절한 조치를 취할 수 있도록 해당 주소나 사이트명을 알려주길 부탁한다.

의심되는 불법 복제물의 링크는 copyright@packtpub.com으로 보내주길 바란다. 저자와 더 좋은 책을 위한 팩트출판사의 노력을 배려하는 마음에 깊은 감사의 뜻을 전한다.

질문

이 책과 관련해 질문이 있다면 questions@packtpub.com으로 문의하길 바란다. 최선을 다해 질문에 답하겠다. 한국어판에 관한 질문은 이 책의 옮긴이나 에이콘출판사 편집 팀 (editor@acornpub.co.kr)으로 문의해주길 바란다.

01

파이썬 머신 러닝 에코시스템

머신 러닝은 빠르게 세상을 변화시키고 있다. 인공지능을 중심으로 우리의 생활이 어떻게 바뀔지 모른 채 지내기는 어렵다. 어떤 사람들은 인공지능이 인간의 지능을 능가하는 형태Singularity-style의 테크노 유토피아로 이끌 것이라 분석하고, 또 다른 사람들은 일자리를 뺏는 로봇이나 드론 암살 부대와의 끊임없는 싸움으로 얼룩진 테크노 혼란을 향하고 있다고 말한다. 하지만 전문가들이 이러한 미래의 쌍곡선에 대해 논하고 있는 동안, 현실 세계에서는 머신 러닝이 일상생활에서 빠르게 자리를 잡아가고 있다. 컴퓨터 및 주변 세상과 소통하는 방법에 대한 미묘하고 점진적인 개선을 통해 미신 러닝은 우리의 삶을 조용히 개선하고 있다.

아마존(Amazon.com) 같은 온라인 소매점에서 쇼핑하거나, 스포티파이Spotify 또는 넷플릭스Netflix 같은 곳에서 음악 스트리밍이나 영화 서비스를 이용하고 단지 구글 검색을 하는 동안조차 머신 러닝 애플리케이션을 마주치게 된다. 해당 서비스의 사용자가 생성한 데이터는 수집되고 통합돼 각각의 사용자들에게 맞춤형 서비스를 제공함으로써 서비스를 개선하는 모델에 입력된다.

지금이 바로 머신 러닝 애플리케이션을 개발하는 데 뛰어들 적기며, 파이썬이 이러한 애플리케이션을 만드는 데 가장 이상적인 선택임을 알 수 있다. 파이썬은 지식의 깊이가 있고 활동적인 개발자 커뮤니티를 보유했을 뿐만 아니라 과학계에서 온 여러 개발자들이 많아서 과학적 계산을 위한 풍부한 라이브러리를 제공한다. 이 책에서는 파이썬의 과학적 스택에 있는 라이브러리를 알아보고 사용해본다.

이 장에서는 단계별로 다양한 종류의 머신 러닝 애플리케이션을 구축하는 방법을 배우게 된다. 본격적으로 시작하기에 앞서 나머지 부분에서는 여러 중요한 라이브러리의 특징과 이 라이브러리를 최대한 사용할 수 있는 환경의 준비 방법을 다룬다.

이 장에서 다루게 될 주제는 다음과 같다.

- 데이터 과학/머신 러닝 워크플로우workflow
- 워크플로우 각 단계별 라이브러리
- 환경 설정하기

▌데이터 과학/머신 러닝 워크플로우

머신 러닝 애플리케이션을 구축하는 것은 여러 가지 면에서 기본적인 엔지니어링 패러다임과 비슷하지만, 결정적으로 다른 한 가지는 원재료로 데이터를 가지고 작업해야 한다는 점이다. 데이터 프로젝트의 성공은 많은 부분에서 수집하고 처리한 데이터의 품질에 의존하게 된다. 그리고 데이터 작업은 데이터 과학 분야에 있기 때문에 데이터 과학 워크플로우를 이해하는 것이 도움이 된다.

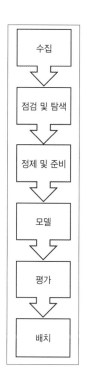

여섯 단계의 절차는 수집acquisition, 점검inspection 및 탐색exploration, 정제cleaning 및 준비 preparation, 모델링modeling, 평가evaluation, 마지막으로 배치deployment의 순서를 따른다. 데이터 검사 및 준비 단계나 평가 및 모델링 단계에서 자주 앞 단계로 돌아가야 하지만, 상위 레벨에서는 위에 보여준 도표의 절차로 설명할 수 있다.

지금부터 각 단계별로 자세히 살펴보자.

수집

머신 러닝 애플리케이션을 위한 데이터는 CSV 파일을 이메일로 받기도 하고, 서버 로그를 다운로드하기도 하고 커스텀 웹 수집기scraper를 구축해 받는 등 다양한 소스로부터 나온다. 또한 데이터는 다양한 형태로 들어온다. 대부분의 경우에 텍스트 기반의 데이터지만 이미지와 비디오 파일을 활용하기 위해 머신 러닝 애플리케이션을 구축하는 것도 어렵지 않다는 것을 알 수 있다. 데이터 형식에 관계없이 데이터가 확정되면, 데이터 안에 무엇이 있고 무엇이 없는지를 이해하는 것이 가장 중요하다.

점검 및 탐색

데이터를 확보한 후 다음 단계는 데이터를 점검하고 탐색하는 일이다. 이 단계에서의 주요 목표는 데이터가 온전한지 확인하는 것으로, 이를 위한 가장 좋은 방법은 불가능하거나 아주 가능성이 없는 것들을 찾는 것이다. 예를 들어, 데이터가 유일한 식별자를 가지고 있으면 정말 하나만 존재하는지, 데이터가 가격 기반이라면 항상 양수인지, 데이터의 형식과 상관없이 극단적인 경우가 있는지도 확인해야 한다. 이해되는가? 연습을 위해 데이터에 대한 몇 가지 간단한 통계 테스트와 시각화를 해보면 좋다. 추가적으로, 어떤 데이터는 빠져 있거나 불완전할 확률이 높다. 뒤에 나올 정제 및 준비 단계에서 해결해야 하기 때문에 이 단계에서 주의 깊게 살펴봐야 한다. 입력되는 데이터가 좋은 만큼 모델도 좋아지기 때문에 이 단계를 정확하게 하는 것이 매우 중요하다.

정제 및 준비

모든 데이터가 준비되면 다음 단계는 모델링에 적용할 수 있는 형식으로 만드는 것이다. 이 단계는 필터링과 결합aggregating, 치환imputing, 변환transforming 등의 여러 단계를 포함한다. 어떤 작업을 하느냐는 사용할 라이브러리와 알고리즘의 종류뿐만 아니라 데이터의 종류에도 매우 밀접한 관계가 있다. 예를 들어, 자연어 기반의 텍스트는 시계열 데이터에 필요한 변환과는 상당한 차이가 있다. 책 전반에 걸쳐 다양한 예제를 통해 변환 방식을 알아본다.

모델링

데이터 준비가 완료되면, 다음 단계는 모델링이다. 이 단계에서는 적합한 알고리즘을 선택하고 데이터로 모델을 학습시켜야 한다. 이 단계에 가장 잘 맞는 예제를 자세히 다루겠지만, 기본적인 단계는 데이터를 학습용, 테스트용, 평가용으로 분리하는 것이다. 데이터를 분리하는 것이 비논리적으로 보일지 모르지만(특히 일반적으로 데이터가 많을수록 더 좋은 모델이 나오기 때문에), 이렇게 하는 것이 모델이 현실에서 어떻게 수행될지 더 나은 피드백을 얻고 모델링에서 반드시 피해야 할 과적합^{overfitting}을 방지하는 길이다.

평가

모델이 만들어지고 예측을 한 다음 단계는 모델이 잘 돌아가는지 이해하는 것이고, 이는 평가를 통해 답을 찾아야 하는 질문이다. 모델의 성능을 측정하는 다양한 방법이 있다. 모델이 사용한 데이터의 종류에 가장 크게 영향을 받지만, 전체적인 관점에서 보면 실제 값과 모델의 예측 값이 얼마나 가까운지에 대한 질문에 답을 찾는 것이다. 평균 제곱근 오차$^{root\ mean-square\ error}$와 유클리디안 거리$^{Euclidean\ distance}$, F1 점수$^{F1\ score}$와 같이 머리가 복잡해지는 단어 리스트가 있지만, 결국 모두 실제 값과 추정된 예측 값 간의 거리를 측정하는 것일 뿐이다.

배치

모델이 성능을 만족하면, 다음 단계는 배치다. 유스케이스에 따라 다양한 활용 형태가 있지만 가장 일반적인 시나리오는 다른 큰 규모의 애플리케이션 또는 웹 애플리케이션에 기능으로 추가되거나 간단하게 크론 작업$^{cron\ job}$에 활용된다.

█ 파이썬 라이브러리와 기능

데이터 과학의 워크플로우를 각 단계별로 이해했으니 이제 유용한 파이썬 라이브러리와 각 단계별로 해당 라이브러리 내의 기능들을 선별해서 살펴볼 차례다.

수집

데이터에 접근하는 가장 일반적인 방법은 RESTful API를 통해서며, 알려진 파이썬 라이브러리 중의 하나는 Requests다(http://www.python-requests.org/en/latest/). 이는 인간을 위한 HTTP^{HTTP for human}라고 불리며, 깔끔하고 단순한 방식으로 API와 통신한다.

Requests를 사용해 깃허브 API로부터 데이터를 가져오는 예를 살펴보자. API에 호출해 사용자의 별을 받은 저장소^{repository} 리스트를 요청한다.

```
import requests
r = requests.get(r"https://api.github.com/users/acombs/starred")
r.json()
```

별을 받은 저장소 전체 리스트가 JSON 문서로 반환된다. 다음은 이전 호출을 출력한 일부다.

```
[{'archive_url': 'https://api.github.com/repos/matryer/bitbar/{archive_format}{/ref}',
  'assignees_url': 'https://api.github.com/repos/matryer/bitbar/assignees{/user}',
  'blobs_url': 'https://api.github.com/repos/matryer/bitbar/git/blobs{/sha}',
  'branches_url': 'https://api.github.com/repos/matryer/bitbar/branches{/branch}',
  'clone_url': 'https://github.com/matryer/bitbar.git',
  'collaborators_url': 'https://api.github.com/repos/matryer/bitbar/collaborators{/collaborator}',
  'comments_url': 'https://api.github.com/repos/matryer/bitbar/comments{/number}',
  'commits_url': 'https://api.github.com/repos/matryer/bitbar/commits{/sha}',
  'compare_url': 'https://api.github.com/repos/matryer/bitbar/compare/{base}...{head}',
  'contents_url': 'https://api.github.com/repos/matryer/bitbar/contents/{+path}',
  'contributors_url': 'https://api.github.com/repos/matryer/bitbar/contributors',
  'created_at': '2013-11-13T21:00:12Z',
  'default_branch': 'master',
  'deployments_url': 'https://api.github.com/repos/matryer/bitbar/deployments',
  'description': 'Put the output from any script or program in your Mac OS X Menu Bar',
  'downloads_url': 'https://api.github.com/repos/matryer/bitbar/downloads',
  'events_url': 'https://api.github.com/repos/matryer/bitbar/events',
  'fork': False,
  'forks': 174,
  'forks_count': 174,
```

Requests 라이브러리는 놀랄 만한 다양한 기능을 가지고 있지만, 여기서 다루기에는 내용이 많아 어려우니 앞서 제공한 링크의 문서를 검토하길 바란다.

점검

데이터를 점검하는 것은 머신 러닝 애플리케이션을 개발하는 데 중요한 단계이므로, 이 업무를 잘할 수 있게 지원하는 몇 가지 라이브러리를 깊이 있게 살펴보자.

주피터 노트북

데이터 점검 프로세스를 쉽게 도와주는 다양한 라이브러리가 있으며, 첫 번째는 IPython(http://ipython.org/)과 주피터 노트북Jupyter notebook이다. 이는 데이터 탐색에 이상적인 충분히 발달된 대화형 컴퓨팅 환경을 제공한다. 대부분의 개발 환경과 다르게, 주피터 노트북은 개별적인 코드 블록과 셀cell로 나뉘어지는 웹 기반의 프론트엔드(IPython에 연결된)다. 셀은 필요에 따라 개별적으로 동작하기도 하고 모두 한 번에 동작하기도 한다. 개발자는 시나리오를 실행하고 결과를 보고 난 다음, 코드로 돌아가 수정하고 바뀐 결과를 보는 작업을 노트북을 떠나지 않고 할 수 있다. 주피터 노트북의 사용 예제는 다음과 같다.

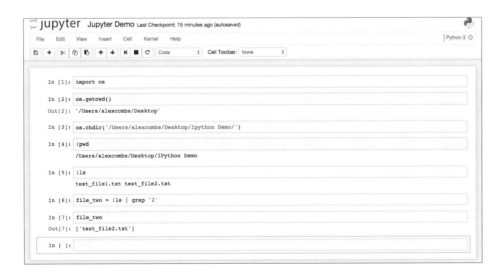

백엔드에 있는 IPython뿐 아니라 터미널 셸과의 직접적인 입력 작업 없이 여러 작업을 완료했다. 이 특별한 인스턴스는 파이썬 3.5 커널에서 동작하지만, 원하기만 하면 파이썬 2.X 커널에서도 쉽게 돌릴 수 있다. 위 예제에서는 파이썬 os 라이브러리를 가져와서 현재 작업 디렉터리를 찾도록 호출하면(셀 #2), 입력 셀 아래의 출력 내용을 볼 수 있다. 셀 #3에서 os 라이브러리를 이용해 디렉터리를 변경하면, os 라이브러리 사용을 중단하고 리눅스 기반 명령어를 셀 #4에서 사용하기 시작한다. 이것은 셀에 !를 추가하면 된다. 셀 #6에서는 파이썬 변수(file_two)에 셀 출력 값을 저장하는 것이 가능함을 볼 수 있다. 간단한 작업으로 파일 처리를 할 수 있는 멋진 기능이다.

이제 노트북을 이용해 몇 가지 간단한 데이터를 처리하는 것을 알아본다. 또 다른 필수 라이브러리인 pandas도 처음 소개한다.

pandas

pandas는 데이터 분석을 위한 굉장한 도구다. pandas 공식 문서(http://pandas.pydata.org/pandas-docs/version/0.17.1/)에 다음과 같이 나와 있다.

> 언어와 상관없이 사용할 수 있는 가장 강력하고 유연한 오픈소스 데이터 분석/처리 도구가 되려는 광범위한 목표를 가지고 있다.

이 주장에 완전히 수긍하지 못했다면, 멀리 갈 필요 없다. 다음을 한 번 살펴보자.

```
import os
import pandas as pd
import requests

PATH = r'/Users/alexcombs/Desktop/iris/'

r =
requests.get('https://archive.ics.uci.edu/ml/machine-learning-databases/iris/iris.data')
```

```
with open(PATH + 'iris.data', 'w') as f:
    f.write(r.text)

os.chdir(PATH)

df = pd.read_csv(PATH + 'iris.data', names=['sepal length', 'sepal width',
'petal length', 'petal width', 'class'])

df.head()
```

	sepal length	sepal width	petal length	petal width	class
0	5.1	3.5	1.4	0.2	Iris-setosa
1	4.9	3.0	1.4	0.2	Iris-setosa
2	4.7	3.2	1.3	0.2	Iris-setosa
3	4.6	3.1	1.5	0.2	Iris-setosa
4	5.0	3.6	1.4	0.2	Iris-setosa

앞의 코드와 스크린샷에서 본 것처럼, 고전적인 머신 러닝 데이터셋인 iris.data를 https://archive.ics.uci.edu/ml/datasets/Iris에서 다운로드해 iris 디렉터리에 저장했다. 이 파일은 CSV 파일로 pandas를 이용해 파일에서 읽도록 했다. 해당 파일에 헤더 로우header row가 없어서 칼럼 이름도 추가했다. 파일이 헤더 로우를 가지지 않는 경우에 pandas는 자동으로 구문을 분석해 반영한다. 다른 CSV 라이브러리와 비교하면, pandas는 이것을 간단한 작업으로 바꿔준다.

파일을 구문 분석parsing하는 것은 라이브러리의 작은 기능 중 하나다. 단일 머신에 맞는 데이터셋으로 작업할 때 pandas는 최고의 도구며 스테로이드를 맞은 엑셀처럼 강력하다. 많이 사용하는 스프레드시트 프로그램과 같이 연산의 기본 단위는 테이블 형태의 데이터의 로우row와 칼럼column이다. pandas의 용어로는 데이터의 칼럼을 시리즈Series라 하고, 테이블을 데이터프레임DataFrame이라고 한다.

앞의 스크린샷에서 본 것과 같은 iris 데이터프레임을 이용해 몇 가지 일반적인 연산을
해보자.

```
df['sepal length']
```

```
0      5.1
1      4.9
2      4.7
3      4.6
4      5.0
5      5.4
6      4.6
7      5.0
8      4.4
9      4.9
10     5.4
11     4.8
12     4.8
```

첫 번째 작업은 칼럼 이름을 지정해 칼럼 하나를 선택하는 것이다. 데이터 나누기[data slicing]
의 다른 방법으로 .ix[row,column] 표기법을 이용하는 것이다. 처음 두 개의 칼럼과 처음
네 개의 로우를 가져오는 표기법은 다음과 같다.

```
df.ix[:3,:2]
```

앞의 코드는 다음 결과를 생성한다.

	sepal length	sepal width
0	5.1	3.5
1	4.9	3.0
2	4.7	3.2
3	4.6	3.1

.ix 표기법과 파이썬 리스트 나누기 문법을 활용하면 해당 데이터프레임의 일부를 선택할 수 있다. 이제 너비width에 해당하는 칼럼만 리스트 반복을 통해 가져온다.

```
df.ix[:3, [x for x in df.columns if 'width' in x]]
```

앞의 코드는 다음 결과를 생성한다.

	sepal width	petal width
0	3.5	0.2
1	3.0	0.2
2	3.2	0.2
3	3.1	0.2

여기서 한 일은 전체 칼럼의 일부를 리스트로 만드는 것이다. 앞의 df.columns는 조건문을 사용해 제목에 width가 있는 칼럼을 다 찾은 결과를 반환한다. 물론 이런 상황인 경우에도 리스트 안에서 원하는 칼럼을 쉽게 출력할 수 있지만 더 큰 데이터셋을 처리할 때도 강력하다는 것을 보여준다.

데이터프레임의 위치를 기반으로 부분적으로 선택하는 방법을 알아봤고, 지금부터는 데이터를 선택하는 다른 방법을 알아보자. 이번에는 특정 조건을 기반으로 데이터를 선택해보자. 중복을 제외한 클래스 리스트를 선택해 만든다.

```
df['class'].unique()
```

앞의 코드는 다음 결과를 생성한다.

```
array(['Iris-setosa', 'Iris-versicolor', 'Iris-virginica'], dtype=object)
```

```
df[df['class']=='Iris-virginica']
```

	sepal length	sepal width	petal length	petal width	class
100	6.3	3.3	6.0	2.5	Iris-virginica
101	5.8	2.7	5.1	1.9	Iris-virginica
102	7.1	3.0	5.9	2.1	Iris-virginica
103	6.3	2.9	5.6	1.8	Iris-virginica
104	6.5	3.0	5.8	2.2	Iris-virginica
105	7.6	3.0	6.6	2.1	Iris-virginica
106	4.9	2.5	4.5	1.7	Iris-virginica
107	7.3	2.9	6.3	1.8	Iris-virginica
108	6.7	2.5	5.8	1.8	Iris-virginica
109	7.2	3.6	6.1	2.5	Iris-virginica
110	6.5	3.2	5.1	2.0	Iris-virginica

오른쪽 칼럼에서 보면, Iris-virginica 품종에 해당하는 데이터만 포함된 데이터프레임을 찾을 수 있다. 사실 데이터프레임 크기는 원본 150개 행에서 현재 50개 행으로 줄었다.

```
df.count()
```

```
sepal length    150
sepal width     150
petal length    150
petal width     150
class           150
dtype: int64
```

```
df[df['class']=='Iris-virginica'].count()
```

```
sepal length       50
sepal width        50
petal length       50
petal width        50
class              50
dtype: int64
```

왼쪽에 있는 색인별 원본 행의 개수를 볼 수 있다. 이제 다음 코드와 스크린샷에서처럼 해당 데이터를 새로운 데이터프레임으로 저장하고 색인을 초기화한다.

```
virginica = df[df['class']=='Iris-virginica'].reset_index(drop=True)
virginica
```

	sepal length	sepal width	petal length	petal width	class
0	6.3	3.3	6.0	2.5	Iris-virginica
1	5.8	2.7	5.1	1.9	Iris-virginica
2	7.1	3.0	5.9	2.1	Iris-virginica
3	6.3	2.9	5.6	1.8	Iris-virginica
4	6.5	3.0	5.8	2.2	Iris-virginica
5	7.6	3.0	6.6	2.1	Iris-virginica
6	4.9	2.5	4.5	1.7	Iris-virginica
7	7.3	2.9	6.3	1.8	Iris-virginica
8	6.7	2.5	5.8	1.8	Iris-virginica
9	7.2	3.6	6.1	2.5	Iris-virginica
10	6.5	3.2	5.1	2.0	Iris-virginica

칼럼 하나에 조건을 주고 데이터를 선택했으니 이제 조건을 추가해보자. 다시 원래 데이터프레임으로 돌아가 두 개의 조건을 사용해서 데이터를 선택한다.

```
df[(df['class']=='Iris-virginica')&(df['petal width']>2.2)]
```

	sepal length	sepal width	petal length	petal width	class
100	6.3	3.3	6.0	2.5	Iris-virginica
109	7.2	3.6	6.1	2.5	Iris-virginica
114	5.8	2.8	5.1	2.4	Iris-virginica
115	6.4	3.2	5.3	2.3	Iris-virginica
118	7.7	2.6	6.9	2.3	Iris-virginica
120	6.9	3.2	5.7	2.3	Iris-virginica
135	7.7	3.0	6.1	2.3	Iris-virginica
136	6.3	3.4	5.6	2.4	Iris-virginica
140	6.7	3.1	5.6	2.4	Iris-virginica
141	6.9	3.1	5.1	2.3	Iris-virginica
143	6.8	3.2	5.9	2.3	Iris-virginica
144	6.7	3.3	5.7	2.5	Iris-virginica
145	6.7	3.0	5.2	2.3	Iris-virginica
148	6.2	3.4	5.4	2.3	Iris-virginica

이제 데이터프레임에는 Iris-virginica 품종에 대한 petal width가 2.2보다 큰 데이터
만 포함된다.

이제 pandas를 사용해 Iris 데이터셋으로부터 빠르게 기술적 통계를 얻는다.

```
df.describe()
```

	sepal length	sepal width	petal length	petal width
count	150.000000	150.000000	150.000000	150.000000
mean	5.843333	3.054000	3.758667	1.198667
std	0.828066	0.433594	1.764420	0.763161
min	4.300000	2.000000	1.000000	0.100000
25%	5.100000	2.800000	1.600000	0.300000
50%	5.800000	3.000000	4.350000	1.300000
75%	6.400000	3.300000	5.100000	1.800000
max	7.900000	4.400000	6.900000	2.500000

데이터프레임의 .describe( ) 함수를 호출하면, 각각의 관련된 칼럼에 대한 기술 통계의 자세한 분석 결과를 받게 된다(관련이 없는 품종은 자동으로 삭제되는 것에 주의하자).

좀 더 세부적인 정보를 원하면, 사용자 정의 백분율을 입력한다.

```
df.describe(percentiles=[.20,.40,.80,.90,.95])
```

	sepal length	sepal width	petal length	petal width
count	150.000000	150.000000	150.000000	150.000000
mean	5.843333	3.054000	3.758667	1.198667
std	0.828066	0.433594	1.764420	0.763161
min	4.300000	2.000000	1.000000	0.100000
20%	5.000000	2.700000	1.500000	0.200000
40%	5.600000	3.000000	3.900000	1.160000
50%	5.800000	3.000000	4.350000	1.300000
80%	6.520000	3.400000	5.320000	1.900000
90%	6.900000	3.610000	5.800000	2.200000
95%	7.255000	3.800000	6.100000	2.300000
max	7.900000	4.400000	6.900000	2.500000

다음으로 이러한 특징들 간에 상관관계가 있는지 체크해보자. 데이터프레임에서 .corr( )를 호출하면 된다.

```
df.corr( )
```

	sepal length	sepal width	petal length	petal width
sepal length	1.000000	-0.109369	0.871754	0.817954
sepal width	-0.109369	1.000000	-0.420516	-0.356544
petal length	0.871754	-0.420516	1.000000	0.962757
petal width	0.817954	-0.356544	0.962757	1.000000

각 칼럼과 각 로우 간의 피어슨Pearson 상관 계수를 반환한다. 함수 인자 값을 입력하면(예를 들어 .corr(method="spearman")이나 .corr(method="kendall")) 켄달의 타우tau나 스피어만Spearman의 순위 상관 계수로 변경할 수 있다.

시각화

지금까지 데이터프레임의 일부를 선택하거나 요약 통계를 얻는 방법을 알아봤고, 지금부터는 데이터를 시각적으로 점검하는 방법을 배운다. 하지만 먼저 왜 군이 시각적인 점검을 해야 하는지 예제를 통해 알아본다.

다음 표는 x와 y 값에 대한 네 가지 계열series의 요약 통계를 설명한다.

x와 y 값 간의 계열	값
x의 평균	9
y의 평균	7.5
x의 표본 분산	11
y의 표본 분산	4.1
x와 y 간의 상관 계수	0.816

(이어짐)

x와 y 값 간의 계열	값
회귀선	y=3.00+0.500x

동일한 요약 통계를 가진 것으로 이 계열들은 시각적으로 비슷하게 보일 것으로 추정할 수 있겠지만, 물론 틀렸다. 많이 틀렸다. 네 가지 계열은 앤스콤브의 콰르텟Anscombe's quartet의 일부로 시각적인 데이터 점검의 중요성을 설명하기 위해 일부러 만든 것이다. 각각의 계열을 그려보면 다음과 같다.

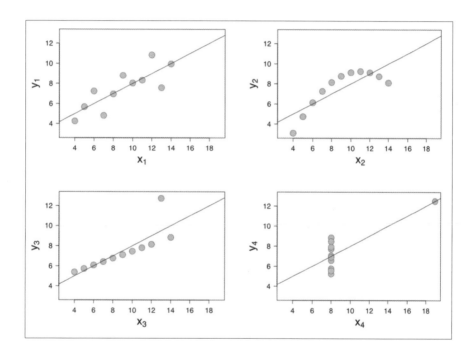

앤스콤브의 콰르텟은 https://en.wikipedia.org/wiki/Anscombe%27s_quartet에서 가셔왔다.

분명히 시각화visualization하고 난 후에는 해당 데이터셋이 동일하다고 여기지 않을 것이다. 그럼 이제 시각화의 중요성은 이해했으니 시각화를 위해 유용한 파이썬 라이브러리를 살펴보자.

matplotlib 라이브러리

처음으로 살펴볼 라이브러리는 matplotlib이다. 이는 파이썬의 플로팅^{plotting} 라이브러리의 증조 할아버지뻘로서 원래 맷랩^{MATLAB}의 플로팅 기능을 모방해서 만들어졌지만, 방대한 기능을 제공하는 완벽한 라이브러리로 성장했다. 맷랩에 대한 배경지식이 없는 사람이라면 작은 작업들이 모여서 그래프를 만드는 방식을 이해하기 어려울 수 있다.

어떻게 동작하는지 이해할 수 있는 논리적인 부분으로 나눠본다. matplotlib을 본격적으로 알아보기 전에, 주피터 노트북에서 바로 그래프를 볼 수 있도록 설정하자. 이렇게 하려면 import 구문에 다음 코드를 추가해야 한다.

```
import matplotlib.pyplot as plt
plt.style.use('ggplot')
%matplotlib inline
import numpy as np
```

첫 번째 줄은 matplotlib을 가져오고, 두 번째 줄은 R의 ggplot 라이브러리(matplotlib 1.41 버전 필요)와 비슷한 형태로 설정하며, 세 번째 줄은 노트북에서 보이도록, 그리고 마지막 줄은 Numpy를 가져온다. Numpy는 이 장에서 다양한 연산에 사용된다.

이제 다음 코드를 사용해 Iris 데이터셋으로 첫 번째 그래프를 생성해보자.

```
fig, ax = plt.subplots(figsize=(6,4))
ax.hist(df['petal width'], color='black');
ax.set_ylabel('Count', fontsize=12)
ax.set_xlabel('Width', fontsize=12)
plt.title('Iris Petal Width', fontsize=14, y=1.01)
```

앞의 코드는 다음 결과를 생성한다.

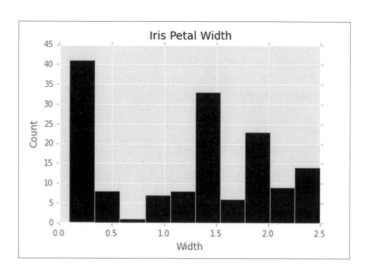

이 간단한 예제에도 많은 내용이 있으니 한 줄씩 알아보자. 첫 번째 줄은 너비가 6"이고 높이가 4"인 서브플롯subplot을 하나 생성한다. 다음으로 Iris 데이터프레임의 .hist() 함수를 호출해 petal width에 대한 히스토그램을 그리고 데이터를 입력한다. 여기서 막대의 색상을 검정으로 설정한다. 다음 두 줄은 y축과 x축에 각각 레이블lable을 붙이고, 마지막 줄은 그래프의 제목을 설정한다. 제목의 y 위치는 그래프의 상단에서 y 인수를 입력해 조정하고 글자 크기는 초기 값보다 약간 키웠다. petal width 데이터에 대한 멋진 히스토그램이 만들어졌다. 이제 Iris 데이터셋의 각 칼럼에 대한 히스토그램을 만드는 것으로 확장해보자.

```
fig, ax = plt.subplots(2,2, figsize=(6,4))

ax[0][0].hist(df['petal width'], color='black');
ax[0][0].set_ylabel('Count', fontsize=12)
ax[0][0].set_xlabel('Width', fontsize=12)
ax[0][0].set title('Iris Petal Width', fontsize=14, y=1.01)

ax[0][1].hist(df['petal length'], color='black');
ax[0][1].set_ylabel('Count', fontsize=12)
ax[0][1].set_xlabel('Lenth', fontsize=12)
ax[0][1].set_title('Iris Petal Lenth', fontsize=14, y=1.01)
```

```
ax[1][0].hist(df['sepal width'], color='black');
ax[1][0].set_ylabel('Count', fontsize=12)
ax[1][0].set_xlabel('Width', fontsize=12)
ax[1][0].set_title('Iris Sepal Width', fontsize=14, y=1.01)
ax[1][1].hist(df['sepal length'], color='black');

ax[1][1].set_ylabel('Count', fontsize=12)
ax[1][1].set_xlabel('Length', fontsize=12)
ax[1][1].set_title('Iris Sepal Length', fontsize=14, y=1.01)

plt.tight_layout()
```

앞의 코드에 대한 출력 값은 다음 스크린샷과 같다.

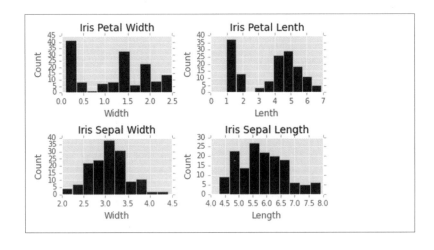

물론 이렇게 코드를 짜는 것이 가장 효율적인 방법은 아니지만 matplotlib이 어떻게 동작하는지 보여주기에는 좋다. 처음 예제에서 하나의 서브플롯인 ax 객체와 다르게 네 개의 서브플롯일 때는 ax 배열로 접근하는 것에 주의하자. 새롭게 추가된 plt.tight_layout() 코드를 호출하면 서브플롯들이 뭉치지 않도록 자동으로 멋지게 조절해준다.

다음으로 matplotlib에서 가능한 몇 가지 다른 형태의 플롯을 살펴보자. 한 가지 유용한 플롯은 스캐터플롯scatterplot이다. petal length 대 petal width를 플롯으로 그려본다.

40

```
fig, ax = plt.subplots(figsize=(6,6))
ax.scatter(df['petal width'],df['petal length'], color='green')
ax.set_xlabel('Petal Width')
ax.set_ylabel('Petal Length')
ax.set_title('Petal Scatterplot')
```

앞의 코드는 다음 결과를 생성한다.

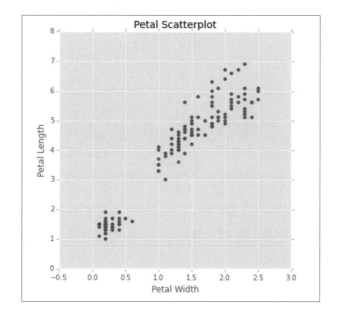

앞서 설명한 것처럼, 여러 측면을 검사하기 위해 여러 서브플롯을 추가할 수 있다. 검사를 위한 또 다른 플롯은 바로 간단한 선 플롯이다. petal length에 대한 플롯은 다음과 같다.

```
fig, ax = plt.subplots(figsize=(6,6))
ax.plot(df['petal length'], color='blue')
ax.set_xlabel('Specimen Number')
ax.set_ylabel('Petal Length')
ax.set_title('Petal Length Plot')
```

앞의 코드는 다음 결과를 생성한다.

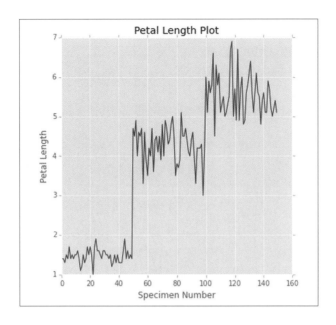

간단한 선 플롯을 바탕으로 각 품종별(샘플 데이터셋은 각 품종별로 50개씩 정리한 것임을 기억하자.)로 길이에 대한 뚜렷이 구분되는 클러스터가 있음을 충분히 확인할 수 있다. 이것은 petal length가 품종을 정확히 구분하는 데 유용한 특징이 될 수 있음을 말한다.

matplotlib 라이브러리에서 볼 마지막 차트 형태는 가장 일반적으로 볼 수 있는 차트 중 하나인 막대bar 차트다. matplotlib의 추가적인 기능을 사용해 막대 차트를 쌓아서 아이리스 세 가지 품종의 각 특징별 평균으로 막대 차트를 그린다.

```
fig, ax = plt.subplots(figsize=(6,6))
bar_width = .8
labels = [x for x in df.columns if 'length' in x or 'width' in x]
ver_y = [df[df['class']=='Iris-versicolor'][x].mean() for x in
labels]
vir_y = [df[df['class']=='Iris-virginica'][x].mean() for x in
labels]
```

```
set_y = [df[df['class']=='Iris-setosa'][x].mean() for x in labels]
x = np.arange(len(labels))
ax.bar(x, vir_y, bar_width, bottom=set_y, color='darkgrey')
ax.bar(x, set_y, bar_width, bottom=ver_y, color='white')
ax.bar(x, ver_y, bar_width, color='black')
ax.set_xticks(x + (bar_width/2))
ax.set_xticklabels(labels, rotation=-70, fontsize=12);
ax.set_title('Mean Feature Measurement By Class', y=1.01)
ax.legend(['Virginica','Setosa','Versicolor'])
```

앞의 코드는 다음 결과를 생성한다.

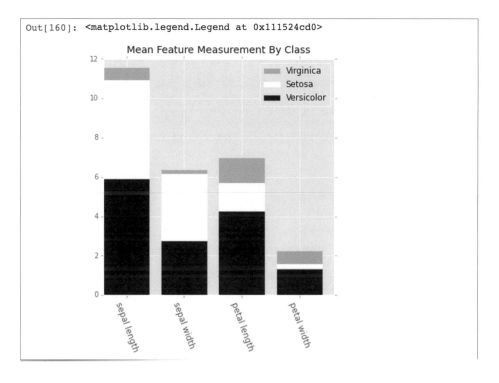

막대 차트를 생성하기 위해 the.bar( ) 함수에 x, y 값을 입력해야 한다. 이번 경우에 x 값은 관심 있는 네 가지 특성의 길이가 배열이 되고 데이터프레임의 각 칼럼에 해당한다. np.arange( ) 함수를 이용해 쉽게 생성할 수 있지만, 수동으로 배열을 입력하는 것도 어렵지는 않다. x축을 1에서 4로 표시하지 않기 위해 .set_xticklabels( ) 함수를 사용해서 표시하고 싶은 칼럼의 이름을 입력한다. x 레이블을 알맞게 정렬하려면 레이블 간에 공간이 필요하므로 xticks 설정 시 x에 앞서 0.8로 설정한 bar_width의 절반을 더해 설정한다. y 값은 각 품종의 각 특징의 평균값으로 구하며 .bar( )를 호출해서 그래프를 그린다. 여기서 한 가지 중요한 사항이 있다. 각 계열의 맨 아래 y 위치의 최솟값은 아래에 있는 계열의 y 위치의 최댓값과 같게 인수를 입력한다. 이렇게 하면 누적 막대그래프가 만들어진다. 마지막으로 각 계열을 설명하는 범례legend를 추가한다. 범례 항목에 이름과 바를 위에서 아래의 순서로 추가한다.

seaborn 라이브러리

이어서 살펴볼 시각화 라이브러리는 seaborn((http://stanford.edu/~mwaskom/software/seaborn/index.html))이며 통계적인 시각화를 위해 특별히 개발됐다. 실제로 칼럼이 특성이고 로우는 관측 값인 pandas 데이터프레임과 같이 사용하면 딱 맞는다. 이런 데이터프레임 형태를 분석하기 좋은 데이터tidy data라고 하며 머신 러닝 애플리케이션에서 가장 흔한 형태다.

seaborn의 강력한 기능을 살펴보자.

```
import seaborn as sns
sns.pairplot(df, hue="class")
```

단 두 줄만으로 다음의 결과를 얻는다.

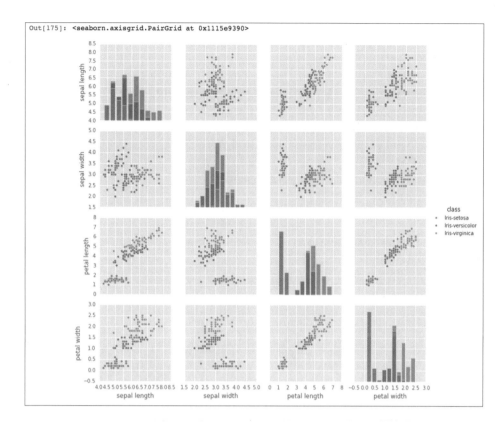

matplotlib의 상세하고 복잡한 뉘앙스를 가지고 있지만, 도표를 생성하는 것은 놀랄 만큼 간단하다. 단 두 줄의 코드로 모든 특성들이 표시되면서 적당하게 레이블링된 도표를 그릴 수 있다. seaborn이 이런 형태의 시각화를 매우 단순하게 만드는 것을 보면 matplotlib을 배운 것이 시간 낭비라는 생각이 들겠지만, 다행히도 seaborn이 matplotlib보다 우위에 있다는 것은 아니다.

실제로 matplotlib에 대해 배운 것을 seaborn을 수정하고 작동하는 데 사용할 수 있다. 또 다른 시각화에 대해 알아보자.

```
fig, ax = plt.subplots(2, 2, figsize=(7, 7))
sns.set(style='white', palette='muted')
sns.violinplot(x=df['class'], y=df['sepal length'], ax=ax[0,0])
sns.violinplot(x=df['class'], y=df['sepal width'], ax=ax[0,1])
sns.violinplot(x=df['class'], y=df['petal length'], ax=ax[1,0])
sns.violinplot(x=df['class'], y=df['petal width'], ax=ax[1,1])
fig.suptitle('Violin Plots', fontsize=16, y=1.03)
for i in ax.flat:
    plt.setp(i.get_xticklabels(), rotation=-90)
fig.tight_layout()
```

앞의 코드는 다음 결과를 생성한다.

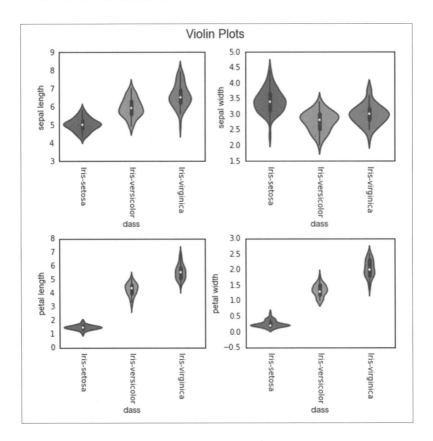

이번에는 네 가지 특성에 대한 바이올린 플롯을 생성했다. 바이올린 플롯은 특성의 분산을 표시한다. 예를 들어, iris-viginica의 petal length는 거의 4~7cm에 퍼져 있는 반면에, irissetosa의 petal length는 1~2cm에 강하게 군집돼 있는 것을 쉽게 알 수 있다. 또한 matplotlib 그래프를 만들 때 사용했던 코드와 거의 비슷한 코드를 사용했다는 것도 알 수 있다. 가장 큰 차이점은 이전 코드에서 ax.plot을 호출했던 자리에 sns.plot( ) 호출이 추가됐다는 점이다. 또한 제목을 각각 추가하지 않고 fig.suptitle( ) 함수를 이용해 모든 서브플롯의 제목을 추가했다. 한 가지 더 주목할 점은 xticklabels를 회전시킬 때 반복문을 추가한 것이다. ax.flat( )을 호출한 후에 .setp( )를 사용해 각 서브플롯 축의 특정 속성을 설정했다. 이렇게 하면 이전에 matplotlib 서브플롯 코드에서 했던 것과 같이 ax[0][0]…ax[1][1]을 일일이 입력해서 속성을 설정하지 않아도 된다.

여기서 사용한 그래프는 좋은 출발이지만 matplotlib과 seaborn을 사용해서 만들 수 있는 그래프 종류는 수백 가지가 된다. 해당 라이브러리의 공식 문서를 좀 더 살펴보자. 시간이 아깝지 않을 것이다.

준비

앞서 데이터 검사에 대해 많을 것을 배웠으니, 이제 데이터를 처리하고 조작하는 방법을 배울 차례다. 여기서는 pandas의 Series.map( )을 비롯해 Series.apply( ), DataFrame.apply( ), DataFrame.applymap( ), DataFrame.groupby( ) 함수에 대해 배운다. 이들은 데이터를 가지고 작업하기 위해 꼭 필요하며, 나중에 다룰 개념인 피처 엔지니어링feature engineering을 위한 머신 러닝의 배경을 이해하는 데 매우 유용하다.

map

map 함수는 pandas 시리즈로 기억하는 시리즈에 적용하는 함수로 데이터프레임의 칼럼을 변환하는 데 사용한다. 품종의 이름이 너무 길어 고치고 싶을 때, 특별한 세 글자 코딩

체계를 활용해 코드화한다. map 함수와 파이썬 딕셔너리^{dictionary}를 사용해 작업을 수행하며, 각각의 iris 종류별로 치환자를 입력한다.

```
df['class'] = df['class'].map({'Iris-setosa': 'SET', 'Iris-virginica':
'VIR', 'Iris-versicolor': 'VER'})
df
```

	sepal length	sepal width	petal length	petal width	class
0	5.1	3.5	1.4	0.2	SET
1	4.9	3.0	1.4	0.2	SET
2	4.7	3.2	1.3	0.2	SET
3	4.6	3.1	1.5	0.2	SET
4	5.0	3.6	1.4	0.2	SET
5	5.4	3.9	1.7	0.4	SET
6	4.6	3.4	1.4	0.3	SET
7	5.0	3.4	1.5	0.2	SET
8	4.4	2.9	1.4	0.2	SET
9	4.9	3.1	1.5	0.1	SET

작업 내용을 살펴보자. 존재하는 class 칼럼의 각 값에 대해 map 함수를 실행하면 파이썬 딕셔너리에서 각 값을 찾아 시리즈를 반환한다. 반환된 시리즈를 동일한 class 이름으로 할당하면 원래 class 칼럼을 대치하게 된다. short class와 같이 다른 이름을 선택하면 데이터프레임에 추가되고 원래 class 칼럼에 추가로 새로운 short class 칼럼이 만들어진다.

칼럼 변환을 수행하기 위해 map 함수에 다른 시리즈를 입력하는 방법도 있지만, 해당 기능은 다음에 살펴볼 apply 함수를 통해서도 가능하다. 딕셔너리 기능은 map 함수의 유일한 기능이며 apply 대신 map을 선택하는 가장 일반적인 이유가 단일 칼럼 변환 때문이다. 이제 apply 함수를 살펴보자.

apply

apply 함수는 데이터프레임과 시리즈를 모두 다룰 수 있다. map 함수에서 했던 것과 똑같은 예제를 apply 함수로 바꾸는 것부터 시작해보자.

iris 데이터프레임을 사용해서 petal width를 기준으로 새로운 칼럼을 만들어보자. 앞에서 petal width의 평균은 1.3이었다. 이제 petal width 칼럼에 있는 값을 기준으로 데이터프레임에 바이너리 값을 포함하는 wide petal이라는 새로운 칼럼을 생성한다. petal width가 평균보다 크거나 같으면 1이라 하고, 평균 미만이면 0이라 한다. 이는 petal width 칼럼에 apply 함수를 사용해서 할 수 있다.

```
df['wide petal'] = df['petal width'].apply(lambda v: 1 if v >= 1.3 else 0)
df
```

앞의 코드는 다음 결과를 생성한다.

	sepal length	sepal width	petal length	petal width	class	wide petal
0	5.1	3.5	1.4	0.2	Iris-setosa	0
1	4.9	3.0	1.4	0.2	Iris-setosa	0
2	4.7	3.2	1.3	0.2	Iris-setosa	0
3	4.6	3.1	1.5	0.2	Iris-setosa	0
4	5.0	3.6	1.4	0.2	Iris-setosa	0
5	5.4	3.9	1.7	0.4	Iris-setosa	0
6	4.6	3.4	1.4	0.3	Iris-setosa	0
7	5.0	3.4	1.5	0.2	Iris-setosa	0
8	4.4	2.9	1.4	0.2	Iris-setosa	0
9	4.9	3.1	1.5	0.1	Iris-setosa	0

무슨 일이 일어났는지 하나씩 살펴보자. 첫 번째로 단순히 wide petal이라는 생성하고자 하는 칼럼 이름을 선택하는 것으로 데이터프레임에 새로운 칼럼을 추가했다. 이 새로운 칼

럼은 apply 함수의 결과로 설정한다. `petal width` 칼럼에 apply를 적용하면 wide petal 칼럼에 해당하는 값이 반환된다. 계산 값이 1.3보다 크거나 같으면 1을 반환하고, 반대의 경우 0을 반환한다. 이런 종류의 변환은 머신 러닝에서 매우 일반적인 피처 엔지니어링이기 때문에 수행 방법에 익숙해지는 것이 좋다.

지금부터는 하나의 시리즈가 아닌 데이터프레임에 apply 함수를 사용하는 것을 알아보자. `petal area`를 기준으로 피처^{feature}를 생성했다.

```
df['petal area'] = df.apply(lambda r: r['petal length'] * r['petal width'],
axis=1)
df
```

	sepal length	sepal width	petal length	petal width	class	wide petal	petal area
0	5.1	3.5	1.4	0.2	Iris-setosa	0	0.28
1	4.9	3.0	1.4	0.2	Iris-setosa	0	0.28
2	4.7	3.2	1.3	0.2	Iris-setosa	0	0.26
3	4.6	3.1	1.5	0.2	Iris-setosa	0	0.30
4	5.0	3.6	1.4	0.2	Iris-setosa	0	0.28
5	5.4	3.9	1.7	0.4	Iris-setosa	0	0.68
6	4.6	3.4	1.4	0.3	Iris-setosa	0	0.42
7	5.0	3.4	1.5	0.2	Iris-setosa	0	0.30
8	4.4	2.9	1.4	0.2	Iris-setosa	0	0.28
9	4.9	3.1	1.5	0.1	Iris-setosa	0	0.15
10	5.4	3.7	1.5	0.2	Iris-setosa	0	0.30

apply 함수를 호출하는 것을 살펴보면, 시리즈가 아니라 전체 데이터프레임이고 apply 함수가 전체 데이터프레임을 호출했기 때문에 칼럼 방향으로 함수를 적용하기 위해 pandas에게 axis=1이라고 알려준다. axis=0을 입력하면, 해당 함수는 칼럼 방향으로 적용된다. 각 칼럼은 순차적으로 `petal length`와 `petal width` 칼럼의 값을 곱하게 되고 만들어진

시리즈는 데이터프레임에서 `petal area` 칼럼이 된다. 이러한 강력함과 유연함 때문에 pandas는 데이터 처리에서 없어서는 안 될 도구다.

applymap

칼럼을 조작하는 것을 살펴보고 로우에 작업하는 방법을 설명했지만, 데이터프레임 전체 데이터 셀에 적용하는 함수를 사용하고 싶을 것이다. 여기에 적합한 도구가 바로 applymap 이다. 예제를 살펴보자.

```
df.applymap(lambda v: np.log(v) if isinstance(v, float) else v)
```

	sepal length	sepal width	petal length	petal width	class	wide petal	petal area
0	1.629241	1.252763	0.336472	-1.609438	Iris-setosa	0	-1.272966
1	1.589235	1.098612	0.336472	-1.609438	Iris-setosa	0	-1.272966
2	1.547563	1.163151	0.262364	-1.609438	Iris-setosa	0	-1.347074
3	1.526056	1.131402	0.405465	-1.609438	Iris-setosa	0	-1.203973
4	1.609438	1.280934	0.336472	-1.609438	Iris-setosa	0	-1.272966
5	1.686399	1.360977	0.530628	-0.916291	Iris-setosa	0	-0.385662
6	1.526056	1.223775	0.336472	-1.203973	Iris-setosa	0	-0.867501
7	1.609438	1.223775	0.405465	-1.609438	Iris-setosa	0	-1.203973
8	1.481605	1.064711	0.336472	-1.609438	Iris-setosa	0	-1.272966

여기서는 실숫값인지 아닌지를 체크하기 위해 각 값의 로그[log]를 취하기 위해 데이터프레임에 대해 applymap을 호출했다(np.log( )는 Numpy 라이브러리를 사용해 해당 값을 반환한다). 이런 형식 확인은 class나 wide petal 칼럼이 각각 스트링이나 정숫값이 아닌 에러 값 혹은 실숫값을 반환하는 것을 방지한다. applymap은 각 셀을 특정 기준에 맞게 변환하거나 그 형식을 바꾸는 데 일반적으로 사용한다.

groupby

매우 유용하지만 pandas를 처음 사용하는 경우 이해하기 어려울 수 있는 DataFrame .groupby( ) 함수에 대해 알아보자. 몇 가지 단계별 예제를 통해 가장 중요한 기능을 설명한다.

groupby 기능은 어떤 품종 혹은 선택한 품종을 기준으로 그룹을 만드는 것이다. iris 데이터셋을 사용한 간단한 예제를 살펴보자. 앞으로 돌아가서 원본 iris 데이터셋을 다시 가져온 후 groupby 작업을 수행한다.

```
df.groupby('class').mean()
```

	sepal length	sepal width	petal length	petal width	wide petal	petal area
class						
Iris-setosa	5.006	3.418	1.464	0.244	0.0	0.3628
Iris-versicolor	5.936	2.770	4.260	1.326	0.7	5.7204
Iris-virginica	6.588	2.974	5.552	2.026	1.0	11.2962

각 품종별, 각 피처별로 평균을 구했다. 한 단계 더 들어가서 각 품종별 전체 기술 통계를 구해보자.

```
df.groupby('class').describe()
```

		petal area	petal length	petal width	sepal length	sepal width	wide petal
class							
Iris-setosa	count	50.000000	50.000000	50.000000	50.000000	50.000000	50.00000
	mean	0.362800	1.464000	0.244000	5.006000	3.418000	0.00000
	std	0.183248	0.173511	0.107210	0.352490	0.381024	0.00000
	min	0.110000	1.000000	0.100000	4.300000	2.300000	0.00000
	25%	0.265000	1.400000	0.200000	4.800000	3.125000	0.00000
	50%	0.300000	1.500000	0.200000	5.000000	3.400000	0.00000
	75%	0.420000	1.575000	0.300000	5.200000	3.675000	0.00000
	max	0.960000	1.900000	0.600000	5.800000	4.400000	0.00000
Iris-versicolor	count	50.000000	50.000000	50.000000	50.000000	50.000000	50.00000
	mean	5.720400	4.260000	1.326000	5.936000	2.770000	0.70000
	std	1.368403	0.469911	0.197753	0.516171	0.313798	0.46291
	min	3.300000	3.000000	1.000000	4.900000	2.000000	0.00000
	25%	4.860000	4.000000	1.200000	5.600000	2.525000	0.00000
	50%	5.615000	4.350000	1.300000	5.900000	2.800000	1.00000
	75%	6.750000	4.600000	1.500000	6.300000	3.000000	1.00000
	max	8.640000	5.100000	1.800000	7.000000	3.400000	1.00000
Iris-virginica	count	50.000000	50.000000	50.000000	50.000000	50.000000	50.00000
	mean	11.296200	5.552000	2.026000	6.588000	2.974000	1.00000
	std	2.157412	0.551895	0.274650	0.635880	0.322497	0.00000
	min	7.500000	4.500000	1.400000	4.900000	2.200000	1.00000
	25%	9.717500	5.100000	1.800000	6.225000	2.800000	1.00000
	50%	11.445000	5.550000	2.000000	6.500000	3.000000	1.00000
	75%	12.790000	5.875000	2.300000	6.900000	3.175000	1.00000
	max	15.870000	6.900000	2.500000	7.900000	3.800000	1.00000

이제 class별로 전체 내역을 볼 수 있다. 지금부터는 groupby로 할 수 있는 다른 기능에 대해 알아보자. 앞에서 꽃잎의 너비와 길이는 품종을 구분하는 데 관련된다고 했었는데, groupby를 사용해 확인해보자.

```
df.groupby('petal width')['class'].unique().to_frame()
```

petal width	class
0.1	[Iris-setosa]
0.2	[Iris-setosa]
0.3	[Iris-setosa]
0.4	[Iris-setosa]
0.5	[Iris-setosa]
0.6	[Iris-setosa]
1.0	[Iris-versicolor]
1.1	[Iris-versicolor]
1.2	[Iris-versicolor]
1.3	[Iris-versicolor]
1.4	[Iris-versicolor, Iris-virginica]
1.5	[Iris-versicolor, Iris-virginica]
1.6	[Iris-versicolor, Iris-virginica]
1.7	[Iris-versicolor, Iris-virginica]
1.8	[Iris-versicolor, Iris-virginica]
1.9	[Iris-virginica]
2.0	[Iris-virginica]
2.1	[Iris-virginica]
2.2	[Iris-virginica]
2.3	[Iris-virginica]
2.4	[Iris-virginica]
2.5	[Iris-virginica]

이번 예제에서는 해당 꽃잎 너비(petal width) 기준으로 각각의 품종별로 그룹화했다. 이 경우에는 관리 가능한 수치의 개수가 나왔지만, 데이터가 더 많아진다면 수치를 분할해서 담아야 할 필요가 있다. 앞서 해본 것처럼, apply 함수를 이용하면 가능하다.

다음으로 집합 함수를 살펴보자.

```
df.groupby('class')['petal width']\
.agg({'delta': lambda x: x.max() - x.min(), 'max': np.max, 'min': np.min})
```

class	min	max	delta
Iris-setosa	0.1	0.6	0.5
Iris-versicolor	1.0	1.8	0.8
Iris-virginica	1.4	2.5	1.1

해당 코드에서 np.max와 np.min, lambda 함수를 이용해 품종별 꽃잎 너비를 그룹화한 후 최대 꽃잎 너비에서 최소 꽃잎 너비를 뺀 값을 계산한다(np 함수는 Numpy 라이브러리에 있다). 계산된 값은 데이터프레임을 반환하기 위해 칼럼 이름을 키 값으로 해서 딕셔너리 형태로 .agg() 함수에 입력된다. 단일 함수로 실행하거나 리스트 형태로 함수를 입력할 수 있다.

 groupby의 기능에 대해 간단히 다뤘기 때문에 추가적인 학습은 http://pandas.pydata.org/pandas-docs/stable/의 공식 문서를 참고하면 된다.

지금까지 다음 단계인 모델링을 위한 준비 단계로 데이터를 조작하고 준비하는 방법에 대해 간단히 살펴봤다. 이제 파이썬 머신 러닝 에코시스템의 주요 라이브러리 알아보자.

모델링과 평가

파이썬은 문서화가 잘돼 있는 뛰어난 통계 모델링과 머신 러닝 라이브러리를 다수 제공한다. 여기서는 가장 인기 있는 몇 가지 라이브러리만 다룬다.

statsmodels

첫 번째로 statsmodels 라이브러리(http://statsmodels.sourceforge.net/)를 다룬다. statsmodels 파이썬 패키지는 데이터를 탐색하고 모델을 평가하고 통계적 테스트를 하기 위해 개발됐다. 지금부터 setosa 품종의 꽃받침 길이와 너비 간의 관계에 대해 간단한 선형 회귀 모델을 만들어보자.

먼저, 산점도^{scatterplot}를 그려 시각적으로 관계를 알아본다.

```
fig, ax = plt.subplots(figsize=(7,7))
ax.scatter(df['sepal width'][:50], df['sepal length'][:50])
ax.set_ylabel('Sepal Length')
ax.set_xlabel('Sepal Width')
ax.set_title('Setosa Sepal Width vs. Sepal Length', fontsize=14,
y=1.02)
```

앞의 코드는 다음 결과를 생성한다.

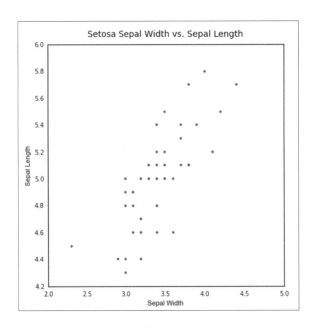

양의 선형 관계가 나타나며 꽃받침 너비가 증가하면 꽃받침의 길이도 같이 증가한다는 것을 의미한다. 다음으로 statsmodels를 사용해 데이터의 선형 회귀를 수행하고 이들 간의 관계가 얼마나 강한지 검증한다.

```
import statsmodels.api as sm

y = df['sepal length'][:50]
x = df['sepal width'][:50]
X = sm.add_constant(x)

results = sm.OLS(y, X).fit()
print(results.summary())
```

앞의 코드는 다음 결과를 생성한다.

```
                            OLS Regression Results
==============================================================================
Dep. Variable:          sepal length   R-squared:                       0.558
Model:                           OLS   Adj. R-squared:                  0.548
Method:                Least Squares   F-statistic:                     60.52
Date:               Sun, 11 Oct 2015   Prob (F-statistic):           4.75e-10
Time:                       18:14:39   Log-Likelihood:                 2.0879
No. Observations:                 50   AIC:                           -0.1759
Df Residuals:                     48   BIC:                             3.648
Df Model:                          1
==============================================================================
                 coef    std err          t      P>|t|      [95.0% Conf. Int.]
------------------------------------------------------------------------------
const          2.6447      0.305      8.660      0.000       2.031     3.259
sepal width    0.6909      0.089      7.779      0.000       0.512     0.869
==============================================================================
Omnibus:                       0.252   Durbin-Watson:                   2.517
Prob(Omnibus):                 0.882   Jarque-Bera (JB):                0.436
Skew:                         -0.110   Prob(JB):                        0.804
Kurtosis:                      2.599   Cond. No.                         34.0
==============================================================================
```

위의 스크린샷에서 간단한 회귀 모델의 결과를 볼 수 있다. 선형 회귀 모델은 Y = B0+B1X의 형태를 가지며, B0는 절편^{intercept}이고 B1은 회귀 계수다. 이번 경우의 공식은 Sepal Length = 2.6447 + 0.6909 *Sepal Width가 된다. 모델의 R2 값은 상당히 큰 값인 0.558이고 적어도 이 경우에는 p 값이 매우 중요하다.

나온 결과를 가지고 회귀선을 그려보자.

```
fig, ax = plt.subplots(figsize=(7,7))
ax.plot(x, results.fittedvalues, label='regression line')
ax.scatter(x, y, label='data point', color='r')
ax.set_ylabel('Sepal Length')
ax.set_xlabel('Sepal Width')
ax.set_title('Setosa Sepal Width vs. Sepal Length', fontsize=14,
y=1.02)
ax.legend(loc=2)
```

앞의 코드는 다음 결과를 생성한다.

results.fittedvalues를 그려보면 모델의 회귀선 결과를 알 수 있다.

statsmodels 패키지에는 수많은 통계 함수와 테스트가 있으니 탐색하길 바란다. 이는 파이썬의 기본 통계 모델링을 위한 아주 유용한 패키지다. 이제 파이썬 머신 러닝 패키지의 왕이라고 할 수 있는 scikit-learn을 살펴보자.

scikit-learn

scikit-learn은 다양한 알고리즘의 안정된 API를 제공하며 완벽히 문서화돼 있는 놀라운 파이썬 라이브러리다. 이는 과학 계산을 지원하는 파이썬 패키지, 다시 말해 NumPy와 SciPy, pandas, matplotlib을 핵심 구성 요소로 해서 만들어졌다. scikit-learn이 다루는 분야는 분류classification, 회귀regression, 군집clustering, 차원 감소dimensionality reduction, 모델 선택model selection, 전처리preprocessing다.

몇 가지 예제를 살펴보자. 첫 번째로 iris 데이터를 사용해 분류기를 구축하고 scikit-learn의 도구들을 사용해 모델을 어떻게 평가하는지 살펴본다.

첫 번째 단계는 scikit-learn이 데이터 구조를 이해할 수 있도록 머신 러닝 모델을 만드는 것이다. 독립 변수는 n x m 행렬인 X가 되고 종속 변수는 n x 1 벡터인 y가 된다. y 벡터는 숫자 연속형numeric continuous이거나 범주형 또는 문자 범주형string categorical이 될 수 있다. 이 변수를 선택된 분류기의 .fit() 함수에 입력한다. scikit-learn을 사용할 때 가장 큰 장점은 가능한 모든 분류기를 같은 함수로 사용 가능하다는 점이다. 이는 숨 쉬는 것만큼 쉽다.

첫 번째 예제가 어떻게 동작하는지 살펴보자.

```
from sklearn.ensemble import RandomForestClassifier
from sklearn.cross_validation import train_test_split

clf = RandomForestClassifier(max_depth=5, n_estimators=10)

X = df.ix[:,:4]
y = df.ix[:,4]
```

```
X_train, X_test, y_train, y_test = train_test_split(X, y,
test_size=.3)

clf.fit(X_train,y_train)

y_pred = clf.predict(X_test)

rf = pd.DataFrame(list(zip(y_pred, y_test)), columns=['predicted',
'actual'])
rf['correct'] = rf.apply(lambda r: 1 if r['predicted'] ==
r['actual'] else 0, axis=1)
rf
```

앞의 코드는 다음 결과를 생성한다.

	predicted	actual	correct
0	Iris-virginica	Iris-virginica	1
1	Iris-versicolor	Iris-versicolor	1
2	Iris-virginica	Iris-virginica	1
3	Iris-virginica	Iris-virginica	1
4	Iris-setosa	Iris-setosa	1
5	Iris-virginica	Iris-virginica	1
6	Iris-virginica	Iris-virginica	1
7	Iris-versicolor	Iris-versicolor	1
8	Iris-versicolor	Iris-versicolor	1
9	Iris-setosa	Iris-setosa	1
10	Iris-versicolor	Iris-versicolor	1
11	Iris-versicolor	Iris-versicolor	1
12	Iris-versicolor	Iris-virginica	0
13	Iris-versicolor	Iris-versicolor	1
14	Iris-setosa	Iris-setosa	1
15	Iris-setosa	Iris-setosa	1

이제 다음에 나온 코드를 살펴보자.

```
rf['correct'].sum()/rf['correct'].count()
```

앞의 코드는 다음 결과를 생성한다.

$$0.9555555555555556$$

앞의 짧은 코드로 Iris 데이터셋을 학습하고 테스트해 95% 정확도 수준의 분류기를 구축했다. 단계별로 알아보자. 처음 코드 두 줄은 scikit-learn에서 가져온 것으로 고맙게도 가져오기 구문에 sklearn으로 축약해서 쓸 수 있다. 첫 번째로 가져온 것은 랜덤 포레스트 분류기며, 두 번째 것은 데이터를 훈련 데이터와 테스트 데이터로 나누기 위한 모듈이다. 이렇게 데이터를 분할하는 것은 다양한 이유로 머신 러닝 애플리케이션을 만드는 데 중요하다. 뒤에서 다루겠지만, 이는 필수적으로 해야 하며 train_test_split 모듈은 데이터를 섞어서 순서가 실제 예측을 편중되게 하는지 아는 데도 매우 중요하다.

 이 책에서는 책을 저술할 시기의 최신 파이썬 버전인 3.5 버전을 사용한다. 파이썬 2.X 버전을 사용한다면, 파이썬 3.X와 같이 정수 나눗셈을 하기 위해 추가적인 가져오기 선언이 필요하다. 다음의 라인을 추가하지 않으면, 정확도는 95%가 아니라 0으로 나오게 된다.
```
from __future__ import division
```

가져오기 후에 신기하게 보이는 것은 랜덤 포레스트 분류기의 인스턴스를 생성하는 것이다. 10개의 결정 트리decision tree와 각 트리의 깊이depth를 다섯 개까지 허용하도록 선택했다. 과적합을 방지하기 위해 입력했으며 다음 장에서 깊게 다뤄보자.

다음 두 줄은 X 행렬과 y 벡터를 생성한다. 원본 iris 데이터프레임은 꽃잎의 너비와 길이, 꽃받침의 너비와 길이라는 네 개 피처를 포함한다. 해당 피처는 독립 변수 행렬 X가 되고 마지막 칼럼인 품종 이름은 종속 변수인 y 벡터가 된다.

train_test_split에 이 값들을 입력하면 섞고 분할해 X_train, X_test, y_train, y_test 로 나눈다. test_size 인수를 .3으로 설정하면 X_test와 y_test를 데이터셋의 30%로 분할하고 나머지는 X_train과 y_train에 할당한다.

다음은 훈련 데이터를 통한 학습이다. 테스트 데이터를 사용해 분류기의 예측 함수를 호출하면 모델이 학습된다. 테스트 데이터는 분류기가 학습하지 않은 데이터여야 하는 점을 기억하자. 예측의 결과는 예측 레이블의 리스트 형태로 반환된다. 다음으로 실제 레이블 대비 예측 레이블의 데이터프레임을 생성한다. 마지막으로 예측이 맞은 것의 합계를 내고 전체 인스턴스로 나눠 예측 정확도를 계산한다. 어떤 피처가 가장 좋은 예측력을 갖게 했는지 알아보자.

```
f_importances = clf.feature_importances_f_names = df.columns[:4]
f_std = np.std([tree.feature_importances_ for tree in
clf.estimators_], axis=0)

zz = zip(f_importances, f_names, f_std)
zzs = sorted(zz, key=lambda x: x[0], reverse=True)

imps = [x[0] for x in zzs]
labels = [x[1] for x in zzs]
errs = [x[2] for x in zzs]

plt.bar(range(len(f_importances)), imps, color="r", yerr=errs,
align="center")
plt.xticks(range(len(f_importances)), labels);
```

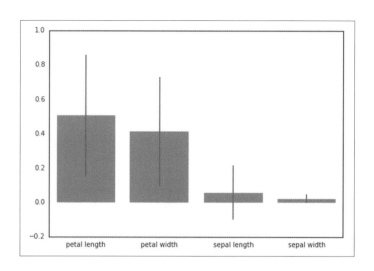

앞서 시각적인 분석을 기반으로 예상한 대로, 꽃잎의 길이와 너비는 iris 품종을 구분하는 데 더 나은 식별력을 가진다. 이 숫자들은 어디서 왔을까? 랜덤 포레스트는 .feature_importances_라는 분할 시에 피처의 상대적인 영향을 반환하는 함수를 가지고 있다. 일관되고 명확하게 구분되는 품종으로 나누는 피처는 높은 피처 중요도feature importance를 갖는다. 숫자의 합은 항상 1이다. 표준 편차는 각 피처들이 얼마나 일관적인지 나타내는 데 도움을 준다. 각 피처 중요도는 10개 트리에 대한 각 피처들의 중요도와 표준 편차를 계산해 구한다.

scikit-learn을 이용해 예제를 하나 더 살펴보자. 분류기를 서포트 벡터 머신(SVM)으로 변경한다.

```
from sklearn.multiclass import OneVsRestClassifier
from sklearn.svm import SVC
from sklearn.cross_validation import train_test_split

clf = OneVsRestClassifier(SVC(kernel='linear'))

X = df.ix[:,:4]
y = np.array(df.ix[:,4]).astype(str)
```

```
X_train, X_test, y_train, y_test = train_test_split(X, y,
test_size=.3)

clf.fit(X_train,y_train)

y_pred = clf.predict(X_test)

rf = pd.DataFrame(list(zip(y_pred, y_test)), columns=['predicted',
'actual'])
rf['correct'] = rf.apply(lambda r: 1 if r['predicted'] ==
r['actual'] else 0, axis=1)
rf
```

앞의 코드는 다음 결과를 생성한다.

	predicted	actual	correct
0	Iris-setosa	Iris-setosa	1
1	Iris-setosa	Iris-setosa	1
2	Iris-setosa	Iris-setosa	1
3	Iris-versicolor	Iris-versicolor	1
4	Iris-virginica	Iris-virginica	1
5	Iris-versicolor	Iris-versicolor	1
6	Iris-versicolor	Iris-virginica	0
7	Iris-virginica	Iris-virginica	1
8	Iris-setosa	Iris-setosa	1
9	Iris-versicolor	Iris-versicolor	1
10	Iris-setosa	Iris-setosa	1
11	Iris-versicolor	Iris-versicolor	1
12	Iris-virginica	Iris-virginica	1
13	Iris-versicolor	Iris-versicolor	1
14	Iris-versicolor	Iris-versicolor	1
15	Iris-virginica	Iris-virginica	1

이제 다음의 코드를 실행해보자

```
rf['correct'].sum()/rf['correct'].count()
```

앞의 코드는 다음 결과를 생성한다.

0.97777777777777775

여기서는 사실 어떤 코드 변경 없이 서포트 벡터 머신으로 교체했다. 한 가지 바뀐 점은 랜덤 포레스트 대신에 SVM을 가져와서 분류기 인스턴스를 만든 것뿐이다(SVM은 랜덤 포레스트 분류기처럼 Numpy 스트링을 해석하지 못하기 때문에 y 레이블의 형식 변경도 했다).

이것은 scikit-learn 능력의 일부분이지만 머신 러닝 애플리케이션을 위한 기능과 방대함을 설명하기엔 충분하다. 여기서 다루지 못한 머신 러닝 라이브러리들은 다음 장부터 알아보겠지만 머신 러닝 라이브러리를 처음 사용한다면 강력한 범용 도구인 scikit-learn을 선택하는 것을 추천한다.

배치

머신 러닝 모델을 제품에 넣을 때 여러 선택이 가능하며 실제 애플리케이션의 특성에 의해 좌우된다. 배치는 로컬 머신에서 크론 잡^{cron job}을 동작시키는 것부터 아마존 EC2 인스턴스에 배포하고 수행하는 큰 작업까지 해당된다.

구체적인 구현 방법은 여기서 다루지 않지만, 책 전반에 걸쳐 다양한 배치 예제를 깊이 다루게 된다.

▎ 머신 러닝 환경 설정하기

지금까지 여러 라이브러리를 다루면서 파이썬 패키지 매니저인 pip로 개별적으로 설치했을 것이다. 그러나 컨티넘의 아나콘다$^{Continuum's\ Anaconda}$ 파이썬 배포판과 같이 미리 만들어진 솔루션을 사용할 것을 강력히 권한다. 이는 한 번 실행으로 모든 패키지와 필요한 디펜던시^{dependency}를 포함한다. 그리고 파이썬 과학 스택 사용자를 대상으로 배포하기 때문에 본질적으로 이 솔루션이면 충분하다.

아나콘다도 간단한 작업으로 패키지 업데이트를 할 수 있는 패키지 매니저를 포함한다. 간단히 conda update <패키지 이름>을 입력하면 가장 최근에 배포된 안정 버전으로 업데이트한다.

▎ 요약

이 장에서는 데이터 과학 및 머신 러닝 워크플로우를 소개했다. 수집에서 배치까지 각 파이프라인^{pipeline}의 단계별로 데이터를 다루는 방법을 알아봤으며, 파이썬 과학 스택에서 가장 중요한 라이브러리들의 주요 기능을 살펴봤다.

이제 이런 지식과 수업 내용을 유용하고 하나밖에 없는 머신 러닝 애플리케이션을 만드는 데 적용할 것이다. 다음 장에서는 저렴한 아파트를 찾기 위해 회귀^{regression} 모델링을 어떻게 적용하는지 알아본다. 그럼 시작해보자!

02

저렴한 아파트 찾기
앱 구축하기

앞 장에서는 데이터 작업에 대한 기본적인 내용을 배웠다. 지금까지 배운 지식을 이용해 첫 번째 머신 러닝 애플리케이션을 구축해본다. 저렴한 아파트를 알아내는 작고 실용적인 애플리케이션으로 시작해보자.

아파트를 검색해본 적이 있다면, 그 과정이 얼마나 불만스러운지 잘 알 것이다. 시간이 많이 필요할 뿐만 아니라 언제 좋은 아파트가 나오는지, 또한 그 아파트가 적당한 아파트인지 알기 어려운 문제도 있다.

생각하는 목표 예산과 지역이 있겠지만 몇 가지 타협을 할 수밖에 없다. 예를 들어, 나는 뉴욕에 살고 있고 지하철과 같은 편의 시설이 가까운 것이 큰 이점이다. 하지만 정말 얼마나 가치가 있는 것인가? 역이 가까운 것 대신에 승강기가 있는 건물을 선택해야 할까? 역까지 걸리는 시간이 계단을 걸어서 올라가는 것만큼 가치 있는 것인가? 집을 임대할 때,

고려해야 할 질문은 정말 많다. 그렇다면 머신 러닝은 집을 선택하는 데 어떤 도움을 줄 수 있을까?

이 장의 나머지 부분에서 바로 그 내용에 대해 알아볼 것이다. 모든 문제에 대한 답을 얻을 수는 없지만(나중에 그 이유에 대해서는 알게 된다.), 이 장의 마지막에서는 좀 더 쉽게 적당한 아파트를 찾는 애플리케이션을 만들 수 있다.

이번 장에서 다루는 주제는 다음과 같다.

- 아파트 내역 데이터 구하기
- 데이터 점검 및 준비
- 데이터 시각화
- 회귀 모델 구축
- 예측

▌ 아파트 내역 데이터 구하기

1970년 초반에는 주식을 사고 싶으면 고정 수수료 1%를 지불해야 하는 중개인과 계약해야 했고, 항공권을 사고 싶으면 7%의 수수료를 취하는 여행사 직원과 연락해야 했다. 집을 팔고 싶은 경우에는 6%의 수수료를 가져가는 부동산 중개인에게 연락해야 했다. 2016년 기준으로 앞의 두 가지는 기본적으로 무료로 할 수 있게 됐지만, 마지막 것은 1970년처럼 아직 남아있다.

왜 이 사례인가? 또한 무엇보다 머신 러닝으로 어떤 것을 할 수 있는가? 실제로는 데이터와 접근 가능한 사람이 누구인지에 따라 달라진다.

API를 통하거나 부동산 웹사이트를 웹 스크래핑해서 부동산 내역 데이터에 접근할 수 있을 것이라 생각할지 모른다. 하지만 틀렸다. 해당 사이트의 약관을 따르려고 생각하는 경우에는 틀렸다. 부동산 데이터는 엠엘에스MLS, Multiple Listing Service를 운영하는 전국 부동산 협회NAR, National Association of Realtors가 엄격하게 통제하고 있다. 해당 서비스는 데이터를 모아서 중개인들이 비싼 비용을 내고 사용하게 해준다. 그래서 상상하는 바와 같이 대량으로 데이터를 다운로드하도록 두지 않는다.

아쉽게도, 이런 데이터를 개방하게 되면 유용한 고객 애플리케이션이 되는 것에는 의심의 여지가 없다. 이런 애플리케이션은 가정 예산에서 큰 비중을 차지하는 결정을 위해 특히 중요하다.

상황은 이렇지만 희망이 없는 건 아니다. 약관에 따르면 엠엘에스 제공자가 제공하지 않는 데이터를 직접 받을 수 없지만, 서드파티 도구를 이용해 데이터를 끌어올 수 있다.

지금부터 필요한 데이터를 가져오는 유용한 도구에 대해 알아보자.

import.io를 사용해 내역 데이터 끌어오기

requests와 BeautifulSoup, Scrapy와 같이 웹 페이지를 스크래핑scraping하는 우수한 파이썬 기반의 라이브러리가 많다. 해당 라이브러리에 대해서는 조금만 다뤄보고, 이 장에서는 목적에 맞게 코딩이 필요 없는 대체 수단을 사용할 것이다.

import.io(http://www.import.io)는 자동으로 웹 스크래핑을 하는 무료 웹 기반 서비스로, 다양한 옵션을 통해 웹 스크래퍼를 처음부터 만들어야 하는 수고를 덜어준다. 그리고 다행히 Zillow.com에서 부동산 내역 데이터의 샘플 API를 제공한다.

다음 그림은 http://www.import.io/examples에서 가져왔다. import.io 검색 창에 Zillow.com을 입력하면 샘플 Zillow 데이터를 가져온다.

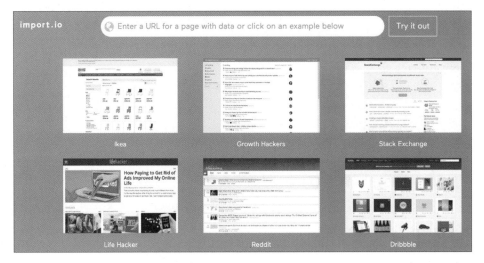

이미지 출처: https://www.import.io/examples/

여기서 제공하는 데이터는 샌프란시스코지만, 예제에서는 뉴욕 데이터를 사용한다. 도시를 바꾸기 위해 데모에서 제공하는 URL을 관심 있는 데이터 내역을 위한 URL로 변경한다.

다른 브라우저 탭을 열어서 Zillow.com으로 이동한 후에 아파트 찾기를 수행해야 한다. 검색 조건의 아파트 가격을 맨해튼에서 1,500달러부터 3,000달러까지로 제한한다.

결과가 나오면 브라우저 주소창에 Zillow.com URL을 복사하고 다음 스크린샷처럼 import.io 추출 창에 붙여 넣는다.

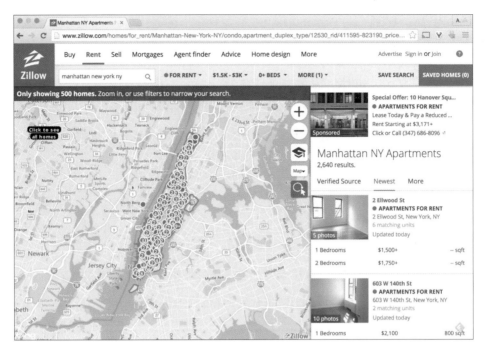

이미지 출처: https://www.zillow.com

위의 그림에서 보이는 것처럼 Zillow.com의 검색 창에서 URL을 복사하고, 다음 그림에 보이는 것과 같이 import.io 검색 창에 붙여 넣는다.

이미지 출처: https://www.import.io/

왼쪽 상단 모서리에 있는 **Extract Data** 버튼을 클릭하면 원하는 데이터가 테이블 형태로 표시된다.

Download CSV를 클릭하는 것으로 쉽게 데이터를 다운로드할 수 있다. 팝업 대화 창에서 몇 페이지를 다운로드할 것인지 물어보는데, Zillow에서 검색 결과는 2,640개임을 알 수 있고 전체 데이터를 받으려면 106페이지를 다운로드해야 한다. Import.io는 20페이지만 다운로드할 수 있으니 이번에는 해당 페이지만 다운로드한다.

▌ 데이터 점검 및 준비

500개의 아파트 내역에 대한 데이터셋을 받았으니 이제 데이터가 어떤지 살펴보자. 주피터 노트북의 pandas를 이용해 데이터를 가져오자.

```python
import pandas as pd
import re
import numpy as np
import matplotlib.pyplot as plt

plt.style.use('ggplot')
%matplotlib inline

pd.set_option("display.max_columns", 30)
pd.set_option("display.max_colwidth", 100)
pd.set_option("display.precision", 3)

# 받은 import.io csv 파일의 위치를 사용한다
CSV_PATH = r"/Users/alexcombs/Downloads/magic.csv"

df = pd.read_csv(CSV_PATH)
df.columns
```

앞의 코드는 다음 결과를 생성한다.

```
Index([u'routablemask_link', u'routablemask_link/_text',
       u'routablemask_link/_title', u'routablemask_link_numbers',
       u'routablemask_content', u'imagebadge_value',
       u'imagebadge_value_numbers', u'routable_link', u'routable_link/_text',
       u'routable_link/_title', u'routable_link_numbers', u'listingtype_value',
       u'pricelarge_value', u'pricelarge_value_prices', u'propertyinfo_value',
       u'propertyinfo_value_numbers', u'fineprint_value',
       u'fineprint_value_numbers', u'tozcount_number', u'tozfresh_value',
       u'tablegrouped_values', u'tablegrouped_values_prices', u'_PAGE_NUMBER'],
      dtype='object')
```

마지막 줄의 df.columns는 데이터의 칼럼 제목 줄을 표시한다. 데이터 샘플을 보기 위해 df.head( ).T도 사용해보자. 줄 끝에 있는 .T 구문은 데이터프레임을 수직으로 바꿔 보여 주도록 한다.

	0	1	2	3
routablemask_link	http://www.zillow.com/b/2-Ellwood-St-New-York-...	http://www.zillow.com/b/603-W-140th-St-New-Yor...	http://www.zillow.com/homedetails/9-E-129th-St...	http://www.zillow.com/hor Riversid...
routablemask_link/_text	5 photos	10 photos	NaN	9 photos
routablemask_link/_title	NaN	NaN	NaN	NaN
routablemask_link_numbers	5	10	NaN	9
routablemask_content	NaN	NaN	NaN	NaN
imagebadge_value	5 photos	10 photos	NaN	9 photos
imagebadge_value_numbers	5	10	NaN	9
routable_link	http://www.zillow.com/b/2-Ellwood-St-New-York-...	http://www.zillow.com/b/603-W-140th-St-New-Yor...	http://www.zillow.com/homedetails/9-E-129th-St...	http://www.zillow.com/hor Riversid...
routable_link/_text	2 Ellwood St	603 W 140th St	9 E 129th St # 1, New York, NY10035	710 Riverside Dr APT 2C, NY10031
routable_link/_title	2 Ellwood St APT 5H, New York, NY Real Estate	603 W 140th St APT 44, New York, NY Real Estate	9 E 129th St # 1, New York, NY Real Estate	710 Riverside Dr APT 2C, Real Estate
routable_link_numbers	2	603; 140	9; 129; 1	710; 2
listingtype_value	Apartments For Rent	Apartments For Rent	Apartment For Rent	Apartment For Rent
pricelarge_value	NaN	NaN	$1,750/mo	$3,000/mo
pricelarge_value_prices	NaN	NaN	1750	3000
propertyinfo_value	2 Ellwood St, New York, NY	603 W 140th St, New York, NY	1 bd · 1 ba	2 bds · 2 ba · 1,016 sqft
propertyinfo_value_numbers	2	603; 140	1; 1	2; 2; 1016
fineprint_value	6 matching units	2 matching units	NaN	NaN
fineprint_value_numbers	6	2	NaN	NaN
tozcount_number	NaN	NaN	48	1
tozfresh_value	Updated today	Updated today	minutes ago	hour ago
tablegrouped_values	1 Bedrooms $1,500+ 1.0 ba -- sqft; 2 Bedrooms ...	1 Bedrooms $2,100 1.0 ba 800 sqft; 2 Bedrooms ...	NaN	NaN
tablegrouped_values_prices	1500; 1750	2100; 2595	NaN	NaN
_PAGE_NUMBER	1	1	1	1

데이터에 결측치(NaN)가 많은 것을 볼 수 있으며 몇 번의 정규화 작업이 필요하다. 데이터 셋의 칼럼(또는 위의 그림에서는 변환된 로우)은 Zillow의 각 내역의 줄을 나타낸다. 내역은 두 가지 형태로, 하나는 개별 주택이고 다른 하나는 공동 주택이다.

두 가지 형태는 다음 그림에서 볼 수 있다.

routable_link/_text	203 Rivington St	280 E 2nd St # 604, New York, NY10009
routable_link/_title	203 Rivington St APT 5B, New York, NY Real Estate	280 E 2nd St # 604, New York, NY Real Estate
routable_link_numbers	203	280; 2; 604
listingtype_value	Apartments For Rent	Apartment For Rent
pricelarge_value	NaN	$2,850/mo
pricelarge_value_prices	NaN	2850
propertyinfo_value	203 Rivington St, New York, NY	1 bd · 1 ba
propertyinfo_value_numbers	203	1; 1
fineprint_value	2 matching units	NaN
fineprint_value_numbers	2	NaN
tozcount_number	NaN	NaN
tozfresh_value	NaN	NaN
tablegrouped_values	1 Bedrooms $3,000 1.0 ba 750 sqft$; $2 Bedrooms $3,000$ 1.0 ba -- sqft	NaN
tablegrouped_values_prices	3000; 3000	NaN

두 내역은 Zillow.com에서 다음과 같이 보인다.

이미지 출처: https://www.zillow.com/

이것들을 나누는 키는 `listingtype_value` 헤더다. 데이터를 단일 유닛인 Apartment for Rent와 다중 유닛인 Apartments for Rent로 나눠보자.

```
# 개별 주택
mu = df[df['listingtype_value'].str.contains('Apartments For')]

# 공동 주택
su = df[df['listingtype_value'].str.contains('Apartment For')]
```

각 내역의 개수를 알아보자.

```
len(mu)
```

앞의 코드는 다음의 결과를 생성한다.

```
161
```

```
len(su)
```

앞의 코드는 다음의 결과를 생성한다.

```
339
```

내역의 대부분은 단일 유닛 그룹으로 이제 해당 데이터로 작업할 것이다.

다음으로 데이터를 기본적인 구조로 변경한다. 예를 들어 최소한 침실의 개수, 화장실의 개수, 면적, 주소에 대한 칼럼이 필요하다.

검토해보면 깨끗한 가격 칼럼으로 `pricelarge_value_prices`가 있다. 다행히도 해당 칼럼에는 결측치가 없으므로 데이터가 없어서 내역을 사용하지 못할 염려는 없다.

침실/화장실의 개수와 면적은 단일 칼럼에 뭉쳐서 넣기 위해 구문 분석이 필요하다. 수정을 해보자.

먼저 칼럼을 살펴보자.

```
su['propertyinfo_value']
```

앞의 코드는 다음의 결과를 생성한다.

```
451                                           2 bds • 1 ba
452                                           1 bd • 1 ba
453                                           1 bd • 1 ba
454                                           1 bd • 1 ba
457     Studio • 1 ba • 540 sqft • 2.00 ac lot • Built 1961
458                                           2 bds • 1 ba
459                                         Studio • 1 ba
460                                           1 bd • 1 ba
461                                         Studio • 1 ba
462                           Studio • 1 ba • Built 1993
464             Studio • 1 ba • 485 sqft • Built 1962
466                       2 bds • 1 ba • 600 sqft
467             Studio • 1 ba • 522 sqft • Built 2013
468             Studio • 1 ba • 480 sqft • Built 1998
470                                         Studio • 1 ba
471                                         Studio • 1 ba
475             1 bd • 1 ba • 475 sqft • Built 1900
```

해당 데이터에는 침실/화장실의 개수와 가끔씩 연도 같은 추가 정보가 포함돼 있다. 구문 분석을 하기 전에 가정이 맞는지 확인해보자.

```
# 'bd'나 'Studio'가 포함되지 않은 로우의 개수를 확인
len(su[~(su['propertyinfo_value'].str.contains('Studio')\
|su['propertyinfo_value'].str.contains('bd'))])
```

앞의 코드는 다음의 결과를 생성한다.

```
0
```

이제 코드의 다음 줄을 살펴보자.

```
# 'ba'를 포함하지 않는 로우의 개수를 확인
len(su[~(su['propertyinfo_value'].str.contains('ba'))])
```

앞의 코드는 다음의 결과를 생성한다.

```
6
```

화장실 개수가 없는 데이터가 몇 개 보인다. 이런 사례가 발생하는 수많은 이유와 해결할 수 있는 수많은 방법이 존재한다. 한 가지 방법은 결측치를 채워 넣는 것이다.

결측치와 관련된 주제만으로 책 전체까지는 아니더라도 한 장 전체를 쉽게 채울 정도며, 모델링 과정에서 중요한 부분이기 때문에 해당 내용을 이해하기 위해 따로 시간을 투자하길 바란다. 하지만 여기서 목적에 맞게 데이터는 무작위로 누락돼 있다고 가정하면 화장실 값이 없는 내역을 빼도 샘플이 심하게 치우치지는 않는다.

```
# 화장실이 있는 내역을 선택
no_baths = su[~(su['propertyinfo_value'].str.contains('ba'))]

# 화장실이 없는 내역을 제외
sucln = su[~su.index.isin(no_baths.index)]
```

이제 침실과 화장실 정보를 구문 분석해 추출해보자.

```
# 글머리 기호(bullet)를 이용해서 나누기
def parse_info(row):
    if not 'sqft' in row:
        br, ba = row.split('')[:2]
        sqft = np.nan
    else:
```

```
        br, ba, sqft = row.split('.')[:3]
    return pd.Series({'Beds': br, 'Baths': ba, 'Sqft': sqft})

attr = sucln['propertyinfo_value'].apply(parse_info)

attr
```

앞의 코드는 다음의 결과를 생성한다.

	Baths	Beds	Sqft
2	1 ba	1 bd	NaN
3	2 ba	2 bds	1,016 sqft
4	1 ba	Studio	NaN
5	1 ba	2 bds	NaN
7	1 ba	2 bds	NaN
10	1 ba	1 bd	NaN
11	1 ba	1 bd	496 sqft
12	1 ba	Studio	NaN
13	1 ba	1 bd	NaN
17	1 ba	1 bd	NaN
18	1 ba	Studio	NaN

여기서 한 작업은 propertyinfo_value 칼럼에 apply 함수를 수행한 것이다. 각 아파트 특성을 각각의 칼럼으로 하는 데이터프레임을 반환한다. 마무리하기 전에 몇 가지 추가 단계가 있다. 값에 들어있는 문자열(bd와 ba, sqft)을 제거해야 하고 원본 데이터와 새로운 데이터프레임을 연결해야 한다. 시작해보자.

```
# 값에서 문자열 제거
attr_cln = attr.applymap(lambda x: x.strip().split(' ')[0] if
isinstance(x,str) else np.nan)

attr_cln
```

앞의 코드는 다음의 결과를 생성한다.

	Baths	Beds	Sqft
2	1	1	NaN
3	2	2	1,016
4	1	Studio	NaN
5	1	2	NaN
7	1	2	NaN
10	1	1	NaN
11	1	1	496
12	1	Studio	NaN
13	1	1	NaN
17	1	1	NaN
18	1	Studio	NaN

다음 코드를 살펴보자.

```
sujnd = sucln.join(attr_cln)

sujnd.T
```

앞의 코드는 다음의 결과를 생성한다.

	2	3	4
routablemask_link	http://www.zillow.com/homedetails/9-E-129th-St-1-New-York-NY-10035/2100761096_zpid/	http://www.zillow.com/homedetails/710-Riverside-Dr-APT-2C-New-York-NY-10031/124451755_zpid/	http://www.zillow.com/homedetails/413-E-84th-St-APT-8-New-York-NY-10028/2100761260_zpid/
routablemask_link/_text	NaN	9 photos	5 photos
routablemask_link/_title	NaN	NaN	NaN
routablemask_link_numbers	NaN	9	5
routablemask_content	NaN	NaN	NaN
imagebadge_value	NaN	9 photos	5 photos
imagebadge_value_numbers	NaN	9	5
routable_link	http://www.zillow.com/homedetails/9-E-129th-St-1-New-York-NY-10035/2100761096_zpid/	http://www.zillow.com/homedetails/710-Riverside-Dr-APT-2C-New-York-NY-10031/124451755_zpid/	http://www.zillow.com/homedetails/413-E-84th-St-APT-8-New-York-NY-10028/2100761260_zpid/
routable_link/_text	9 E 129th St # 1, New York, NY10035	710 Riverside Dr APT 2C, New York, NY10031	413 E 84th St APT 8, New York, NY10028
routable_link/_title	9 E 129th St # 1, New York, NY Real Estate	710 Riverside Dr APT 2C, New York, NY Real Estate	413 E 84th St APT 8, New York, NY Real Estate
routable_link_numbers	9; 129; 1	710; 2	413; 84; 8
listingtype_value	Apartment For Rent	Apartment For Rent	Apartment For Rent
pricelarge_value	$1,750/mo	$3,000/mo	$2,300/mo
pricelarge_value_prices	1750	3000	2300
propertyinfo_value	1 bd · 1 ba	2 bds · 2 ba · 1,016 sqft	Studio · 1 ba
propertyinfo_value_numbers	1; 1	2; 2; 1016	1
fineprint_value	NaN	NaN	NaN
fineprint_value_numbers	NaN	NaN	NaN
tozcount_number	48	1	2
tozfresh_value	minutes ago	hour ago	hours ago
tablegrouped_values	NaN	NaN	NaN
tablegrouped_values_prices	NaN	NaN	NaN
_PAGE_NUMBER	1	1	1
Baths	1	2	1
Beds	1	2	Studio
Sqft	NaN	1,016	NaN

이제 데이터셋이 합쳐지기 시작했다. 침실 개수와 화장실 개수 그리고 면적을 기반으로 아파트의 가치에 대한 가정을 테스트할 수 있다. 하지만 다른 사람들이 말하는 것처럼 부동산은 위치가 매우 중요하다. 앞서 아파트 특성을 구문 분석했던 것과 같은 접근 방법으로 주소에도 적용해보자.

또한 가능하면 층수 정보도 추출할 것이다. 숫자에 문자가 따라오는 패턴은 빌딩의 층수를 표시한다고 가정한다.

```
# zip과 floor 구문 분석
def parse_addy(r):
    so_zip = re.search(', NY(\d+)', r)
    so_flr = re.search('(?:APT|#)\s+(\d+)[A-Z]+,', r)
    if so_zip:
        zipc = so_zip.group(1)
    else:
        zipc = np.nan
    if so_flr:
        flr = so_flr.group(1)
    else:
        flr = np.nan
    return pd.Series({'Zip':zipc, 'Floor': flr})

flrzip = sujnd['routable_link/_text'].apply(parse_addy)

suf = sujnd.join(flrzip)

suf.T
```

앞의 코드는 다음의 결과를 생성한다.

	2	3	4
routablemask_link	http://www.zillow.com/homedetails/9-E-129th-St-1-New-York-NY-10035/2100761096_zpid/	http://www.zillow.com/homedetails/710-Riverside-Dr-APT-2C-New-York-NY-10031/124451755_zpid/	http://www.zillow.com/homedetails/413-E-84th-St-APT-8-New-York-NY-10028/2100761260_zpid/
routablemask_link/_text	NaN	9 photos	5 photos
routablemask_link/_title	NaN	NaN	NaN
routablemask_link_numbers	NaN	9	5
routablemask_content	NaN	NaN	NaN
imagebadge_value	NaN	9 photos	5 photos
imagebadge_value_numbers	NaN	9	5
routable_link	http://www.zillow.com/homedetails/9-E-129th-St-1-New-York-NY-10035/2100761096_zpid/	http://www.zillow.com/homedetails/710-Riverside-Dr-APT-2C-New-York-NY-10031/124451755_zpid/	http://www.zillow.com/homedetails/413-E-84th-St-APT-8-New-York-NY-10028/2100761260_zpid/
routable_link/_text	9 E 129th St # 1, New York, NY10035	710 Riverside Dr APT 2C, New York, NY10031	413 E 84th St APT 8, New York, NY10028
routable_link/_title	9 E 129th St # 1, New York, NY Real Estate	710 Riverside Dr APT 2C, New York, NY Real Estate	413 E 84th St APT 8, New York, NY Real Estate
routable_link_numbers	9; 129; 1	710; 2	413; 84; 8
listingtype_value	Apartment For Rent	Apartment For Rent	Apartment For Rent
pricelarge_value	$1,750/mo	$3,000/mo	$2,300/mo
pricelarge_value_prices	1750	3000	2300
propertyinfo_value	1 bd · 1 ba	2 bds · 2 ba · 1,016 sqft	Studio · 1 ba
propertyinfo_value_numbers	1; 1	2; 2; 1016	1
fineprint_value	NaN	NaN	NaN
fineprint_value_numbers	NaN	NaN	NaN
tozcount_number	48	1	2
tozfresh_value	minutes ago	hour ago	hours ago
tablegrouped_values	NaN	NaN	NaN
tablegrouped_values_prices	NaN	NaN	NaN
_PAGE_NUMBER	1	1	1
Baths	1	2	1
Beds	1	2	Studio
Sqft	NaN	1,016	NaN
Floor	NaN	2	NaN
Zip	10035	10031	10028

위에서 보는 것처럼 층수와 ZIP 정보를 구문 분석해내는 것에 성공했다. 333개의 내역 중 320개의 ZIP 코드와 164개의 층수를 가져왔다.

마지막 정제 작업을 하고 나면, 데이터셋에 대해 검토할 준비가 된다.

```
# 관심 있는 칼럼만 남기고 데이터 줄이기
sudf = suf[['pricelarge_value_prices', 'Beds', 'Baths', 'Sqft', 'Floor',
'Zip']]
```

```
# 또한 괴상한 칼럼 이름을 바꾸고 인덱스를 초기화한다
sudf.rename(columns={'pricelarge_value_prices':'Rent'}, inplace=True)

sudf.reset_index(drop=True, inplace=True)

sudf
```

앞의 코드는 다음의 결과를 생성한다.

	Rent	Beds	Baths	Sqft	Floor	Zip
0	1750	1	1	NaN	NaN	10035
1	3000	2	2	1,016	2	10031
2	2300	Studio	1	NaN	NaN	10028
3	2500	2	1	NaN	6	10035
4	2800	2	1	NaN	NaN	10012
5	2490	1	1	NaN	4	10036
6	2750	1	1	496	5	10021
7	2150	Studio	1	NaN	3	10024
8	2875	1	1	NaN	2	10023
9	2225	1	1	NaN	4	10036
10	2450	Studio	1	NaN	4	10014

데이터 분석

이제 데이터는 분석을 시작하기에 알맞은 형식이다. 요약 통계를 살펴보자.

```
sudf.describe()
```

앞의 코드는 다음의 결과를 생성한다.

	Rent
count	333.000000
mean	2492.627628
std	366.882478
min	1500.000000
25%	2200.000000
50%	2525.000000
75%	2800.000000
max	3000.000000

임대에 대한 전체 통계 내역을 볼 수 있다. Zillow에서 원본 데이터를 추출할 때, 한 달에 1,500달러에서 3,000달러 사이의 금액인 아파트만 선택했다는 것을 기억하자. 확인이 안 되는 한 가지는 평균 침실 개수와 화장실 개수 혹은 평균 층수다. 두 가지 이유가 있다. 첫 번째는 침실과 관련이 있다. 통계를 위해서는 전체가 숫자 데이터여야 한다. 스튜디오 아 파트의 경우에는 침실이 0인 아파트로 수정한다.

```
# 'Studio'를 0으로 변경
sudf.loc[:,'Beds'] = sudf['Beds'].map(lambda x: 0 if 'Studio' in x else x)

sudf
```

앞의 코드는 다음의 결과를 생성한다.

	Rent	Beds	Baths	Sqft	Floor	Zip
0	1750	1	1	NaN	NaN	10035
1	3000	2	2	1,016	2	10031
2	2300	0	1	NaN	NaN	10028
3	2500	2	1	NaN	6	10035
4	2800	2	1	NaN	NaN	10012
5	2490	1	1	NaN	4	10036
6	2750	1	1	496	5	10021
7	2150	0	1	NaN	3	10024
8	2875	1	1	NaN	2	10023
9	2225	1	1	NaN	4	10036
10	2450	0	1	NaN	4	10014

첫 번째 문제가 해결됐지만, 다른 문제가 남아있다. 통계 데이터가 필요한 모든 칼럼은 숫자 데이터형이어야 한다. 다음 스크린샷에서 그렇지 않은 경우를 확인할 수 있다.

```
sudf.info()
```

앞의 코드는 다음의 결과를 생성한다.

```
<class 'pandas.core.frame.DataFrame'>
Int64Index: 333 entries, 0 to 332
Data columns (total 6 columns):
Rent       333 non-null float64
Beds       333 non-null object
Baths      333 non-null object
Sqft       108 non-null object
Floor      164 non-null object
Zip        320 non-null object
dtypes: float64(1), object(5)
memory usage: 18.2+ KB
```

다음 코드를 사용해 데이터형을 바꿔 수정할 수 있다.

```
# 칼럼의 데이터형 수정
sudf.loc[:,'Rent'] = sudf['Rent'].astype(int)
sudf.loc[:,'Beds'] = sudf['Beds'].astype(int)

# 화장실 0.5개를 위해 실수여야 함
sudf.loc[:,'Baths'] = sudf['Baths'].astype(float)

# 먼저 콤마를 제거하고 NaN이 있는 칼럼은 실수형으로 변경
sudf.loc[:,'Sqft'] = sudf['Sqft'].str.replace(',','')

sudf.loc[:,'Sqft'] = sudf['Sqft'].astype(float)
sudf.loc[:,'Floor'] = sudf['Floor'].astype(float)
```

다음 코드를 실행하면 결과를 볼 수 있다.

```
sudf.info()
```

앞의 코드는 다음의 결과를 생성한다.

```
<class 'pandas.core.frame.DataFrame'>
Int64Index: 333 entries, 0 to 332
Data columns (total 6 columns):
Rent      333 non-null int64
Beds      333 non-null int64
Baths     333 non-null float64
Sqft      108 non-null float64
Floor     164 non-null float64
Zip       320 non-null object
dtypes: float64(3), int64(2), object(1)
memory usage: 18.2+ KB
```

이제 마지막으로 통계 데이터를 생성하기 위해 다음 코드를 수행한다.

```
sudf.describe()
```

앞의 코드는 다음의 결과를 생성한다.

	Rent	Beds	Baths	Sqft	Floor
count	333.00	333.00	333.00	108.00	164.00
mean	2492.63	0.82	1.01	528.98	11.20
std	366.88	0.72	0.08	133.05	86.18
min	1500.00	0.00	1.00	280.00	1.00
25%	2200.00	0.00	1.00	447.50	2.00
50%	2525.00	1.00	1.00	512.00	4.00
75%	2800.00	1.00	1.00	600.00	5.00
max	3000.00	3.00	2.00	1090.00	1107.00

임대료와 침실 개수, 화장실 개수, 면적의 숫자 모두가 좋아 보이지만, 층수 칼럼에 문제가 있어 보인다. 뉴욕에 고층 빌딩이 많긴 하지만, 1,000층이 넘는 건 상상하기 어렵다.

APT 1107A 때문에 해당 결과가 만들어진 것으로 보인다. 대부분의 경우, 이것은 11층 아파트지만 안전하게 일관성을 유지하기 위해 내역을 삭제할 것이다. 다행히 30층 이상 내역은 이 건뿐이라서 괜찮다.

```
# 문제 내역인 318 인덱스를 삭제
sudf = sudf.drop([318])

sudf.describe()
```

앞의 코드는 다음의 결과를 생성한다.

	Rent	Beds	Baths	Sqft	Floor
count	332.00	332.00	332.00	108.00	163.00
mean	2493.51	0.82	1.01	528.98	4.48
std	367.08	0.72	0.08	133.05	3.86
min	1500.00	0.00	1.00	280.00	1.00
25%	2200.00	0.00	1.00	447.50	2.00
50%	2527.50	1.00	1.00	512.00	4.00
75%	2800.00	1.00	1.00	600.00	5.00
max	3000.00	3.00	2.00	1090.00	32.00

이제 데이터가 좋아졌으니 분석을 계속해보자. 먼저 ZIP 코드와 침실 개수에 대한 임대료를 검토하기 위해 피봇^{pivot}을 한다. pandas는 해당 작업을 쉽게 할 수 있는 `.pivot_table()` 함수를 가지고 있다.

```
sudf.pivot_table('Rent', 'Zip', 'Beds', aggfunc='mean')
```

앞의 코드는 다음의 결과를 생성한다.

Beds	0.0	1.0	2.0	3.0
Zip				
10001	2737.50	NaN	NaN	NaN
10002	2283.44	2422.51	2792.65	NaN
10003	2109.89	2487.81	2525.00	NaN
10004	2798.75	2850.00	NaN	NaN
10005	2516.00	NaN	NaN	NaN
10006	2611.00	2788.00	NaN	NaN
10009	2200.91	2568.44	2530.00	NaN
10010	NaN	2299.00	2940.00	NaN
10011	2774.67	2852.00	2595.00	NaN
10012	2547.00	2744.91	2581.67	NaN
10013	2709.29	2584.44	2650.00	NaN
10014	2450.00	NaN	NaN	NaN
10016	2615.00	2450.00	NaN	NaN
10017	NaN	2733.33	NaN	NaN
10019	2195.00	2661.67	2925.00	NaN
10021	1900.00	2388.33	2500.00	NaN
10022	2170.00	NaN	NaN	NaN
10023	2165.00	2773.33	NaN	NaN
10024	2322.50	2621.50	NaN	NaN
10025	2500.00	NaN	NaN	NaN
10026	NaN	2800.00	NaN	NaN
10027	NaN	1850.00	NaN	NaN
10028	2100.00	2333.33	NaN	NaN
10029	1597.50	2097.50	2650.00	NaN
10031	NaN	NaN	2531.25	2700

이 작업은 ZIP 코드에 따른 평균 가격을 보여주며, NaN 값을 보면 침실 개수가 추가될 경우 더 적은 내역이 나오게 된다. 추가적인 검토를 위해 내역의 개수에 대해 피봇한다.

```
sudf.pivot_table('Rent', 'Zip', 'Beds', aggfunc='count')
```

앞의 코드는 다음의 결과를 생성한다.

Beds	0.0	1.0	2.0	3.0
Zip				
10001	2	NaN	NaN	NaN
10002	16	39	17	NaN
10003	9	16	2	NaN
10004	4	1	NaN	NaN
10005	4	NaN	NaN	NaN
10006	4	1	NaN	NaN
10009	11	34	8	NaN
10010	NaN	1	1	NaN
10011	3	1	1	NaN
10012	5	11	3	NaN
10013	7	9	2	NaN
10014	1	NaN	NaN	NaN
10016	3	1	NaN	NaN
10017	NaN	3	NaN	NaN
10019	1	3	1	NaN
10021	1	3	1	NaN
10022	1	NaN	NaN	NaN
10023	3	3	NaN	NaN
10024	6	2	NaN	NaN
10025	1	NaN	NaN	NaN
10026	NaN	2	NaN	NaN
10027	NaN	2	NaN	NaN
10028	2	3	NaN	NaN
10029	2	4	1	NaN
10031	NaN	NaN	4	1

ZIP 코드와 침실 개수 관점에서 볼 때 데이터가 부족한 것을 알 수 있다. 유감스러운 일이다. 더 많은 데이터를 확보하는 것이 이상적이지만, 아직 보유한 데이터로 작업은 가능하다.

데이터를 시각적으로 검토하는 것으로 넘어가보자.

데이터 시각화

ZIP 코드 기준의 데이터를 시각화하는 가장 좋은 방법은 히트 맵heat map이다. 히트 맵을 잘 모른다면, 간단하게 데이터를 색상 스펙트럼에 따라 표현한 것으로 생각하면 된다. folium(https://github.com/python-visualization/folium)이라는 파이썬 매핑 라이브러리를 사용해서 히트 맵을 그려보자.

침실이 2~3개인 아파트가 부족하니, 데이터셋에서 스튜디오와 침실이 한 개인 데이터만 남기고 잘라낸다.

```
su_lt_two = sudf[sudf['Beds']<2]
```

계속해서 시각화를 해보자.

```
import folium

map = folium.Map(location=[40.748817, -73.985428], zoom_start=13)
map.geo_json(geo_path=r'/Users/alexcombs/Downloads/nyc.json',
data=su_lt_two,
    columns=['Zip', 'Rent'],
    key_on='feature.properties.postalCode',
    threshold_scale=[1700.00, 1900.00, 2100.00, 2300.00, 2500.00,
2750.00],
    fill_color='YlOrRd', fill_opacity=0.7, line_opacity=0.2,
    legend_name='Rent (%)',
```

```
    reset=True)
map.create_map(path='nyc.html')
```

앞의 코드는 다음의 결과를 생성한다.

내용이 많으니 단계별로 살펴보자. folium을 가져온 다음 .Map() 객체를 생성했다. 맵의 중심 좌표와 줌 레벨 입력이 필요하다. 구글 검색으로 엠파이어 스테이트 빌딩의 좌표를 찾고 원하는 지도를 위해 확대/축소를 조정했다

다음 줄은 GeoJSON 파일을 호출한다. 이는 지리적인 특성을 표현하는 오픈 포맷이다. ZIP 코드가 연결돼 있는 NYC GeoJSON 파일을 검색해서 찾았으며, ZIP 코드가 있는 GeoJSON 파일을 받은 후에 데이터프레임을 입력한다.

히트 맵에 사용하고 싶은 칼럼뿐만 아니라 키 칼럼(여기서는 우편번호)을 참조하도록 해야 한다. 이번 경우에는 평균 임대료를 사용했다. 다른 옵션으로 색상 팔레트와 색상의 범위 값을 정하고 범례와 색상을 조정하기 위한 다른 인수를 조정할 수 있다. 마지막 줄은 결과 파일의 이름을 정한다.

>
> **TIP**
> 로컬 머신을 사용한다면, 크롬을 사용할 때 문제가 발생하게 되는데 음영 기능이 동작하지 않을 것이다. 크롬은 크로스-오리진(cross-origin) 요청을 거부하기 때문에 히트 맵 오버레이를 사용할 수 없다. 인터넷 익스플로러와 사파리에서는 동작한다.

히트 맵이 완성되면 어느 지역의 임대료가 높고 낮은지 알 수 있다. 어떤 지역을 임대할지 정하는 데 도움이 되긴 하지만, 회귀 모델링을 사용해 좀 더 분석해보자.

▌ 데이터 모델링

침실이 1~2개인 데이터셋을 사용해 ZIP 코드와 침실 개수가 임대료에 영향을 미치는지 알아볼 것이다. 여기서는 두 개의 패키지를 사용할 예정인데, 첫 번째는 이전 장에서 간단히 다뤄본 statsmodels고, 두 번째는 patsy(https://patsy.readthedocs.org/en/latest/index.html)로 statsmodels의 사용을 더 쉽게 만들어준다. patsy는 회귀를 수행할 때 R 스타일의 공식을 사용할 수 있게 해준다.

다음 코드를 수행해보자.

```
import patsy
import statsmodels.api as sm

f = 'Rent ~ Zip + Beds'
y, X = patsy.dmatrices(f, su_lt_two, return_type='dataframe')
```

```
results = sm.OLS(y, X).fit()
print(results.summary())
```

앞의 코드는 다음의 결과를 생성한다.

```
                           OLS Regression Results
==============================================================================
Dep. Variable:                   Rent   R-squared:                       0.377
Model:                            OLS   Adj. R-squared:                  0.283
Method:                 Least Squares   F-statistic:                     4.034
Date:                Sat, 31 Oct 2015   Prob (F-statistic):           1.21e-10
Time:                        13:44:15   Log-Likelihood:                -1856.8
No. Observations:                 262   AIC:                             3784.
Df Residuals:                     227   BIC:                             3908.
Df Model:                          34
==============================================================================
                  coef    std err          t      P>|t|      [95.0% Conf. Int.]
-------------------------------------------------------------------------------
Intercept      2737.5000    219.893     12.449      0.000     2304.207   3170.793
Zip[T.10002]   -503.2729    226.072     -2.226      0.027     -948.740    -57.806
Zip[T.10003]   -519.1638    230.290     -2.254      0.025     -972.943    -65.384
Zip[T.10004]     29.8051    260.334      0.114      0.909     -483.175    542.785
Zip[T.10005]   -221.5000    269.313     -0.822      0.412     -752.174    309.174
Zip[T.10006]   -132.7949    260.334     -0.510      0.610     -645.775    380.185
Zip[T.10009]   -416.4142    227.231     -1.833      0.068     -864.166     31.338
Zip[T.10010]   -646.9746    383.461     -1.687      0.093    -1402.572    108.623
Zip[T.10011]      4.3813    269.543      0.016      0.987     -526.746    535.508
Zip[T.10012]   -197.7638    235.233     -0.841      0.401     -661.283    265.755
Zip[T.10013]   -215.7045    234.573     -0.920      0.359     -677.924    246.515
Zip[T.10014]   -287.5000    380.867     -0.755      0.451    -1037.986    462.986
Zip[T.10016]   -215.8687    269.543     -0.801      0.424     -746.996    315.258
Zip[T.10017]   -212.6413    287.352     -0.740      0.460     -778.860    353.577
Zip[T.10019]   -348.8560    271.376     -1.286      0.200     -883.594    185.882
Zip[T.10021]   -627.6060    271.376     -2.313      0.022    -1162.344    -92.868
Zip[T.10022]   -567.5000    380.867     -1.490      0.138    -1317.986    182.986
Zip[T.10023]   -372.5707    254.885     -1.462      0.145     -874.814    129.673
Zip[T.10024]   -392.3687    246.100     -1.594      0.112     -877.302     92.564
Zip[T.10025]   -237.5000    380.867     -0.624      0.534     -987.986    512.986
Zip[T.10026]   -145.9746    314.148     -0.465      0.643     -764.994    473.045
Zip[T.10027]  -1095.9746    314.148     -3.489      0.001    -1714.994   -476.955
Zip[T.10028]   -622.5848    261.550     -2.380      0.018    -1137.960   -107.209
Zip[T.10029]   -945.6498    255.640     -3.699      0.000    -1449.382   -441.918
Zip[T.10033]  -1120.9746    383.461     -2.923      0.004    -1876.572   -365.377
Zip[T.10035]   -983.8560    271.376     -3.625      0.000    -1518.594   -449.118
Zip[T.10036]   -321.4831    285.429     -1.126      0.261     -883.912    240.946
Zip[T.10037]  -1130.9746    314.148     -3.600      0.000    -1749.994   -511.955
Zip[T.10038]   -176.8475    240.922     -0.734      0.464     -651.578    297.883
Zip[T.10040]  -1395.9746    383.461     -3.640      0.000    -2151.572   -640.377
Zip[T.10065]   -564.5848    261.550     -2.159      0.032    -1079.960    -49.209
Zip[T.10075]   -529.2373    270.232     -1.958      0.051    -1061.721      3.247
Zip[T.10200]    -19.4915    254.345     -0.077      0.939     -520.670    481.687
Zip[T.11229]   -350.9746    383.461     -0.915      0.361    -1106.572    404.623
Beds            208.4746     44.528      4.682      0.000      120.734    296.215
==============================================================================
Omnibus:                        3.745   Durbin-Watson:                   2.039
Prob(Omnibus):                  0.154   Jarque-Bera (JB):                2.546
Skew:                          -0.012   Prob(JB):                        0.280
Kurtosis:                       2.518   Cond. No.                         84.2
==============================================================================
```

몇 줄의 코드로 첫 번째 머신 러닝 알고리즘을 수행했다.

 대부분의 사람들이 선형 회귀를 머신 러닝으로 생각하지 않는 경향이 있지만 머신 러닝이 맞다. 선형 회귀는 지도(supervised) 머신 러닝의 한 종류다. 여기서 지도는 학습 셋의 결과 값을 제공하는 것을 의미한다.

이제 어떤 일이 벌어졌는지 살펴보자. import 구문 다음에 patsy 모듈과 관계된 두 줄이 있다. 첫 번째 줄은 사용할 공식으로 왼편(물결 표시 전)은 응답 변수 혹은 종속 변수인 임대료다. 오른편은 독립 변수 혹은 예측 변수로 우편번호와 침대 개수다. 해당 공식은 ZIP 코드와 침대 개수가 임대료에 어떤 영향을 미치는지 알고 싶다는 것을 의미한다.

공식에서 patsy.dmatrices( )에 데이터프레임과 일치하는 칼럼 이름을 전달한다. patsy는 예측 변수에 X 행렬을, 응답 변수에 y 벡터를 설정해 sm.OLS( )를 입력하고 .fit( )을 호출해 모델을 실행한다. 마지막으로 모델의 결과를 출력한다.

보는 바와 같이 출력된 결과에 많은 정보를 제공한다. 가장 윗부분부터 살펴보자. 모델은 262개의 관측 값을 포함하고 조정 R^2adjusted R2는 .283임을 알 수 있으며, 중요한 것은 F-통계 확률이 1.21e-10인 것이다. 이것이 왜 중요한가? 침대 개수와 우편번호만을 사용해서 해당 모델이 제3의 임대료의 편차를 설명할 수 있다는 것을 의미한다. 좋은 결과인가? 더 좋은 답을 찾기 위해 결과의 중간 부분을 살펴보자.

중간 부분은 모델에서 각 독립 변수의 정보를 제공한다. 왼쪽에서 오른쪽으로 다음 정보를 확인할 수 있다. 변수, 변수의 모델과의 상관 계수, 표준 오차standard error, t-통계, t-통계의 P 값, 95% 신뢰 구간이다.

이 값들이 무엇을 말하는가? P 값 칼럼을 보면 독립 변수들의 통계적 유의성statistically significant을 결정할 수 있다. 회귀 모델에서의 통계적 유의성은 독립 변수와 응답 변수 간의 관계가 우연히 발생하지는 않았다는 것을 의미한다. 일반적으로 통계학자들은 P 값이 .05인 것을 기준으로 결정한다. P 값이 .05라는 것은 해당 결과가 우연히 발생할 확률이

5%뿐이라는 것이다. 이번 결과를 보면, 침실의 개수는 여기서 확실히 유의성을 갖는다. 우편번호는 어떤가?

첫 번째로 주의할 점은 절편이 10001 ZIP 코드를 나타낸다는 점이다. 선형 회귀 모델링에서 절편이 필요한데, 보통 y축과 회귀선이 만나는 곳이 된다. statsmodels는 자동으로 예측 변수 중에 하나를 선택해 절편으로 사용한다. 여기서는 첼시(10001)로 결정했다.

침대 개수와 마찬가지로, 절편은 통계적으로 유의하다. 하지만 우편번호는 어떤가?

대부분의 경우 우편번호는 유의하지 않다. 하지만 몇 개를 살펴보자. 우편번호 10027, 10029, 10035는 높은 유의성을 가지며 음의 신뢰 구간을 갖는다. 이는 첼시의 비슷한 아파트보다 적은 임대료를 갖는 경향이 있다는 것을 알려준다.

첼시는 뉴욕에서 상류층이 사는 지역으로 보이며, 다른 세 곳은 할렘 지역 안이나 주변 지역이다. 확실히 상류 지역이라고 할 수는 없지만 실제 세계에서 직관적으로 알 수 있는 것과 잘 맞는다.

이제 모델을 사용해 몇 가지 예측을 해보자.

예측

앞의 분석에서 결정한 것처럼, 우편번호가 10002, 10003, 10009인 세 곳에 관심이 있다. 어떻게 모델을 사용해서 어느 아파트에 임대료를 낼지 결정할 수 있을까? 같이 살펴보자.

먼저 새로운 값을 입력하는 방법을 알기 위해 모델을 입력하는 값의 모양이 어떤지 알아야 한다. X 행렬을 살펴보자.

```
X.head()
```

앞의 코드는 다음의 결과를 생성한다.

	Intercept	Zip[T.10002]	Zip[T.10003]	Zip[T.10004]	Zip[T.10005]	Zip[T.10006]	Zip[T.10009]	Zip[T.10010]	Zip[T.10011]	Zip[T.10012]
0	1	0	0	0	0	0	0	0	0	0
2	1	0	0	0	0	0	0	0	0	0
5	1	0	0	0	0	0	0	0	0	0
6	1	0	0	0	0	0	0	0	0	0
7	1	0	0	0	0	0	0	0	0	0

위에서 보는 것은 코딩된 더미 변수dummy variable다. 숫자가 아닌 우편번호 피처를 표시하기 위해 더미 코딩을 사용했다. 10003에 있는 아파트라면 다른 우편번호가 0일 때 1로 코딩할 수 있다. 침대 개수도 실제 숫자에 따라 코딩한다. 예측을 위한 입력 값을 생성해보자.

```
to_pred_idx = X.iloc[0].index
to_pred_zeros = np.zeros(len(to_pred_idx))
tpdf = pd.DataFrame(to_pred_zeros, index=to_pred_idx, columns=['value'])

tpdf
```

앞의 코드는 다음의 결과를 생성한다.

	value
Intercept	0
Zip[T.10002]	0
Zip[T.10003]	0
Zip[T.10004]	0
Zip[T.10005]	0
Zip[T.10006]	0
Zip[T.10009]	0
Zip[T.10010]	0
Zip[T.10011]	0
Zip[T.10012]	0
Zip[T.10013]	0
Zip[T.10014]	0
Zip[T.10016]	0
Zip[T.10017]	0

X 행렬의 인덱스를 사용해 모든 데이터를 0으로 채웠다. 이제 값을 채워보자. 10009 지역 코드에 있는 침실 한 개인 아파트의 가격을 정해보자.

```
tpdf.loc['Intercept'] = 1
tpdf.loc['Beds'] = 1
tpdf.loc['Zip[T.10009]'] = 1

tpdf
```

 TIP 선형 회귀에서 절편의 값은 정확한 통계 수치를 반환하기 위해 1로 설정돼야 한다.

앞의 코드는 다음의 결과를 생성한다.

	value
Intercept	1
Zip[T.10002]	0
Zip[T.10003]	0
Zip[T.10004]	0
Zip[T.10005]	0
Zip[T.10006]	0
Zip[T.10009]	1
Zip[T.10010]	0
Zip[T.10011]	0
Zip[T.10012]	0

우편번호 10009의 절편이 1로 설정된 것을 알 수 있다.

그리고 침실 개수도 1로 입력됐다.

Zip[T.10029]	0
Zip[T.10033]	0
Zip[T.10035]	0
Zip[T.10036]	0
Zip[T.10037]	0
Zip[T.10038]	0
Zip[T.10040]	0
Zip[T.10065]	0
Zip[T.10075]	0
Zip[T.10280]	0
Zip[T.11229]	0
Beds	1

피처에 적절한 값을 입력하고 모델을 사용해 예측 값을 반환받는다.

```
results.predict(tpdf['value'])
```

앞의 코드는 다음의 결과를 생성한다.

```
2529.5604669841355
```

results는 모델을 저장한 변수 이름인 것을 기억하자. 해당 모델 객체는 .predict( ) 함수를 가졌고 입력 값을 넣어 호출한다. 보는 바와 같이, 모델은 예측 값을 반환한다.

침실을 추가하면 어떨까?

입력 값을 변경해보자.

```
tpdf['value'] = 0
tpdf.loc['Intercept'] = 1
tpdf.loc['Beds'] = 2
```

```
tpdf.loc['Zip[T.10009]'] = 1

tpdf
```

앞의 코드는 다음의 결과를 생성한다.

Zip[T.10035]	0
Zip[T.10036]	0
Zip[T.10037]	0
Zip[T.10038]	0
Zip[T.10040]	0
Zip[T.10065]	0
Zip[T.10075]	0
Zip[T.10280]	0
Zip[T.11229]	0
Beds	2

침실 개수가 2로 변경됐다.

예측을 다시 수행해보자.

```
results.predict(tpdf['value'])
```

앞의 코드는 다음의 결과를 생성한다.

```
2738.035104645339
```

침실 추가는 매월 200달러의 추가 비용이 발생한다. 대신 **10002**를 선택하면 어떻게 될까?
코드에서 수행해보자.

```
tpdf['value'] = 0
tpdf.loc['Intercept'] = 1
tpdf.loc['Beds'] = 2
tpdf.loc['Zip[T.10002]'] = 1

results.predict(tpdf['value'])
```

앞의 코드는 다음의 결과를 생성한다.

```
2651.1763504369078
```

모델에 따르면 침실이 두 개인 아파트의 경우 10009 지역보다 10002 지역을 선택해야 돈을 좀 더 절약할 수 있다.

모델 확장

지금까지 우편번호, 침실 개수, 임대료 간의 관계에 대해서만 검토했다. 어느 정도 설득력이 있는 모델이긴 하지만, 부동산 가치에 대한 복잡한 세계를 검토하기에는 데이터셋과 피처가 너무 부족하다.

하지만 다행히도, 더 많은 데이터와 피처를 모델에 추가하면 동일한 프레임워크로 분석을 확대할 수 있다.

몇 가지 확장 가능성을 살펴보면 다음과 같다. 포스퀘어Foursquare 또는 옐프Yelp와 같은 API를 통해 레스토랑 또는 바의 정보를 사용하거나, 워크 스코어Walk Score와 같은 제공자로부터 걷기 알맞은 정도나 차량과의 거리 측정 값 등을 사용하는 것 등이 가능하다.

모델을 확장하는 다양한 방법이 있지만 추천하고 싶은 것은 하나의 프로젝트에 대한 더 많은 측정 값들을 탐색하는 등의 작업을 지속적으로 하는 것이다. 더 많은 데이터가 매일 공개되고 있기 때문에 모델을 향상시킬 수 있는 기회도 증가하게 된다.

▮ 요약

이번 장에서는 실제 부동산 내역 데이터를 얻고, pandas의 기능을 이용해 데이터를 조작하고 정제한 후 히트 맵으로 데이터를 시각적으로 점검하며, 회귀 모델을 이용해 아파트의 가격을 표시하는 모델링을 했다. 여기서 머신 러닝을 조금 맛봤으니 이어서 다른 알고리즘과 애플리케이션을 계속 만들어볼 예정이다.

다음 장에서는 클러스터링 알고리즘을 이용해 매우 찾기 어려운 대폭 할인된 항공료를 찾는 것을 알아보자.

03

저렴한 항공료 찾기 앱구축하기

실수에 대해 이야기해보자. 실수는 인생의 한 부분이고, 모든 사람이 실수를 하며 항공사도 마찬가지다.

2014년의 어느 날 오후 트위터에서 팔로우하는 계정을 통해 하나의 글을 읽게 됐는데, 주요 미국 항공사의 유럽으로 가는 항공료가 예상 가격보다 매우 낮은 가격에 나왔다는 내용이었다. 그때 뉴욕에서 비엔나로 가는 가장 싼 항공료는 약 800달러였지만, 광고되는 항공료는 몇 개의 지정일 기준으로 350~450달러였다. 매우 좋아 보여서 사실이 아닌 줄 알았지만 그렇지 않았다. 우연하게 업계에서 잘 알려져 있는 실수로 책정된 요금을 발견한 것이었다.

항공사가 때때로 의도치 않게 유류할증료가 빠진 항공료를 등록하는 경우가 트래블 해커와 마일리지 마니아의 비밀스러운 세계에서는 잘 알려져 있다.

놀랍게도 이런 실수의 유형이 유일한 실수는 아니다. 고급 알고리즘이 많은 요인들을 고려해 각 항공편의 요금을 갱신할 것이라 예상할 수 있고 대부분의 경우에는 맞다. 하지만 구형 기간 시스템과 다수의 항공사 그리고 다양한 권한을 다루는 복잡함 때문에 실수는 발생한다.

이제 이런 항공료가 있다는 것을 알았다면, 어떻게 받을 수 있을까? 물론 머신 러닝이다! 일반적으로 사라지기 전까지 단지 몇 시간만 있기 때문에 항공료를 지속적으로 모니터링하는 애플리케이션을 만들 것이다. 비정상적인 가격이 나타나면, 행동을 빨리 취할 수 있도록 알림을 생성한다.

이번 장에서는 다음 주제를 다룬다.

- 웹에서 항공료 데이터 구하기
- 고급 웹 스크래핑 기술로 요금 데이터 가져오기
- 가격을 추출하기 위한 도큐먼트 오브젝트 모델 구문 분석
- 클러스터링 기술로 특이한 요금 찾기
- IFTTT로 실시간 문자 알림 보내기

▌ 항공료 데이터 구하기

다행히도 항공료 데이터는 부동산 데이터보다 구하기 쉽기 때문에 찾기가 어렵지 않다. 무료와 유료 API 형태로 다수의 웹사이트가 데이터를 제공한다. 여러 서비스를 테스트했지만, 결국에는 작업 가능한 형식의 데이터를 제공하는 곳은 하나뿐이었다. 해당 형식은 매우 간단하게 다음 달에 가장 저렴한 항공료를 찾게 해준다.

어떤 서비스인지 알려주기 전에 일반적인 항공편 검색 인터페이스를 보자.

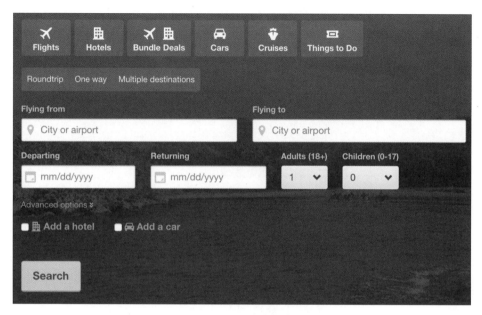

이미지 출처: https://www.expedia.com/

이런 형태의 인터페이스(그리고 모든 API들은 같은 필드를 가진다.)는 각 공항별로 가능한 여행 일자마다 모든 일자별로 쿼리를 수행해야 하는 문제가 있다. 할 수는 있지만, 내키지도 않고 많은 노력이 필요하다.

다행히 더 좋은 방법이 있다. 구글이 제공하는 잘 알려지지 않은 도구인 플라이트 익스플로러Flight Explorer다. 이 도구를 사용하면 한 달 단위로 한 지역에서 다른 지역으로 가는 가장 저렴한 항공료를 볼 수 있다.

8~12일간 뉴욕에서 유럽으로 가는 여행을 검색한 예시는 다음과 같다. 도시는 금액이 가장 저렴한 것에서 가장 비싼 것의 순서로 정렬돼 반환된다.

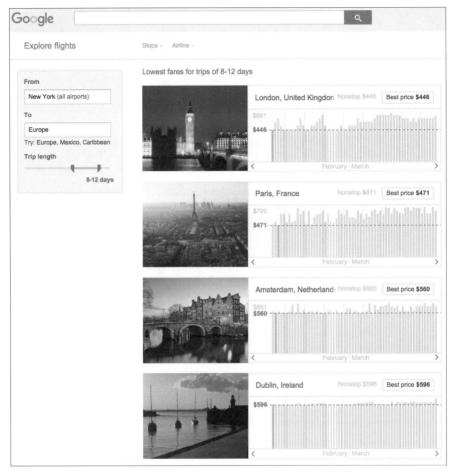

이미지 출처: https://www.google.com/flights/explore/

이런 형태는 전체 지역에 대해 60일의 기간 동안 결과가 가격으로 정렬돼 반환되기 때문에 실수로 등록된 요금을 찾는 데 안성맞춤이다. 아웃라이어outlier인 요금이 있을 때는 상단에서 보게 된다.

지금까지는 좋은 소식이었다. 나쁜 소식은 구글이 해당 데이터를 프로그램적으로 풀다운 형태로 만들어서 간단한 작업은 아니라는 것이다. 다행히도 약간의 재치 있는 코드를 통해 필요한 데이터를 얻을 수 있다.

고급 웹 스크래핑 기술로 요금 데이터 가져오기

앞 장에서 웹 페이지를 가져오는 requests 라이브러리를 사용하는 방법을 배웠다. 앞서 말한 것처럼, 환상적인 도구지만 스크랩하려는 페이지 전체가 AJAX 기반으로 돼 있어서 아쉽게도 여기서는 사용하기 어렵다. 비동기식 자바스크립트(AJAX)는 페이지를 다시 불러 오지 않고 서버에서 데이터를 가져온다. 어마어마한 작업을 해야 할 것처럼 들리지만, 두 개의 라이브러리를 같이 사용하면 간단하게 작업할 수 있다.

두 개의 라이브러리는 Selenium과 PhantomJS다. Selenium은 웹 브라우저 자동화 도구고 PhantomJS는 브라우저다. 파이어폭스나 크롬이 아니라 PhantomJS를 사용하는 이유는 헤드가 없는 브라우저headless browser이기 때문이다. UI를 가지고 있지 않기 때문에 가볍게 동작해서 우리가 해야 할 작업에 잘 맞는다.

 PhantomJS를 설치하려면 http://phantomjs.org/download.html에서 바이너리 파일이나 소스 코드를 다운로드한다. Selenium은 pip install도 가능하다.

추가로 필요한 라이브러리는 페이지에서 데이터의 구문 분석을 하는 BeautifulSoup4다. 설치돼 있지 않다면 pip-install로 설치할 수 있다.

설치가 완료되면 시작해보자. 주피터 노트북에서 작업할 것이다. 주피터는 탐색적 분석에 가장 적합하다. 나중에 탐색이 완료되면 텍스트 에디터로 옮겨서 작업할 것이다. 텍스트 에디터는 앱으로 배치할 코드를 작성하는 데 더 적합하다.

우선, 라이브러리를 가져온다.

```
import pandas as pd
import numpy as np

from selenium import webdriver
from selenium.webdriver.common.desired_capabilities import
```

```
DesiredCapabilities
from bs4 import BeautifulSoup

import matplotlib.pyplot as plt
%matplotlib inline
```

다음으로 브라우저 객체를 생성한다. 해당 객체는 페이지를 다운로드해준다. 브라우저에
서 검색을 원하는 공항과 지역을 선택해 실행하고 URL을 복사한다. 여기서는 뉴욕 공항
에서 아시아의 여러 도시 간 여행을 검색해보자.

```
url =
"https://www.google.com/flights/explore/#explore;f=JFK,EWR,LGA;t=
HND,NRT,TPE,HKG,KIX;s=1;li=8;lx=12;d=2016-04-01"

driver = webdriver.PhantomJS()

dcap = dict(DesiredCapabilities.PHANTOMJS)
dcap["phantomjs.page.settings.userAgent"] = ("Mozilla/5.0
(Macintosh; Intel Mac OS X 10_10_5) AppleWebKit/537.36 (KHTML, like
Gecko) Chrome/46.0.2490.80 Safari/537.36")

driver = webdriver.PhantomJS(desired_capabilities=dcap,
service_args=['--ignore-ssl-errors=true'])

driver.implicitly_wait(20)
driver.get(url)
```

사용자 에이전트user agent 정보를 받는 서버에 전달해야 한다. 예제에서 사용한 사용자 에
이전트를 사용해도 되지만 원하는 자체 에이전트로 변경해도 된다. 변경 시에는 구문 분
석 단계가 중요하다. 일반적인 브라우저에서 문서 객체 모델DOM, Document Object Model 요소를
선택해서 사용한다면, 코드상에서 다른 에이전트를 입력한다. DOM은 사용자 에이전트
에 종속적인 형태로 페이지의 구문을 분석하는 문제를 끝내게 된다.

구글 검색을 실행해서 나의 사용자 에이전트가 무엇인지 찾을 수 있다. 해당 정보를 복사한 후 다른 스크래퍼에서 사용할 계획이라면 앞의 코드에 사용한다.

앞의 코드를 실행하면 페이지의 스크린샷을 저장하는 다음 코드를 사용할 수 있다. 잘되는지 확인한다.

```
driver.save_screenshot(r'flight_explorer.png')
```

모든 것이 계획한 대로 되고 있다면 결과 값으로 True를 볼 수 있고 스크랩한 페이지의 이미지 파일이 생성된다. 일반적인 웹 브라우저에서 보는 것과 똑같이 보인다.

다음으로 구문 분석을 통해 페이지에서 가격 정보를 추출하자.

▌ DOM 분석을 통한 가격 데이터 추출

DOM은 웹 페이지의 구조를 만드는 요소들의 집합이다. 웹 페이지의 소스를 본적이 있다면, DOM의 구성 요소들을 이미 봤을 것이다. Body, div, class, id와 같이 요소와 태그를 포함한다. 원하는 데이터를 추출하기 위해 이 요소들로 작업할 것이다.

구글 페이지의 DOM을 살펴보자. 페이지에서 마우스 오른쪽 버튼을 클릭하고 **검사**Inspect element를 클릭한다. 파이어폭스나 크롬 모두 동일하다. 페이지 소스 정보를 볼 수 있도록 개발자 탭이 열린다. 탭이 열리면 상단 왼쪽 구석에 있는 요소 선택기element selector를 선택하고, 가격 막대를 선택하면 해당 요소로 이동한다.

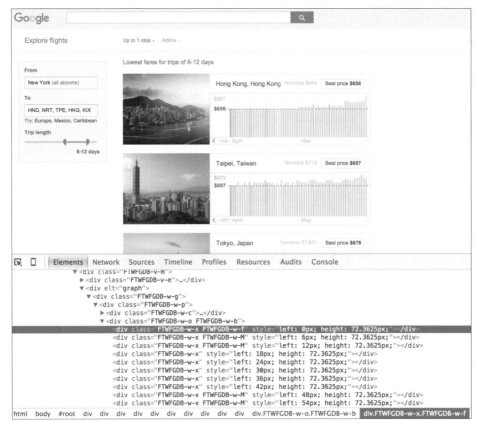

이미지 출처: https://www.google.com/flights/explore/

첫 번째로 주목할 만한 점은 div 태그 안에 가격 데이터가 없다는 것이다. 막대 위로 마우스를 가져가면 말풍선에 가격이 표시되지만, 모두 자바스크립트로 동작하며 DOM은 불가능하다. 실제로 가능한 유일한 것은 가격을 표시하는 막대의 높이뿐이다. 그러면 어떻게 존재하지 않는 데이터를 가져올 수 있을까? 추정을 통해 가능하다.

페이지에서 막대의 높이를 사용해 가격을 추정할 수 있는 충분한 단서를 얻을 수 있다. 각 도시별로 가장 좋은 가격 하나는 알 수 있으며, 막대그래프 왼쪽 편에서 볼 수 있다. 다음 스크린샷에서 보는 것처럼 해당 div는 텍스트로 가격을 제공한다.

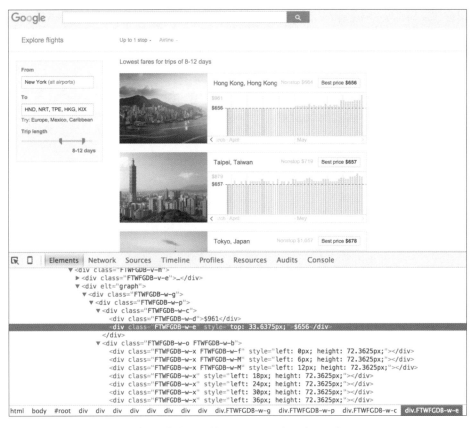

이미지 출처: https://www.google.com/flights/explore/

추가로 각 도시별로 가장 낮은 가격을 표시하는 막대가 있으며, 다른 막대에 비해 좀 더 어둡게 강조돼 있다. 색깔을 표시하는 하나뿐인 클래스라서 찾을 수 있다. 해당 클래스를 찾은 후 막대의 높이를 금액으로 나눠서 픽셀당 금액을 정한다. 이렇게 하면 각 비행편의 금액을 유추할 수 있다.

코드를 작성해보자.

첫 번째 단계로 BeautifulSoup에 페이지 소스를 넣는다.

```
s = BeautifulSoup(driver.page_source, "lxml")
```

다음으로 최적의 가격을 리스트로 가져온다.

```
best_price_tags = s.findAll('div', 'FTWFGDB-w-e')
best_prices = []
for tag in best_price_tags:
    best_prices.append(int(tag.text.replace('$','')))
```

가장 저렴한 금액의 도시가 가장 위로 올라오면 해당 금액을 사용하면 된다.

```
best_price = best_prices[0]
```

다음은 각 막대의 높이를 리스트로 가져온다.

```
best_height_tags = s.findAll('div', 'FTWFGDB-w-f')
best_heights = []
for t in best_height_tags:
    best_heights.append(float(t.attrs['style']\
    .split('height:')[1].replace('px;','')))
```

첫 번째 금액만 필요하다.

```
best_height = best_heights[0]
```

이제 높이에 따라 픽셀당 금액을 계산할 수 있다.

```
pph = np.array(best_price)/np.array(best_height)
```

다음으로 각 도시별 모든 비행편의 막대 높이를 유추해보자.

```
cities = s.findAll('div', 'FTWFGDB-w-o')

hlist=[]
for bar in cities[0]\
    .findAll('div', 'FTWFGDB-w-x'):
    hlist.append(float(bar['style']\
            .split('height: ')[1]\
            .replace('px;','')) *pph)
fares = pd.DataFrame(hlist, columns=['price'])
```

완료되면, 이제 두 달 동안 가장 싼 요금이 있는 데이터프레임을 얻게 된다. 같이 살펴보자.

```
fares.min()
```

앞의 코드는 다음의 결과를 생성한다.

```
price      656
dtype: float64
```

최저 금액은 페이지에서 본 가격과 매칭된다. 전체 리스트를 살펴보자.

	price
0	656.000000
1	656.000000
2	656.000000
3	656.000000
4	656.000000
5	656.000000
6	656.000000
7	656.000000
8	656.000000
9	656.000000

모든 것이 좋아 보인다. 이제 이상치를 탐지하도록 설정해보자.

클러스터링 기술로 이상 금액 찾기

항공료는 하루 종일 지속적으로 업데이트된다. 원래 가격보다 낮게 책정된 요금을 알아내고자 한다면, 머신 러닝 없이 어떻게 할 수 있을까? 매우 간단해 보이지만, 가능한 선택을 고려하면 기대한 것보다 훨씬 복잡한 걸 알 수 있다.

하나의 선택은 각 도시의 요금을 가져온 후 기준점을 정하고 가격이 그 아래로 내려가면 알림을 하는 것이다. 작동은 하겠지만 현재 가장 낮은 가격 대비 비율로 정할 것인가? 엄격하게 달러 기준으로 할 것인가? 그다음으로는 어디로 확실히 정할 것인가? 만약 시즌적인 요인으로 자연적으로 감소하는 거라면? 각 막대 중앙값으로부터의 편차를 체크해야 할 것이다. 만약 가격에 거의 변화가 없어서 적은 폭의 가격 하락이라면? 주변 막대 대비 각 막대의 높이를 각각 확인해야 할 것이다. 만약 가격 실수가 하루 이상에 걸쳐서 있다면?

보는 바와 같이, 보기보다 간단하지 않다. 그렇다면 각 도시의 가격 데이터를 저장하는 것과 시즌성을 다루는 것, 그리고 기준점을 정하는 것과 같은 골치 아픈 일은 어떻게 할 것인가? 대신 클러스터링 알고리즘을 사용하면 된다.

가능한 클러스터링 알고리즘은 많지만, 여기서 다루는 데이터의 형태에 맞는 밀도 기반 공간 클러스터링DBSCAN, density-based spatial clustering of applications with noise 알고리즘을 사용할 것이다. 이는 인간이 하는 것과 같은 방법으로 클러스터를 식별해내는 데 매우 효과적인 알고리즘이다. 다음 이미지는 scikit-learn 문서에서 가져온 시각화 이미지로 DBSCAN이 다양한 데이터 분포에서 효과적이라는 것을 보여준다.

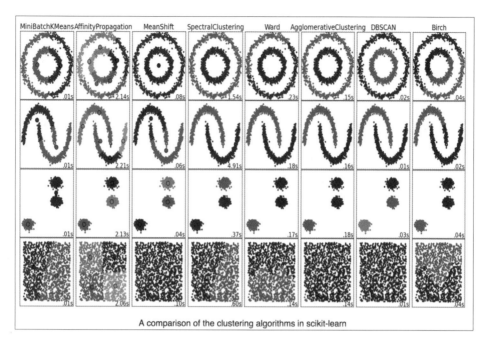

이미지 출처: http://scikit-learn.org/stable/auto_examples/cluster/plot_cluster_comparison.html

보는 것과 같이 매우 강력한 성능을 보여준다. 이제 알고리즘이 어떻게 동작하는지 살펴보자.

DBSCAN 알고리즘을 이해하기 위해 먼저 알고리즘을 실행하기 위해 설정해야 할 두 개의 매개변수를 알아야 한다. 첫 번째 매개변수는 입실론epsilon이며, 같은 클러스터에 속하게 되는 두 개 포인트 간의 거리를 정한다. 입실론이 크다면, 어떤 두 개의 포인트도 같은 클러스터가 될 가능성이 크다. 두 번째 매개변수는 최소 포인트min point로 클러스터를 생성하기 위한 (현재 포인트를 포함해서) 최소 포인트 개수다. 최소 포인트가 1이면(현재 포인트 포함), 모든 포인트는 클러스터에 하나씩 들어가게 된다. 최소점이 1 이상이면 어떤 점들은 어떤 클러스터에도 속하지 않게 되는데, 이런 점들이 DBSCAN 중 N을 나타내는 노이즈가 된다.

DBSCAN 알고리즘은 다음과 같이 수행된다. 모든 포인트 중에서 하나의 포인트를 무작위로 선택한다. 해당 포인트에 대해 모든 방향으로 입실론 거리를 탐색한다. 입실론 거리

안에 있는 최소 포인트가 있다면, 입실론 안의 모든 포인트는 하나의 클러스터(이전 그림에서 보이는 색칠한 영역)로 합친다. 이 절차를 반복해서 클러스터에 추가할 모든 새로운 포인트를 확인한다. 더 이상 현재 클러스터에 추가할 포인트가 없을 때까지 반복한다. 이렇게 하면 첫 번째 클러스터가 완성된다. 이제 다시 해당 클러스터 밖에 있는 새로운 포인트를 무작위로 선택한다. 더 이상 새로운 클러스터가 없을 때까지 동일한 절차를 반복한다.

이제 알고리즘이 어떻게 동작하는지 이해했으니, 항공료 데이터에 적용해보자. 조사할 요금에 대한 간단한 그래프를 생성하자.

```
fig, ax = plt.subplots(figsize=(10,6))
plt.scatter(np.arange(len(fares['price'])),fares['price'])
```

이전 코드를 통해 생성된 결과는 다음과 같다.

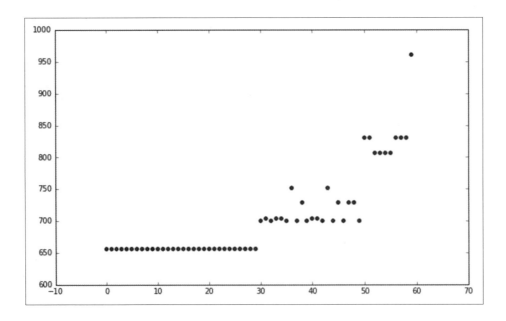

항공료가 그래프가 몇 주간 수평이었다가 급격히 상승하는 걸 볼 수 있다. 대부분의 사람들은 네 개의 주요 클러스터로 구분한다. 이제 클러스터를 식별하고 보여주기 위한 코드를 작성해보자.

첫 번째로 DBSCAN 객체에 전달할 price 데이터프레임을 설정한다.

```
px = [x for x in fares['price']]
ff = pd.DataFrame(px, columns=['fare']).reset_index()
```

클러스터링을 위해 몇 가지 라이브러리를 가져와야 한다.

```
from sklearn.cluster import DBSCAN
from sklearn.preprocessing import StandardScaler
```

마지막으로 다음 코드는 DBSCAN 알고리즘을 요금 데이터에 적용하고 결과를 시각화한다.

```
X = StandardScaler().fit_transform(ff)
db = DBSCAN(eps=.5, min_samples=1).fit(X)

labels = db.labels_
clusters = len(set(labels))
unique_labels = set(labels)
colors = plt.cm.Spectral(np.linspace(0, 1, len(unique_labels)))
plt.subplots(figsize=(12,8))

for k, c in zip(unique_labels, colors):
    class_member_mask = (labels == k)
    xy = X[class_member_mask]
    plt.plot(xy[:, 0], xy[:, 1], 'o', markerfacecolor=c,
        markeredgecolor='k', markersize=14)
plt.title("Total Clusters: {}".format(clusters), fontsize=14, y=1.01)
```

한 줄씩 분석해보자. 첫 번째 줄은 StandardScaler( )를 사용했으며 해당 객체는 데이터를 받아 각 포인트에서 평균을 빼고 표준 편차로 나눈다. 이 단계에서 모든 데이터를 동일한 기준으로 가져와서 알고리즘에 맞게 준비한다. 표준화된 데이터는 DBSCAN 객체에 입력되는데, 여기서 앞서 다룬 두 개의 매개변수를 설정한다. 입실론인 eps는 .5로, min_samples는 1로 설정한다. 다음 줄은 알고리즘에서 출력된 레이블의 배열과 동일한 레이블을 설정한다. 각 포인트(min_points를 1로 설정하면)는 하나의 클러스터 ID와 연결된다. 클러스터의 총 개수가 n일 때, 해당 클러스터에는 0에서 n−1까지 레이블이 지정된다. 다음 두 줄은 클러스터의 총 개수와 고유한 레이블을 가져오고, colors로 시작하는 줄은 그래프에 사용할 색상 맵^{color map}을 생성한다. 코드의 나머지 부분은 각 클러스터에 고유한 색상을 적용하고 클러스터 총 개수로 그래프의 제목을 설정한다.

요금 데이터의 결과를 살펴보자.

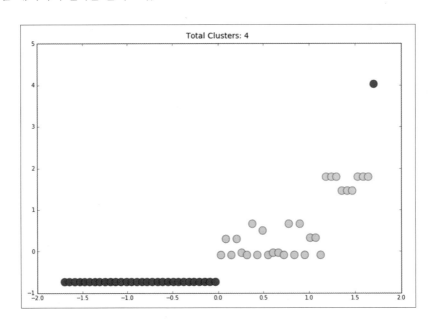

보는 바와 같이 알고리즘이 정확히 바라던 대로 네 개의 클러스터로 구분했다. 이제 매개변수가 얼마나 효과가 있었는지 이야기하고 변경을 제안할 것이다. 왜 완전히 망쳤을까? 자, 요금을 인위적으로 바꿔서 몇 가지 시나리오를 살펴보자.

현재의 요금 수열로 같은 매개변수일 때, 새로운 요금을 섞어보자.

수열 중 10번째 데이터 포인트를 656달러에서 600달러로 변경한다.

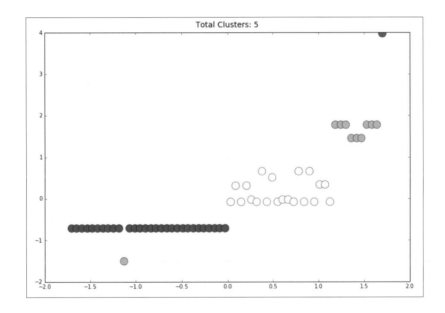

그래프 아래쪽에 자체 클러스터가 생기는 걸 볼 수 있다. 다른 요금과 명확하게 구분되기는 하지만 알림을 할 만큼 충분히 멀지는 않다.

일반적인 요금과 특별한 요금이라는 두 개 그룹으로만 클러스터링하기 위해 입실론 매개변수를 증가시켜보자.

동일한 요금 데이터에 입실론만 1.5로 증가시키자.

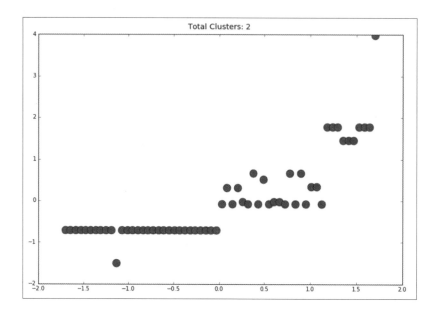

두 개의 클러스터로 나뉜 것을 볼 수 있다. 600달러 요금은 중심 클러스터에 속했고, 그래프 오른쪽 맨 위의 요금만 자체적인 클러스터로 구분됐다. 맨 오른편에 있는 요금이 명백한 이상치이기 때문에 합리적으로 보인다. 좀 더 테스트해보자. 요금을 얼마나 낮추면 자체 클러스터가 생길까?

다음 스크린샷이 요금을 더 내렸을 때의 결과를 보여준다.

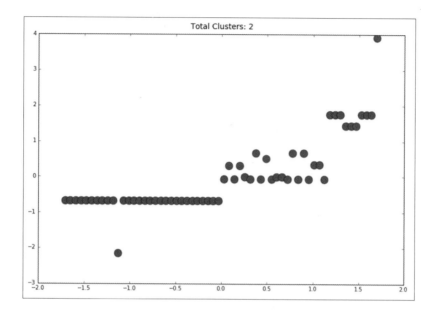

550달러로 내리면 여전히 중심 클러스터에 속한다.

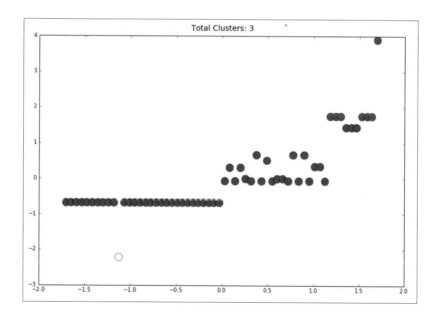

545달러를 입력하면 자체 클러스터에 저장된다. 합리적인 수준으로 보이지만, 다른 도시를 사용해 몇 가지 다른 시나리오를 실행해보자.

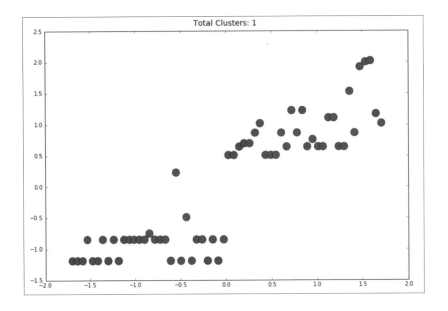

이것은 도쿄 나리타 공항의 수열이다. 우리가 바라던 대로 단일 클러스터를 가지고 있다. 이제 더미 요금 데이터로 바꿔보자. 수열의 45번째 데이터를 970달러에서 600달러로 바꾼다. 앞에서 본 다른 수열에서 새로운 클러스터가 되기 위한 111달러보다 훨씬 큰 폭의 감소지만, 일반적인 요금 범위 내에 있는 게 확실하기 때문에 새로운 클러스터가 될 수는 없다.

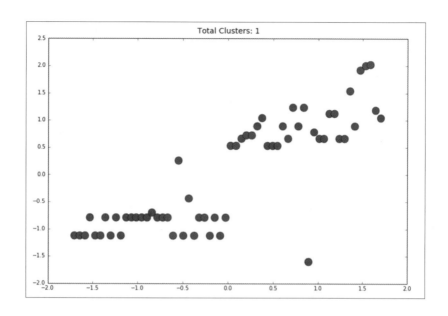

그렇게 되지 않는다는 걸 확인할 수 있다. 왜 더미 요금과 좌우 두 요금 간의 거리가 큰데 이런 경우가 발생할까? 각 포인트와 직접 접해 있는 포인트만 가지고 작업한 것이 아니라 전체 수열을 가지고 작업했기 때문이다. 대부분의 경우 더미 데이터는 왼쪽 편의 포인트에 의해 클러스터에 합쳐진다. 하나의 시나리오를 더 해보자. 오른쪽에 있는 요금을 왼쪽 클러스터보다 낮게 바꾸자.

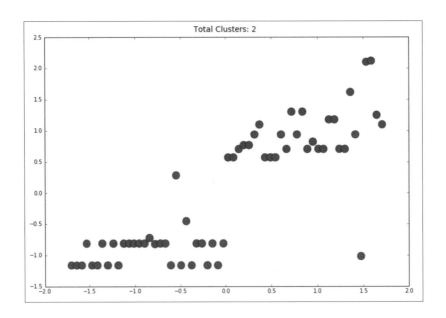

55번째 요금을 1,176달러에서 700달러로 변경하니 새로운 클러스터가 생성됐다. 전체 수열에서 다른 요금의 범위 안에 있지만, 해당 포인트는 확실히 이상치다. 하지만 대부분 이것을 알리고 싶지는 않을 것이다.

단일 클러스터보다 많은 클러스터가 생길 때마다 매번 경고하는 걸 원치 않기 때문에 알림을 받길 원하는 시나리오에 대해 규칙을 설정해야 한다.

첫 번째로 요금 실수를 찾는다면, 표시된 최저 가격과 같을 것으로 예상된다. 클러스터별로 그룹화해서 최저 가격을 추출할 수 있다.

```
pf = pd.concat([ff, pd.DataFrame(db.labels_,
                columns=['cluster'])], axis=1)
pf
```

앞의 코드는 다음의 결과를 생성한다.

	index	fare	cluster
0	0	678.000000	0
1	1	678.000000	0
2	2	678.000000	0
3	3	732.648361	0
4	4	678.000000	0
5	5	678.000000	0
6	6	732.648361	0
7	7	678.000000	0
8	8	732.648361	0
9	9	678.000000	0

다음 코드는 클러스터별로 합쳐서 최저 가격과 개수를 보여준다.

```
rf = pf.groupby('cluster')['fare'].agg(['min','count'])
rf
```

앞의 코드는 다음의 결과를 생성한다.

	min	count
cluster		
0	678	59
1	700	1

또한 중심 클러스터에 비해 실수 클러스터의 크기가 작을 것으로 예상된다. 실수 클러스터의 크기는 개수의 10분의 1보다 작도록 한도를 설정하자. 이번 경우에는 일곱 개 미만의 요금일 때만 가능하다. 이 값은 클러스터의 개수나 크기에 따라 결정되지만, 가능한 값이어야 한다. 분위수별 상세 내역quantile breakdown을 보기 위해 다음 코드를 사용한다.

```
rf.describe([.10,.25,.5,.75,.9])
```

앞의 코드는 다음의 결과를 생성한다.

	min	count
count	2.000000	2.000000
mean	689.000000	30.000000
std	15.556349	41.012193
min	678.000000	1.000000
10%	680.200000	6.800000
25%	683.500000	15.500000
50%	689.000000	30.000000
75%	694.500000	44.500000
90%	697.800000	53.200000
max	700.000000	59.000000

조건을 하나 더 추가하자. 가장 낮은 금액의 클러스터와 두 번째로 낮은 클러스터 간의 거리를 설정하자. 이렇게 하면 다음과 같은 결과가 나오는 시나리오를 방지할 수 있다.

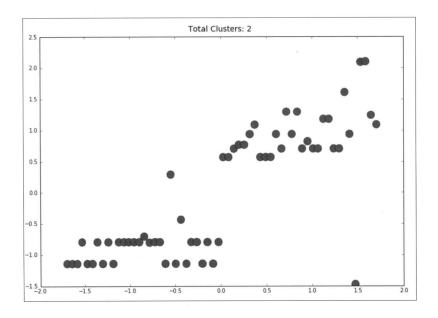

이번 경우에는 요금이 가장 낮지만 다른 클러스터의 범위 아래에 있다. 최소 거리를 설정하면 가짜 알림을 받는 것을 줄일 수 있다. 초기 값은 100달러로 설정하자.

이제 이상치를 탐지하는 규칙이 만들어졌으니 어떻게 실시간으로 요금을 알려주는 앱으로 결합할 수 있는지 알아보자.

▌ IFTTT를 이용해 실시간 알림 보내기

저렴한 요금을 얻으려면, 발생했을 때 거의 실시간으로 알아야 한다. 이를 위해 IFTTT[If This Then That] 서비스를 사용한다. 무료 서비스로 연속된 트리거[trigger]와 액션으로 다수의 서비스를 함께 연결할 수 있다. 인스타그램[Instagram]에서 like를 누른 사진 모두를 아이폰 포토에 저장하길 원하는가? 특정 인물이 트윗할 때마다 이메일을 받길 원하는가? 페이스북 업데이트를 트위터에 포스팅하길 원하는가? IFTTT는 이 모든 것이 가능하다.

IFTTT 시작하기

1. http://www.ifttt.com에서 계정을 위해 가입한다.
2. https://ifttt.com/maker에서 Maker 채널에 가입한다.
3. https://ifttt.com/sms에서 SMS 채널에 가입한다.

Maker 채널은 HTTP 요청을 보내고 받을 수 있으며, SMS 채널은 SMS 메시지를 주고받을 수 있다.

계정을 생성하고 두 개 채널을 활성화한 후 홈페이지에서 My Recipes를 클릭한다. 이어서 Create a Recipe를 클릭힌다.

이미지 출처: https://ifttt.com/

Maker 채널을 선택하기 위한 검색을 한다.

이미지 출처: https://ifttt.com/

다음은 웹 요청을 받는다.

이미지 출처: https://ifttt.com/

다음으로 fare_alert라는 이벤트를 생성한다.

이미지 출처: https://ifttt.com/

다음으로 that을 설정한다.

이미지 출처: https://ifttt.com/

SMS를 검색해서 선택하고 Send me an SMS를 선택한다.

이미지 출처: https://ifttt.com/

그다음으로, fare_alert로 필드를 채운다. 중괄호를 교체해야 한다.

이미지 출처: https://ifttt.com/

완료된 후에 도시와 요금으로 메시지를 변경할 수 있다.

이미지 출처: https://ifttt.com/

설정한 것을 테스트하기 위해 http://ifttt.com/maker로 가서 **How to Trigger Events**를 클릭한다. 그런 다음 이벤트에 fare_alert를 입력하고 테스트할 도시와 요금을 value1과 value2 박스에 입력한다.

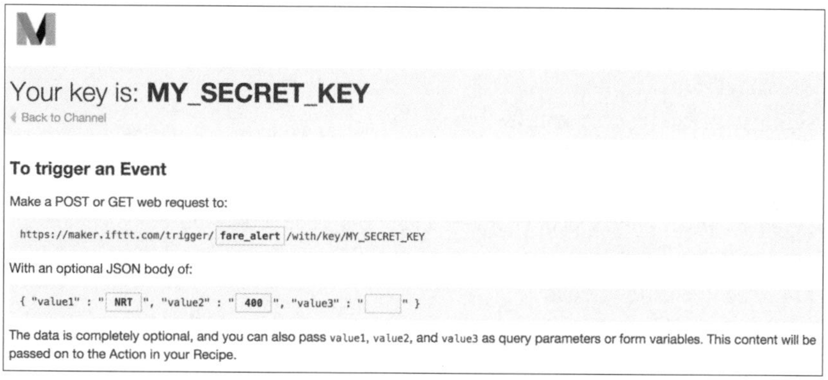

이미지 출처: https://ifttt.com/

마지막으로 Test It을 클릭하면 단 몇 초 뒤에 문자 메시지를 받을 것이다.

이제 모든 작업이 완료됐으니 요금을 24시간 모니터링하는 하나의 스크립트로 모두 결합하면 된다.

하나로 결합하기

지금까지 주피터 노트북에서 작업했지만, 앱으로 배포하기 위해 텍스트 편집기로 옮겨서 작업한다. 주피터 노트북은 탐색적 분석과 시각화에는 뛰어나지만 백그라운드 잡은 간단한 .py 파일이 가장 좋다. 그럼 시작해보자.

가져오기import부터 시작하자. 몇 가지 설치가 안 된 패키지가 있다면 pip-install이 필요할 것이다.

```
import sys
import pandas as pd
import numpy as np

import requests
```

```
from selenium import webdriver
from selenium.webdriver.common.desired_capabilities import
DesiredCapabilities
from selenium.webdriver.common.by import By

from selenium.webdriver.support.ui import WebDriverWait
from selenium.webdriver.support import expected_conditions as EC

from bs4 import BeautifulSoup

from sklearn.cluster import DBSCAN
from sklearn.preprocessing import StandardScaler

import schedule
import time
```

이어서 데이터를 가져오고 클러스터링 알고리즘을 수행할 함수를 생성한다.

데이터를 가져올 때 명시적 대기explicit wait를 포함하는 것을 주의하자. 페이지에는 AJAX 요청이 있기 때문에 계속 진행하기 전에 요금 데이터가 다 받아졌는지 확신할 수 있을 만한 대기 시간을 추가해야 한다. 스크래핑이 어떤 이유로 계속 실패하면, 실패를 알리는 문자를 보내도록 한다.

```
def check_flights():
    url = "https://www.google.com/flights/explore/#explore;f=JFK,
        EWR,LGA;t=HND,NRT,TPE,HKG,KIX;s=1;li=8;lx=12;d=2016-04-01"

    driver = webdriver.PhantomJS()

    dcap = dict(DesiredCapabilities.PHANTOMJS)
    dcap["phantomjs.page.settings.userAgent"] = \
        ("Mozilla/5.0 (Macintosh; Intel Mac OS X 10_10_5)
AppleWebKit/537.36 (KHTML, like Gecko) Chrome/46.0.2490.80 Safari/537.36")

    driver = webdriver.PhantomJS(desired_capabilities=dcap,
```

```
                        service_args=['--ignore-ssl-
                        errors=    true'])
        driver.get(url)

        wait = WebDriverWait(driver, 20)
        wait.until(EC.visibility_of_element_located((By.CSS_SELECTOR,
        "span.FTWFGDB-v-c")))

        s = BeautifulSoup(driver.page_source, "lxml")

        best_price_tags = s.findAll('div', 'FTWFGDB-w-e')

        # 데이터 가져오기 확인 - 실패나 중지됐을 경우 경고
        if len(best_price_tags) < 4:
            print('Failed to Load Page Data')
requests.post('https://maker.ifttt.com/trigger/fare_alert/with/key/MY_SECRE
T_KEY',data={"value1": "script", "value2": "failed",
"value3": ""})
            sys.exit(0)
        else:
            print('Successfully Loaded Page Data')

        best_prices = []
        for tag in best_price_tags:
            best_prices.append(int(tag.text.replace('$', '')))

        best_price = best_prices[0]

        best_height_tags = s.findAll('div', 'FTWFGDB-w-f')
        best_heights = []
        for t in best_height_tags:
        best_heights.append(float(t.attrs['style']
                    .split('height:')[1].replace('px;',
'')))

        best_height = best_heights[0]

        # 높이 픽셀 대비 가격
```

```
pph = np.array(best_price)/np.array(best_height)

cities = s.findAll('div', 'FTWFGDB-w-o')

hlist = []
for bar in cities[0].findAll('div', 'FTWFGDB-w-x'):
    hlist.append(float(bar['style'].split('height: ')[1]
                 .replace('px;', '')) * pph)

fares = pd.DataFrame(hlist, columns=['price'])
px = [x for x in fares['price']]
ff = pd.DataFrame(px, columns=['fare']).reset_index()

# 클러스터링 시작
X = StandardScaler().fit_transform(ff)
db = DBSCAN(eps=1.5, min_samples=1).fit(X)

labels = db.labels_
clusters = len(set(labels))

pf = pd.concat([ff, pd.DataFrame(db.labels_, columns=
['cluster'])], axis=1)

rf = pf.groupby('cluster')['fare']\
    .agg(['min', 'count']).sort_values('min',
scending=True)
```

이제 규칙에 맞는지 확인한다. 맞다면 문자를 받는 요청을 보낸다.

```
# 규칙 설정
# 두 개 이상의 클러스터 필수
# 클러스터의 최솟값이 최저가와 동일해야 함
# 클러스터의 사이즈는 10분의 1 미만
# 클러스터는 다음으로 낮은 요금의 클러스터보다 100달러 더 낮아야 함
if clusters > 1\
    and ff['fare'].min() == rf.iloc[0]['min']\
```

134

```
    and rf.iloc[0]['count'] < rf['count'].quantile(.10)\
    and rf.iloc[0]['fare'] + 100 < rf.iloc[1]['fare']:
    city = s.find('span', 'FTWFGDB-v-c').text
    fare = s.find('div', 'FTWFGDB-w-e').text
requests.post('https://maker.ifttt.com/trigger/fare_alert/with/key/MY_SECRE
T_KEY', data={"value1": city, "value2": fare, "value3": ""})
    else:
        print('no alert triggered')
```

마지막으로 스케줄러를 포함해서 매 60분마다 수행되도록 한다.

```
# 코드가 매 60분마다 수행되도록 스케줄러 설정
schedule.every(60).minutes.do(check_flights)
while 1:
    schedule.run_pending()
    time.sleep(1)
```

다 됐다. 이제 fare_alerter.py로 저장하고 명령행^{command line}에서 실행할 수 있다. 계속 동작하면서 매 60분마다 요금을 확인한다. 실수로 올린 요금이 발생하면 가장 먼저 알게 될 것이다.

 이 코드는 최소로 구현한 것이므로, 적절한 구현을 하려면 print문보다 좋은 로깅(logging) 기능을 넣어야 한다. 로깅 구현 방법에 대한 자세한 내용은 https://docs.python.org/3.4/howto/logging.html#logging-basic-tutorial에서 볼 수 있다.

▌ 요약

이 장에서는 많은 내용을 다뤘다. 웹에서 가장 좋은 요금 정보를 찾는 방법, DOM을 사용해 HTML 요소를 찾고 구문 분석하는 방법, 데이터를 의미 있는 그룹으로 클러스터링하는 방법, 마지막으로 IFTTT의 웹 요청을 이용해 코드에서 문자 알림을 보내는 방법을 배웠다. 여기서는 항공료를 다뤘지만 알림을 받고 싶은 어떤 종류의 요금이라도 이번 장에서 했던 거의 모든 것을 재사용할 수 있다.

항공료에 사용하기로 결정했다면, 행복한 여행을 많이 다닐 수 있길 바란다.

다음 장에서는 분류 알고리즘을 사용해 IPO 시장을 예측하는 방법을 다룬다.

04

로지스틱 회귀를 이용해
IPO 시장 예측하기

1990년대 후반, 괜찮은 IPO에 들어가는 것은 마치 복권에 당첨되는 것과도 같았다. 일부 기술 회사의 첫날 수익은 초기 공모 가격보다 몇 배 높았다. 할당을 충분히 받았다면 아마 횡재했을 것이다. 해당 시기에 첫날 수익이 최고였던 몇 개의 회사는 다음과 같다.

- VA Linux 697% 상승, 12/09/99
- Globe.com 606% 상승, 11/13/98
- Foundry Networks 525% 상승, 9/28/99

닷컴 마니아의 시대는 멀어졌지만, IPO는 아직 첫날 수익을 크게 가져다준다. 지난 1년간 거래 첫날에 100% 이상 오른 사례는 다음과 같다.

- Seres Therapeutics 185% 상승, 06/26/15
- Audro Biotech 147% 상승, 4/15/15
- Shake Shack 118% 상승, 1/30/15

여기서 보는 것처럼, 아직 시장은 주목할 만한 가치가 있다. 이 장에서는 IPO 시장에 대해 자세히 살펴보고, 머신 러닝을 사용해 어떤 IPO를 좀 더 자세히 봐야 하며 어떤 IPO를 그대로 지나칠지 결정할 수 있는 방법을 알아본다.

이 장에서 다루는 주제는 다음과 같다.

- IPO 시장
- 데이터 정제 및 피처 엔지니어링feature engineering
- 로지스틱 회귀를 이용한 이진 분류binary classification
- 모델 평가
- 피처 중요도feature importance

IPO 시장

모델링을 시작하기 전에 우선 IPO 혹은 기업 공개가 무엇인지 알아보고 이 시장에 대한 연구가 어떤 것을 말해주는지 다룬다. 그 후에는 적용할 만한 몇 가지 전략을 살펴본다.

IPO란?

기업 공개(최초 상장)는 개인 회사가 공개 회사가 되는 것이다. 주식 공모는 회사의 자본금을 늘리고 일반 대중에게 주식을 구입함으로써 회사에 투자할 수 있는 기회를 제공한다.

다양한 경우가 있지만 일반적인 공모는 회사가 하나 또는 그 이상의 투자 은행에게 주식을 인수할 것을 요청한다. 이것은 은행이 IPO 당일에 IPO 가격으로 제공되는 주식의 전부를 매수하는 것에 대해 회사에 보증함을 의미한다. 물론 주식인수업자는 모든 주식을 가지고 있지 않다. 오퍼링 회사의 도움으로 기관 고객의 관심을 끌어올리기 위해 이른바 로드쇼를 진행한다. IPO 당일 주식 매입에 관심을 나타내는 고객은 주식 청약을 한다. 공모일까지 IPO 가격이 결정되지 않기 때문에 구속력이 없는 계약이다. 주식인수업자는 이자를 고려해 공모 금액을 결정한다.

흥미로운 점은 지속적으로 IPO에서 언더프라이싱^{underpricing}(공모가를 낮게 책정하는 것)이 나타난다는 점이다. 왜 이런 일이 벌어지는지, 왜 시간에 따라 언더프라이싱의 수준이 달라지는지에 대한 수많은 이론이 있지만, 분명한 사실은 매년 수십억 달러가 테이블에 남는다는 것이다.

IPO에서 '테이블에 남겨진 돈^{money left on the table}'이란 주식 공모가와 첫날 종가의 차이다.

계속하기 전에 알아야 할 또 한 가지는 공모가와 시가^{opening price}의 차이다. 가끔 브로커를 통해 거래함으로써 공모가에 IPO를 받을 수 있지만, 대부분의 경우에는 (일반적으로 높은) 시가에 IPO를 매수하게 된다. 이런 가정을 기반으로 모델을 구축해본다.

최근 IPO 시장 성과

IPO 시장의 성과를 살펴보자. 공개될 IPO에 대한 등급을 제공하는 서비스인 IPOScoop.com에서 데이터를 다운로드할 것이다. https://www.iposcoop.com/scoop-track-record-from-2000-to-present/를 방문해서 페이지 아래에 있는 스프레드시트 다운로드 버튼을 클릭한다. 해당 데이터를 pandas에 넣고 주피터 노트북을 이용해 다양한 시각화를 해보자.

첫 번째로, 이 장에서 필요한 라이브러리를 가져온 후 다음과 같이 데이터를 가져온다.

```
import numpy as np
import pandas as pd
import matplotlib.pyplot as plt
from patsy import dmatrix
from sklearn.ensemble import RandomForestClassifier
from sklearn import linear_model
%matplotlib inline
ipos = pd.read_csv(r'/Users/alexcombs/Downloads/ipo_data.csv',
encoding='latin-1')
ipos
```

이전 코드를 통해 생성된 결과는 다음과 같다.

	Date	Issuer	Symbol	Lead/Joint-Lead Mangager	Offer Price	Opening Price	1st Day Close	1st Day % Px Chng	$ Chg Opening	$ Chg Close	Star Ratings	Performed
0	2002-01-28	Synaptics	SYNA	Bear Stearns	$11.00	$13.11	$13.11	19.18%	$2.11	$2.11	2	NaN
1	2002-02-01	ZymoGenetics	ZGEN	Lehman Brothers/Merrill Lynch	$12.00	$12.01	$12.05	0.42%	$0.01	$0.05	1	NaN
2	2002-02-01	Carolina Group (Loews Corp.)	CG	Salomon Smith Barney/Morgan Stanley	$28.00	$30.05	$29.10	3.93%	$2.05	$1.10	3	NaN
3	2002-02-05	Sunoco Logistics Partners	SXL	Lehman Brothers	$20.25	$21.25	$22.10	9.14%	$1.00	$1.85	3	NaN
4	2002-02-07	ManTech International	MANT	Jefferies	$16.00	$17.10	$18.21	13.81%	$1.10	$2.21	3	NaN

여기서 각 IPO에 대한 공모 일자, 발행자, 공모 가격, 시가, 가격 변동 등의 훌륭한 정보를 볼 수 있다. 우선 연도별 성과 데이터를 탐색해보자.

첫 번째로, 형식을 맞추기 위해 몇 가지 정제 작업을 해야 한다. 달러 표시와 퍼센트 표시를 제거하자.

```
ipos = ipos.applymap(lambda x: x if not '$' in str(x) else
x.replace('$',''))
ipos = ipos.applymap(lambda x: x if not '%' in str(x) else
x.replace('%',''))
ipos
```

이전 코드를 통해 생성된 결과는 다음과 같다.

	Date	Issuer	Symbol	Lead/Joint-Lead Mangager	Offer Price	Opening Price	1st Day Close	1st Day % Px Chng	$ Chg Opening	$ Chg Close	Star Ratings	Performed
0	2002-01-28	Synaptics	SYNA	Bear Stearns	11.00	13.11	13.11	19.18	2.11	2.11	2	NaN
1	2002-02-01	ZymoGenetics	ZGEN	Lehman Brothers/Merrill Lynch	12.00	12.01	12.05	0.42	0.01	0.05	1	NaN
2	2002-02-01	Carolina Group (Loews Corp.)	CG	Salomon Smith Barney/Morgan Stanley	28.00	30.05	29.10	3.93	2.05	1.10	3	NaN
3	2002-02-05	Sunoco Logistics Partners	SXL	Lehman Brothers	20.25	21.25	22.10	9.14	1.00	1.85	3	NaN
4	2002-02-07	ManTech International	MANT	Jefferies	16.00	17.10	18.21	13.81	1.10	2.21	3	NaN

다음으로 열의 데이터 형태를 수정한다. 현재 모두 객체인데, 앞으로 수행할 집계와 조작을 위해 숫자 형태로 변환하자.

```
ipos.info()
```

이전 코드를 통해 생성된 결과는 다음과 같다.

```
<class 'pandas.core.frame.DataFrame'>
Int64Index: 2335 entries, 0 to 2334
Data columns (total 12 columns):
Date                     2335 non-null object
Issuer                   2335 non-null object
Symbol                   2335 non-null object
Lead/Joint-Lead Mangager 2335 non-null object
Offer Price              2335 non-null object
Opening Price            2335 non-null object
1st Day Close            2335 non-null object
1st Day % Px Chng        2335 non-null object
$ Chg Opening            2335 non-null object
$ Chg Close              2335 non-null object
Star Ratings             2335 non-null object
Performed                259 non-null object
dtypes: object(12)
memory usage: 237.1+ KB
```

데이터 안에 약간의 'N/C' 값을 먼저 제거해야 한다. 그런 후에 데이터 형식을 변경할 수 있다.

```
ipos.replace('N/C',0, inplace=True)
ipos['Date'] = pd.to_datetime(ipos['Date'])
ipos['Offer Price'] = ipos['Offer Price'].astype('float')
ipos['Opening Price'] = ipos['Opening Price'].astype('float')
ipos['1st Day Close'] = ipos['1st Day Close'].astype('float')
ipos['1st Day % Px Chng '] = ipos['1st Day % Px Chng '].astype('float')
ipos['$ Chg Close'] = ipos['$ Chg Close'].astype('float')
ipos['$ Chg Opening'] = ipos['$ Chg Opening'].astype('float')
ipos['Star Ratings'] = ipos['Star Ratings'].astype('int')
```

다음과 같이 에러가 발생하게 된다.

```
pandas/tslib.pyx in pandas.tslib.array_to_datetime (pandas/tslib.c:37155)()

pandas/tslib.pyx in pandas.tslib.array_to_datetime (pandas/tslib.c:35996)()

pandas/tslib.pyx in pandas.tslib.array_to_datetime (pandas/tslib.c:35724)()

pandas/tslib.pyx in pandas.tslib.array_to_datetime (pandas/tslib.c:35602)()

pandas/tslib.pyx in pandas.tslib.convert_to_tsobject (pandas/tslib.c:23563)()

pandas/tslib.pyx in pandas.tslib._check_dts_bounds (pandas/tslib.c:26809)()

OutOfBoundsDatetime: Out of bounds nanosecond timestamp: 120-11-01 00:00:00
```

날짜 중에 형식이 맞지 않는 값이 하나 있다는 의미다. 앞의 스택 트레이스stack trace를 기반으로 찾아서 수정한다.

```
ipos[ipos['Date']=='11/120']
```

에러를 수정한 후에 다음 결과를 살펴보자.

	Date	Issuer	Symbol	Lead/Joint-Lead Mangager	Offer Price	Opening Price	1st Day Close	1st Day % Px Chng	$ Chg Opening	$ Chg Close	Star Ratings	Performed
1660	11/120	Alon USA Partners, LP	ALDW	Goldman, Sachs/ Credit Suisse/ Citigroup	16	17	18.4	15	1	2.4	1	NaN

적절한 날짜인 11/20/2012로 바꾸고 앞의 데이터 형식 수정으로 돌아간다. 그럼 모든 작업이 잘될 것이다.

```python
ipos.loc[1660, 'Date'] = '2012-11-20'

ipos['Date'] = pd.to_datetime(ipos['Date'])
ipos['Offer Price'] = ipos['Offer Price'].astype('float')
ipos['Opening Price'] = ipos['Opening Price'].astype('float')
ipos['1st Day Close'] = ipos['1st Day Close'].astype('float')
ipos['1st Day % Px Chng '] = ipos['1st Day % Px Chng']
.astype('float')
ipos['$ Chg Close'] = ipos['$ Chg Close'].astype('float')
ipos['$ Chg Opening'] = ipos['$ Chg Opening'].astype('float')
ipos['Star Ratings'] = ipos['Star Ratings'].astype('int')

ipos.info()
```

이전 코드를 통해 생성된 결과는 다음과 같다.

```
<class 'pandas.core.frame.DataFrame'>
Int64Index: 2335 entries, 0 to 2334
Data columns (total 12 columns):
Date                     2335 non-null datetime64[ns]
Issuer                   2335 non-null object
Symbol                   2335 non-null object
Lead/Joint-Lead Mangager 2335 non-null object
Offer Price              2335 non-null float64
Opening Price            2335 non-null float64
1st Day Close            2335 non-null float64
1st Day % Px Chng        2335 non-null float64
$ Chg Opening            2335 non-null float64
$ Chg Close              2335 non-null float64
Star Ratings             2335 non-null int64
Performed                259 non-null object
dtypes: datetime64[ns](1), float64(6), int64(1), object(4)
memory usage: 237.1+ KB
```

이제야 비로소 탐색을 시작할 수 있다. 첫날 수익 비율의 평균부터 알아보자.

```
ipos.groupby(ipos['Date'].dt.year)['1st Day % Px Chng ']\
.mean().plot(kind='bar', figsize=(15,10), color='k', title='1st Day Mean
IPO Percentage Change')
```

이전 코드를 통해 생성된 결과는 다음과 같다.

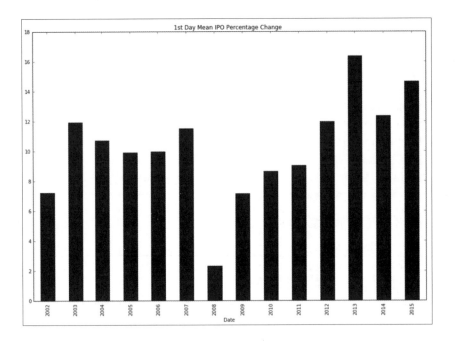

최근 몇 년 동안 높은 수익률을 보인다. 이제 평균과 중앙값median을 비교하는 방법을 알

아보자.

```
ipos.groupby(ipos['Date'].dt.year)['1st Day % Px Chng ']\
.median().plot(kind='bar', figsize=(15,10), color='k', title='1st Day
Median IPO Percentage Change')
```

이전 코드를 통해 생성된 결과는 다음과 같다.

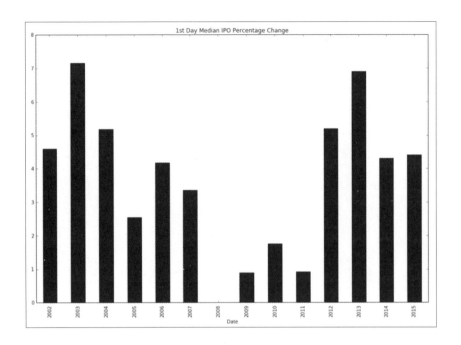

여기에서 큰 이상치로 인해 수익의 배분이 한쪽으로 쏠린 것을 알 수 있다. 이제 그것들을 살펴보자.

```
ipos['1st Day % Px Chng '].describe()
```

이전 코드를 통해 생성된 결과는 다음과 같다.

```
count    2335.000000
mean       11.152599
std        22.924024
min       -35.220000
25%         0.000000
50%         3.750000
75%        16.715000
max       353.850000
Name: 1st Day % Px Chng , dtype: float64
```

그래프를 그려보자.

```
ipos['1st Day % Px Chng '].hist(figsize=(15,7), bins=100, color='grey')
```

이전 코드를 통해 생성된 결과는 다음과 같다.

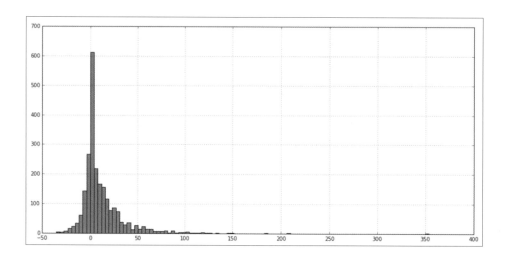

여기서 대부분의 수익률은 0 주변에서 군집돼 있는 것을 볼 수 있지만, 정말 큰 수익을 낸 공모들이 오른쪽으로 길게 나타난다.

첫날 공모가에서 종가까지의 수익률 변화를 알아봤지만, 앞에서 이야기한 것처럼 공모가로 매수할 가능성은 매우 낮다. 그러므로 시가와 종가의 수익률을 살펴보자. 공모가로 매수한 사람들이 모든 이익을 가져갈 것인가? 아니면 첫날에 큰 비율의 수익을 낼 기회가 아직 남아있을까?

이 질문에 답하기 위해 우선 두 개의 새로운 칼럼을 생성하자.

```
ipos['$ Chg Open to Close'] = ipos['$ Chg Close'] - ipos['$ Chg Opening']
ipos['% Chg Open to Close'] = (ipos['$ Chg Open to Close']/ipos['Opening
Price']) * 100
```

이전 코드를 통해 생성된 결과는 다음과 같다.

	Date	Issuer	Symbol	Lead/Joint-Lead Mangager	Offer Price	Opening Price	1st Day Close	1st Day % Px Chng	$ Chg Opening	$ Chg Close	Star Ratings	Performed	$ Chg Open to Close	% Chg Open to Close
0	2002-01-28	Synaptics	SYNA	Bear Stearns	11.00	13.11	13.11	19.18	2.11	2.11	2	NaN	0.00	0.000000
1	2002-02-01	ZymoGenetics	ZGEN	Lehman Brothers/Merrill Lynch	12.00	12.01	12.05	0.42	0.01	0.05	1	NaN	0.04	0.333056
2	2002-02-01	Carolina Group (Loews Corp.)	CG	Salomon Smith Barney/Morgan Stanley	28.00	30.05	29.10	3.93	2.05	1.10	3	NaN	-0.95	-3.161398
	2002	Sunoco												

다음으로 통계 자료를 생성하자.

```
ipos['% Chg Open to Close'].describe()
```

```
count    2335.000000
mean        0.816079
std         9.401379
min       -98.522167
25%        -2.817541
50%         0.000000
75%         3.691830
max       113.333333
Name: % Chg Open to Close, dtype: float64
```

바로 의심스러운 것을 발견하게 된다. IPO가 개장 후에 떨어질 수 있긴 하지만, 거의 99% 가 떨어진다는 것은 현실적이지 않다. 조사해보니 두 건의 최악의 성과가 있었고, 사실 이 것은 좋지 않은 데이터다. 실제 현실의 데이터로 작업할 때 늘 있는 일이기 때문에 수정하고 데이터를 다시 생성한다.

```
ipos.loc[440, '$ Chg Opening'] = .09
ipos.loc[1264, '$ Chg Opening'] = .01
ipos.loc[1264, 'Opening Price'] = 11.26
```

```
ipos['$ Chg Open to Close'] = ipos['$ Chg Close'] - ipos['$ Chg Opening']
ipos['% Chg Open to Close'] = (ipos['$ Chg Open to Close']/ipos['Opening
Price']) * 100

ipos['% Chg Open to Close'].describe()
```

이전 코드를 통해 생성된 결과는 다음과 같다.

```
count    2335.000000
mean        0.880407
std         9.114790
min       -40.383333
25%        -2.800000
50%         0.000000
75%         3.691830
max       113.333333
Name: % Chg Open to Close, dtype: float64
```

손실 비율은 40% 아래로 줄었지만 여전히 의심스럽다. 하지만 좀 더 살펴보면 Zillow IPO 때문인 걸 알 수 있다. Zillow는 개장 시 매우 열광적이었지만 장 마감 전에 현실로 돌아왔다. 좋지 않은 데이터들을 제거한 것 같다.

에러들을 다 제거한 것으로 믿고 계속 진행해보자.

```
ipos['% Chg Open to Close'].hist(figsize=(15,7), bins=100, color='grey')
```

이전 코드를 통해 생성된 결과는 다음과 같다.

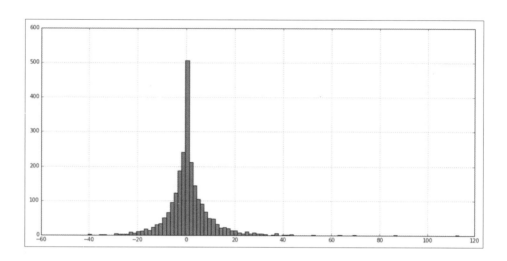

마지막으로 시가와 종가의 분포 형태를 볼 수 있다. 시가와 종가의 분포를 비교해보면 눈에 띄는 차이가 있다. 둘 다 평균과 중앙값이 멀리 떨어져 있으며 0을 기준으로 왼쪽 편은 동일한 비율로 증가하는 것으로 보이는 반면, 오른쪽 막대는 높은 수익률을 나타낸다. 오른쪽 편에 길게 나타나는 막대들이 덜 뚜렷해 보이지만, 여전히 분명한 사실은 약한 희망의 빛이 보인다는 것이다.

IPO 기초 전략

이제 시장에 대한 이해를 바탕으로 몇 가지 전략을 살펴보자. 모든 IPO를 시가에 구입해서 마감할 때 판다면 어떻게 될까? 2015년 데이터를 살펴보자.

```
ipos[ipos['Date']>='2015-01-01']['$ Chg Open to Close'].describe()
```

이전 코드를 통해 생성된 결과는 다음과 같다.

```
count      147.000000
mean         0.659105
std         11.334366
min        -28.729963
25%         -3.735019
50%          0.000000
75%          3.706447
max         63.903061
Name: % Chg Open to Close, dtype: float64
```

```
ipos[ipos['Date']>='2015-01-01']['$ Chg Open to Close'].sum()
```

이전 코드를 통해 생성된 결과는 다음과 같다.

```
33.739999999999995
```

수익이 난 거래와 손실이 난 거래를 분석해보자.

```
ipos[(ipos['Date']>='2015-01-01')&(ipos['$ Chg Open to Close']>0)]['$ Chg
Open to Close'].describe()
```

이전 코드를 통해 생성된 결과는 다음과 같다.

```
count      73.000000
mean        1.574795
std         3.020735
min         0.010000
25%         0.200000
50%         0.670000
75%         1.340000
max        20.040000
Name: $ Chg Open to Close, dtype: float64
```

```
ipos[(ipos['Date']>='2015-01-01')&(ipos['$ Chg Open to Close']<0)]['$ Chg
Open to Close'].describe()
```

이전 코드를 통해 생성된 결과는 다음과 같다.

```
count      65.000000
mean       -1.249538
std         1.381957
min        -6.160000
25%        -1.580000
50%        -0.820000
75%        -0.220000
max        -0.010000
Name: $ Chg Open to Close, dtype: float64
```

만약 2015년에 모든 IPO에 투자했다면, 147개의 IPO에 투자하느라 매우 바빴을 테고 그 중 절반은 돈을 벌어줬지만 나머지 절반은 돈을 잃었을 것이다. 전체적으로는 수익이 난 IPO가 결국 손실이 난 것을 덮어서 약간의 수익을 얻었을 것이다. 물론 현실 세계에서 당연하게 여겨지는 슬리피지slippage나 수수료 비용이 없다고 가정한 것이다. 그럼에도 수익률이 1%보다 적으니 부자로 가는 황금 티켓은 분명히 아니다.

 슬리피지는 대상 주식의 입력하거나 청산하고자 했던 가격과 주문이 실제로 체결된 가격의 차이다.

단순한 접근을 통해 머신 러닝을 사용해 결과를 개선할 수 있는지 알아보자. 오른쪽으로 길게 늘어진 쪽을 목표로 하는 것이 합리적인 전략이기 때문에 이 부분에 집중할 것이다.

▎피처 엔지니어링

거래가 시작될 때 무엇이 공모 흥행에 영향을 미칠까? 아마 일반적으로 시장의 최근 성과나 주식 인수자의 명성이 영향을 줄 수 있다. 또한 거래가 이뤄지는 요일이나 월이 중요할 것이다. 모델에 이러한 요소를 고려하고 포함하는 것을 피처 엔지니어링feature engineering이라고 하며, 이를 모델링하는 것은 구축할 모델에 사용하는 데이터만큼 중요하다. 피처가 정보를 제공하지 않는 경우 모델은 가치가 없어진다.

IPO의 성과에 영향을 줄 것으로 예상되는 몇 가지 피처를 추가하는 것부터 시작해보자.

S&P 500 지수 데이터를 가져오는 것부터 시작해보자. 이 지수는 일반적인 미국 시장에 대한 가장 좋은 지표며, 야후^{Yahoo} 파이낸스 https://finance.yahoo.com/q/hp?s=%5EGSPC&a=00&b=1&c=2000&d=11&e=17&f=2015&g=d에서 다운로드할 수 있다. pandas를 사용해서 데이터를 가져올 수 있다.

```
sp = pd.read_csv(r'/Users/alexcombs/Downloads/spy.csv')
sp.sort_values('Date', inplace=True)
sp.reset_index(drop=True, inplace=True)
sp
```

이전 코드를 통해 생성된 결과는 다음과 같다.

	Date	Open	High	Low	Close	Volume	Adj Close
0	2000-01-03	1469.250000	1478.000000	1438.359985	1455.219971	931800000	1455.219971
1	2000-01-04	1455.219971	1455.219971	1397.430054	1399.420044	1009000000	1399.420044
2	2000-01-05	1399.420044	1413.270020	1377.680054	1402.109985	1085500000	1402.109985
3	2000-01-06	1402.109985	1411.900024	1392.099976	1403.449951	1092300000	1403.449951
4	2000-01-07	1403.449951	1441.469971	1400.729980	1441.469971	1225200000	1441.469971
5	2000-01-10	1441.469971	1464.359985	1441.469971	1457.599976	1064800000	1457.599976
6	2000-01-11	1457.599976	1458.660034	1434.420044	1438.560059	1014000000	1438.560059
7	2000-01-12	1438.560059	1442.599976	1427.079956	1432.250000	974600000	1432.250000
8	2000-01-13	1432.250000	1454.199951	1432.250000	1449.680054	1030400000	1449.680054
9	2000-01-14	1449.680054	1473.000000	1449.680054	1465.150024	1085900000	1465.150024

지난 주 중의 광범위한 시장의 성과는 논리적으로 주식에 영향을 주기 때문에 데이터프레임에 추가하자. 지난 7일 전 종가 비율을 위해 S&P 500의 어제 종가를 가져온다.

```
def get_week_chg(ipo_dt):
    try:
```

```
        day_ago_idx = sp[sp['Date']==str(ipo_dt.date())].index[0]
- 1
        week_ago_idx = sp[sp['Date']==str(ipo_dt.date())].index[0] - 8
        chg = (sp.iloc[day_ago_idx]['Close'] - \
sp.iloc[week_ago_idx]['Close'])/(sp.iloc[week_ago_idx]['Close'])
        return chg * 100
    except:
        print('error', ipo_dt.date())

ipos['SP Week Change'] = ipos['Date'].map(get_week_chg)
```

이전 코드를 통해 생성된 결과는 다음과 같다.

```
error 2009-08-01
error 2013-11-16
error 2015-02-21
error 2015-02-21
```

해당 코드를 실행해보면 몇 개의 날짜가 실패하는데, IPO 날짜에 몇 가지 오류가 있을 수 있다. 해당 일자의 IPO를 확인해보면 휴무일로 나온다. 다음 예제와 코드를 이용해 모든 에러를 정리하자.

```
ipos[ipos['Date']=='2009-08-01']
```

이전 코드를 통해 생성된 결과는 다음과 같다.

	Date	Issuer	Symbol	Lead/Joint-Lead Mangager	Offer Price	Opening Price	1st Day Close	1st Day % Px Chng	$ Chg Opening	$ Chg Close	Star Ratings	Performed	$ Chg Open to Close	% Chg Open to Close	SP Week Change
1175	2009-08-01	Emdeon	EM	Morgan Stanley	15	17.5	16.52	10.13	2.5	1.52	3	NaN	-0.98	-5.6	NaN

EM의 실제 IPO 날짜는 8/12/15이기 때문에 해당 일로 수정하고 다른 날짜도 실제 공모 일자를 조사해서 수정할 것이다.

```
ipos.loc[1175, 'Date'] = pd.to_datetime('2009-08-12')
ipos.loc[1660, 'Date'] = pd.to_datetime('2012-11-20')
ipos.loc[2251, 'Date'] = pd.to_datetime('2015-05-21')
ipos.loc[2252, 'Date'] = pd.to_datetime('2015-05-21')
```

함수를 다시 수행해 전체 공모에 대해 일주일간의 변화를 추가하자.

```
ipos['SP Week Change'] = ipos['Date'].map(get_week_chg)
```

이제 IPO 전날 종가와 다음 날 시가의 S&P 500 비율 변화를 추가하자.

```
def get_cto_chg(ipo_dt):
    try:
        today_open_idx = sp[sp['Date']==str(ipo_dt.date())].index[0]
        yday_close_idx = sp[sp['Date']==str(ipo_dt.date())].index[0] - 1
        chg = (sp.iloc[today_open_idx]['Open'] - \
sp.iloc[yday_close_idx]['Close'])/(sp.iloc[yday_close_idx]['Close'])
        return chg * 100
    except:
        print('error', ipo_dt)

ipos['SP Close to Open Chg Pct'] = ipos['Date'].map(get_cto_chg)
```

이전 코드를 통해 생성된 결과는 다음과 같다.

Symbol	Lead/Joint-Lead Mangager	Offer Price	Opening Price	1st Day Close	1st Day % Px Chng	$ Chg Opening	$ Chg Close	Star Ratings	Performed	$ Chg Open to Close	% Chg Open to Close	SP Week Change	SP Week Chg Pct	SP Close to Open Chg Pct
SYNA	Bear Stearns	11.00	13.11	13.11	19.18	2.11	2.11	2	NaN	0.00	0.000000	-1.126333	-1.126333	0.000000
ZGEN	Lehman Brothers/Merrill Lynch	12.00	12.01	12.05	0.42	0.01	0.05	1	NaN	0.04	0.333056	0.972911	0.972911	0.000000
CG	Salomon Smith Barney/Morgan Stanley	28.00	30.05	29.10	3.93	2.05	1.10	3	NaN	-0.95	-3.161398	0.972911	0.972911	0.000000
	Lehman													

이제 주식인수업자의 데이터를 정리해보자. 약간의 작업이 필요하고 단계별로 수행할 것이다. 우선 주식인수업자나 주관사에 대한 칼럼을 추가한다. 다음 데이터를 표준화하고 마지막으로 관련된 주식인수업자의 수를 표시하는 칼럼을 추가한다.

먼저 데이터를 분리하고 공백을 없앤 다음 주요 관리자 칼럼을 읽어서 구문 분석을 한다.

```python
ipos['Lead Mgr'] = ipos['Lead/Joint-Lead Mangager'].map(lambda x:
x.split('/')[0])
ipos['Lead Mgr'] = ipos['Lead Mgr'].map(lambda x: x.strip())
```

다음으로 여러 주관사들을 출력해보면, 은행 이름을 표준화하기 위해 얼마나 많은 정리 작업을 해야 하는지 알 수 있다.

```python
for n in pd.DataFrame(ipos['Lead Mgr'].unique(),
columns=['Name']).sort('Name')['Name']:
    print(n)
```

이전 코드를 통해 생성된 결과는 다음과 같다.

```
A.G. Edwards
A.G. Edwrads & Sons
AG Edwards
AG Edwards & Sons
AG Edwrads
Adams Harkness
Advest
Aegis Capital
Aegis Capital Corp
Aegis Capital Corp.
Anderson & Strudrick
Axiom Capital Management
BB&T Capital Markets
BMO Capital Markets
Baird
Baird, BMO Capital Markets, Janney Montgomery Scott
Banc of America
Banc of America Securities
Barclay Capital
Barclays
```

다음을 진행하는 방법은 두 가지가 있다. 첫 번째 방법은 다음 페이지에 나오는 미리 작업해놓은 코드를 믿고 간단히 복사해서 붙여넣기를 하는 것이다. 의심할 것도 없이 첫 번째 방법은 두 번째 방법보다 더 쉽다. 다른 방법으로는 직접 많은 문자열을 대조하고 수정하는 작업을 반복하는 것이 있다. 첫 번째 방법을 선택하는 것을 추천한다.

```
ipos.loc[ipos['Lead Mgr'].str.contains('Hambrecht'),'Lead Mgr'] = 'WR
Hambrecht+Co.'
ipos.loc[ipos['Lead Mgr'].str.contains('Edwards'), 'Lead Mgr'] = 'AG
Edwards'
ipos.loc[ipos['Lead Mgr'].str.contains('Edwrads'), 'Lead Mgr'] = 'AG
Edwards'
ipos.loc[ipos['Lead Mgr'].str.contains('Barclay'), 'Lead Mgr'] = 'Barclays'
ipos.loc[ipos['Lead Mgr'].str.contains('Aegis'), 'Lead Mgr'] = 'Aegis
Capital'
ipos.loc[ipos['Lead Mgr'].str.contains('Deutsche'), 'Lead Mgr'] = 'Deutsche
Bank'
ipos.loc[ipos['Lead Mgr'].str.contains('Suisse'), 'Lead Mgr'] = 'CSFB'
ipos.loc[ipos['Lead Mgr'].str.contains('CS.?F'), 'Lead Mgr'] = 'CSFB'
ipos.loc[ipos['Lead Mgr'].str.contains('^Early'), 'Lead Mgr'] =
'EarlyBirdCapital'
ipos.loc[325,'Lead Mgr'] = 'Maximum Captial'
ipos.loc[ipos['Lead Mgr'].str.contains('Keefe'), 'Lead Mgr'] = 'Keefe,
Bruyette & Woods'
ipos.loc[ipos['Lead Mgr'].str.contains('Stan'), 'Lead Mgr'] = 'Morgan
Stanley'
ipos.loc[ipos['Lead Mgr'].str.contains('P. Morg'), 'Lead Mgr'] = 'JP
Morgan'
ipos.loc[ipos['Lead Mgr'].str.contains('PM'), 'Lead Mgr'] = 'JP Morgan'
ipos.loc[ipos['Lead Mgr'].str.contains('J\.P\.'), 'Lead Mgr'] = 'JP Morgan'
ipos.loc[ipos['Lead Mgr'].str.contains('Banc of'), 'Lead Mgr'] = 'Banc of
America'
ipos.loc[ipos['Lead Mgr'].str.contains('Lych'), 'Lead Mgr'] = 'BofA Merrill
Lynch'
ipos.loc[ipos['Lead Mgr'].str.contains('Merrill$'), 'Lead Mgr'] = 'Merrill
Lynch'
ipos.loc[ipos['Lead Mgr'].str.contains('Lymch'), 'Lead Mgr'] = 'Merrill
```

```
Lynch'
ipos.loc[ipos['Lead Mgr'].str.contains('A Merril Lynch'), 'Lead Mgr'] =
'BofA Merrill Lynch'
ipos.loc[ipos['Lead Mgr'].str.contains('Merril '), 'Lead Mgr'] = 'Merrill
Lynch'
ipos.loc[ipos['Lead Mgr'].str.contains('BofA$'), 'Lead Mgr'] = 'BofA
Merrill Lynch'
ipos.loc[ipos['Lead Mgr'].str.contains('SANDLER'), 'Lead Mgr'] = 'Sandler
O'neil + Partners'
ipos.loc[ipos['Lead Mgr'].str.contains('Sandler'), 'Lead Mgr'] = 'Sandler
O'Neil + Partners'
ipos.loc[ipos['Lead Mgr'].str.contains('Renshaw'), 'Lead Mgr'] = 'Rodman &
Renshaw'
ipos.loc[ipos['Lead Mgr'].str.contains('Baird'), 'Lead Mgr'] = 'RW Baird'
ipos.loc[ipos['Lead Mgr'].str.contains('Cantor'), 'Lead Mgr'] = 'Cantor
Fitzgerald'
ipos.loc[ipos['Lead Mgr'].str.contains('Goldman'), 'Lead Mgr'] = 'Goldman
Sachs'
ipos.loc[ipos['Lead Mgr'].str.contains('Bear'), 'Lead Mgr'] = 'Bear
Stearns'
ipos.loc[ipos['Lead Mgr'].str.contains('BoA'), 'Lead Mgr'] = 'BofA Merrill
Lynch'
ipos.loc[ipos['Lead Mgr'].str.contains('Broadband'), 'Lead Mgr'] =
'Broadband Capital'
ipos.loc[ipos['Lead Mgr'].str.contains('Davidson'), 'Lead Mgr'] = 'DA
Davidson'
ipos.loc[ipos['Lead Mgr'].str.contains('Feltl'), 'Lead Mgr'] = 'Feltl &
Co.'
ipos.loc[ipos['Lead Mgr'].str.contains('China'), 'Lead Mgr'] = 'China
International'
ipos.loc[ipos['Lead Mgr'].str.contains('Cit'), 'Lead Mgr'] = 'Citigroup'
ipos.loc[ipos['Lead Mgr'].str.contains('Ferris'), 'Lead Mgr'] = 'Ferris
Baker Watts'
ipos.loc[ipos['Lead Mgr'].str.contains('Friedman|Freidman|FBR'), 'Lead
Mgr'] = 'Friedman Billings Ramsey'
ipos.loc[ipos['Lead Mgr'].str.contains('^I-'), 'Lead Mgr'] = 'I-Bankers'
ipos.loc[ipos['Lead Mgr'].str.contains('Gunn'), 'Lead Mgr'] = 'Gunn Allen'
ipos.loc[ipos['Lead Mgr'].str.contains('Jeffer'), 'Lead Mgr'] = 'Jefferies'
```

```python
ipos.loc[ipos['Lead Mgr'].str.contains('Oppen'), 'Lead Mgr'] =
'Oppenheimer'
ipos.loc[ipos['Lead Mgr'].str.contains('JMP'), 'Lead Mgr'] = 'JMP
Securities'
ipos.loc[ipos['Lead Mgr'].str.contains('Rice'), 'Lead Mgr'] = 'Johnson
Rice'
ipos.loc[ipos['Lead Mgr'].str.contains('Ladenburg'), 'Lead Mgr'] =
'Ladenburg Thalmann'
ipos.loc[ipos['Lead Mgr'].str.contains('Piper'), 'Lead Mgr'] = 'Piper
Jaffray'
ipos.loc[ipos['Lead Mgr'].str.contains('Pali'), 'Lead Mgr'] = 'Pali
Capital'
ipos.loc[ipos['Lead Mgr'].str.contains('Paulson'), 'Lead Mgr'] = 'Paulson
Investment Co.'
ipos.loc[ipos['Lead Mgr'].str.contains('Roth'), 'Lead Mgr'] = 'Roth
Capital'
ipos.loc[ipos['Lead Mgr'].str.contains('Stifel'), 'Lead Mgr'] = 'Stifel
Nicolaus'
ipos.loc[ipos['Lead Mgr'].str.contains('SunTrust'), 'Lead Mgr'] = 'SunTrust
Robinson'
ipos.loc[ipos['Lead Mgr'].str.contains('Wachovia'), 'Lead Mgr'] =
'Wachovia'
ipos.loc[ipos['Lead Mgr'].str.contains('Wedbush'), 'Lead Mgr'] = 'Wedbush
Morgan'
ipos.loc[ipos['Lead Mgr'].str.contains('Blair'), 'Lead Mgr'] = 'William
Blair'
ipos.loc[ipos['Lead Mgr'].str.contains('Wunderlich'), 'Lead Mgr'] =
'Wunderlich'
ipos.loc[ipos['Lead Mgr'].str.contains('Max'), 'Lead Mgr'] = 'Maxim Group'
ipos.loc[ipos['Lead Mgr'].str.contains('CIBC'), 'Lead Mgr'] = 'CIBC'
ipos.loc[ipos['Lead Mgr'].str.contains('CRT'), 'Lead Mgr'] = 'CRT Capital'
ipos.loc[ipos['Lead Mgr'].str.contains('HCF'),'Lead Mgr'] = 'HCFP Brenner'
ipos.loc[ipos['Lead Mgr'].str.contains('Cohen'), 'Lead Mgr'] = 'Cohen &
Co.'
ipos.loc[ipos['Lead Mgr'].str.contains('Cowen'), 'Lead Mgr'] = 'Cowen &
Co.'
ipos.loc[ipos['Lead Mgr'].str.contains('Leerink'), 'Lead Mgr'] = 'Leerink
Partners'
```

```
ipos.loc[ipos['Lead Mgr'].str.contains('Lynch\xca'), 'Lead Mgr'] = 'Merrill
Lynch'
```

앞의 절차가 완료되면 다음 코드를 수행해 업데이트된 목록을 볼 수 있다.

```
for n in pd.DataFrame(ipos['Lead Mgr'].unique(),
columns=['Name']).sort_values('Name')['Name']:
    print(n)
```

이전 코드를 통해 생성된 결과는 다음과 같다.

```
AG Edwards
Adams Harkness
Advest
Aegis Capital
Anderson & Strudrick
Axiom Capital Management
BB&T Capital Markets
BMO Capital Markets
Banc of America
Barclays
Bear Stearns
BofA Merrill Lynch
Broadband Capital
Burnham Securities
C&Co
C.E. Unterberg, Towbin
CIBC
CRT Capital
CSFB
Canaccord Genuity
```

보는 바와 같이 목록이 정리됐다. 여기까지 완료되면 이제 주식 인수업체의 숫자를 추가하자.

```
ipos['Total Underwriters'] = ipos['Lead/Joint-Lead Mangager'].map(lambda x:
len(x.split('/')))
```

다음으로는 날짜 피처인 요일과 월을 추가하자.

```
ipos['Week Day'] = ipos['Date'].dt.dayofweek.map({0:'Mon', 1:'Tues',
2:'Wed',\
3:'Thurs', 4:'Fri', 5:'Sat', 6:'Sun'})
ipos['Month'] = ipos['Date'].map(lambda x: x.month)
ipos['Month'] = ipos['Month'].map({1:'Jan', 2:'Feb', 3:'Mar', 4:'Apr',
5:'May', 6:'Jun',7:'Jul',\
8:'Aug', 9:'Sep', 10:'Oct', 11:'Nov', 12:'Dec'})
ipos
```

이전 코드를 통해 생성된 결과는 다음과 같다.

..	Performed	$ Chg Open to Close	% Chg Open to Close	SP Week Change	SP Week Chg Pct	SP Close to Open Chg Pct	Lead Mgr	Total Underwriters	Week Day	Month
..	NaN	0.00	0.000000	-1.126333	-1.126333	0.000000	Bear Stearns	1	Mon	Jan
..	NaN	0.04	0.333056	0.972911	0.972911	0.000000	Lehman Brothers	2	Fri	Feb
..	NaN	-0.95	-3.161398	0.972911	0.972911	0.000000	Salomon Smith Barney	2	Fri	Feb

모든 작업이 예상대로 진행됐다면, 앞의 이미지와 같은 데이터프레임이 만들어진다. 이제 공모가와 시가, 그리고 종가의 변화와 관련된 마지막 피처를 추가하자.

```
ipos['Gap Open Pct'] = (ipos['$ Chg Opening'].astype('float')/ipos['Opening
Price'].astype('float')) * 100
ipos['Open to Close Pct'] = (ipos['$ Chg Close'].astype('float') -\
ipos['$ Chg Opening'].astype('float'))/\
ipos['Opening Price'].astype('float') * 100
```

지금은 이 정도 피처로 충분하다. 모델을 향상시킬 수 있다고 생각하는 유용한 데이터를 발견하면 더 추가할 수 있지만 이 정도로 시작할 수 있다.

하지만 모델에 해당 피처를 적용하기 전에 어떤 피처를 선택할 것인지 고려해야 한다. 피처를 추가할 때는 '누출leak' 정보에 대해 매우 주의해야 한다. 사용할 수 없는 데이터로부터 모델에 정보를 제공하는 실수는 많이 발생한다. 예를 들어 종가를 모델에 추가하게 되면 결과는 완전히 무효화된다. 이렇게 하는 것은 기본적으로 예측하고자 하는 답을 모델에 제공하게 되는 것이다. 보통 누출 실수leakage mistake는 이것과 미묘하게 다르지만 그럼에도 불구하고 주의해야 한다.

다음에 나오는 피처를 추가할 것이다.

- 월Month
- 요일Day of the week
- 주관사Lead manager
- 전체 주식 인수업체
- 공모가와 시가 차이 비율
- 공모가와 시가 달러 변동
- 공모가
- 시가
- S&P 종가와 시가 비율
- 지난 주 대비 S&P 차이

모델에 사용될 피처가 준비되고 나면 모델에 사용하기 위해 준비 작업을 해야 한다. patsy 라이브러리를 사용할 것이며, 필요하면 pip을 설치해야 한다. patsy는 데이터를 원형으로 가져와서 통계 모델에 적용하기 적합한 매트릭스로 변환한다.

```
from patsy import dmatrix
X = dmatrix('Month + Q("Week Day") + Q("Total Underwriters") + Q("Gap Open
Pct") + Q("$ Chg Opening") +\
Q("Lead Mgr") + Q("Offer Price") + Q("Opening Price") +\
Q("SP Close to Open Chg Pct") + Q("SP Week Change")', data=ipos,
return_type='dataframe')
X
```

이전 코드를 통해 생성된 결과는 다음과 같다.

.Jun]	Month[T.Mar]	Month[T.May]	Month[T.Nov]	...	Q("Lead Mgr") [T.WestPark Capital]	Q("Lead Mgr") [T.William Blair]	Q("Lead Mgr") [T.Wunderlich]	Q("Total Underwriters")	Q("Gap Open Pct")
0	0	0	...	0	0	0	1	16.094584
0	0	0	...	0	0	0	2	0.083264
0	0	0	...	0	0	0	2	6.821963
0	0	0	...	0	0	0	1	4.705882
0	0	0	...	0	0	0	1	6.432749
0	0	0	...	0	0	0	1	11.363636
0	0	0	...	0	0	0	1	7.692308
0	0	0	...	0	0	0	1	15.620105

patsy는 연속적인 데이터를 하나의 칼럼에 유지하면서 범주형 데이터를 여러 개의 열로 재구성하는 것을 볼 수 있다. 이것을 더미 코딩dummy coding이라고 부른다. 이 형태는 각 달 별로 고유한 칼럼이 생기고 해당 월에 1이 생기게 된다. 해당 형태는 각 브로커에도 똑같이 적용된다. 예를 들면, 특정 IPO가 5월에 있었다면, 다른 월 칼럼을 빼고 5월 칼럼에만 1이 생긴다. 각 범주형 피처마다 n−1개의 피처 칼럼이 있고 이것은 해당 데이터와 다른 데이터를 비교하는 기준이 된다.

마지막으로 patsy는 절편 칼럼도 추가하는데, 회귀 모델이 제대로 작동하는 데 필요한 1 의 칼럼이다.

여기까지 완료되면, 모델링 단계로 이동하자.

▌ 이진 분류

첫날의 총수익이 얼마나 될지 예측하는 것을 시도하는 대신, 해당 IPO를 사야 하는지 아닌지 예측해볼 것이다. 여기서는 투자 조언을 목적으로 하는 것이 아니라 단지 설명을 목적으로 한다는 것에 주의하자. 해당 모델을 수행해 계획 없이 IPO 거래를 시작하지 않길 바란다. 결과는 좋지 않을 것이다. 이진 결과(1 또는 0, 예 또는 아니오)를 예측하기 위해 로지스틱 회귀 모델을 시작하며, 로지스틱 회귀는 로지스틱 함수를 사용할 것이다. 몇 가지 수학적인 특성을 가지고 있기 때문에 쉽게 작업이 가능하다.

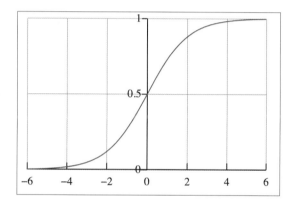

로지스틱 함수의 형태에 따르면, 확률적인 추정치를 제공하는 것에 잘 맞으며 해당 추정치로 이진 응답을 하게 된다. 0.5보다 크면 1로 분류되고, 0.5보다 작으면 0으로 분류된다. 1과 0은 분류하고자 하는 무엇이든 가능하지만, 이 애플리케이션에서는 살지(1) 말지(0)를 결정한다.

데이터에 이 모델을 적용해보자. 일반적이지 않은 방법으로 데이터를 분리할 것이다. 일반적으로 머신 러닝 실습 시에는 모델에 적용할 훈련 데이터와 테스트 데이터를 무작위로 선택하지만, 시계열 기반의 데이터이기 때문에 올해 전체 데이터를 훈련에 사용하고 테스트는 2015년 데이터로 할 것이다.

```
# 데이터를 일자로 정렬하면, 2,188번째 데이터가 2015년 첫 번째 데이터다
X_train, X_test = X[:2188], X[2188:]
y_train = ipos['$ Chg Open to Close'][:2188].map(lambda x: 1 if x >= 1 else
0)
y_test = ipos['$ Chg Open to Close'][2188:].map(lambda x: 1 if x >= 1 else
0)
```

이전 코드를 사용해 데이터를 훈련 데이터와 테스트 데이터로 나눈다. 또한 임의로 수익이 나는 결과에 대해 1달러의 임계 값을 설정했다. 단지 어떤 수익이 난 마감보다는 롱테일long-tail 승자가 되기 위한 전략에 맞추기 위해서다.

다음과 같이 모델을 학습시킨다.

```
clf = linear_model.LogisticRegression()
clf.fit(X_train, y_train)
```

이전 코드를 통해 생성된 결과는 다음과 같다.

```
LogisticRegression(C=1.0, class_weight=None, dual=False, fit_intercept=True,
          intercept_scaling=1, max_iter=100, multi_class='ovr', n_jobs=1,
          penalty='l2', random_state=None, solver='liblinear', tol=0.0001,
          verbose=0, warm_start=False)
```

이제 남겨놓은 2015년 데이터로 모델을 평가해보자.

```
clf.score(X_test, y_test)
```

이전 코드를 통해 생성된 결과는 다음과 같다.

```
0.8231292517006803
```

예측의 정확도가 약 82%임을 볼 수 있다. 2015년에 대해 기준 비율보다 더 좋게 나온 것 같지만 1달러 이상 수익을 얻은 IPO의 실제 비율이 매우 낮기 때문에 잘못 해석할 수 있다. 모두 0으로 추측하는 것이 비슷한 결과를 나타낼 수 있으므로 두 가지 경우를 비교해 보자.

첫 번째로 기준은 다음과 같다.

```
ipos[(ipos['Date']>='2015-01-01')]['$ Chg Open to Close'].describe()
```

이전 코드를 통해 생성된 결과는 다음과 같다.

```
count    147.000000
mean       0.229524
std        2.686850
min       -6.160000
25%       -0.645000
50%        0.000000
75%        0.665000
max       20.040000
```

다음으로 예측 결과를 살펴보자. 데이터프레임에 결과를 넣고 출력해보자.

```
pred_label = clf.predict(X_test)
results=[]
for pl, tl, idx, chg in zip(pred_label, y_test, y_test.index,
ipos.ix[y_test.index]['$ Chg Open to Close']):
    if pl == tl:
        results.append([idx, chg, pl, tl, 1])
    else:
        results.append([idx, chg, pl, tl, 0])
rf = pd.DataFrame(results, columns=['index', '$ chg', 'predicted',
'actual', 'correct'])
rf
```

이전 코드를 통해 생성된 결과는 다음과 같다.

	index	$ chg	predicted	actual	correct
0	2188	0.01	0	0	1
1	2189	3.03	0	1	0
2	2190	-1.06	0	0	1
3	2191	-2.67	0	0	1
4	2192	2.74	0	1	0
5	2193	-4.05	0	0	1
6	2194	-1.10	0	0	1
7	2195	0.35	0	0	1
8	2196	-0.50	0	0	1
9	2197	-0.65	0	0	1

```
rf[rf['predicted']==1]['$ chg'].describe()
```

이전 코드를 통해 생성된 결과는 다음과 같다.

```
count       6.000000
mean        2.986667
std         8.512992
min        -2.800000
25%        -1.080000
50%        -0.015000
75%         1.605000
max        20.040000
Name: $ chg, dtype: float64
```

결과를 보면 총 건수는 147건에서 여섯 건으로 줄었다. 평균은 0.23달러에서 2.99달러로 변경됐고, 중앙값은 0달러에서 −0.02달러로 낮아졌다. 결과를 그래프로 그려보자.

```
fig, ax = plt.subplots(figsize=(15,10))
rf[rf['predicted']==1]['$ chg'].plot(kind='bar')
```

```
ax.set_title('Model Predicted Buys', y=1.01)
ax.set_ylabel('$ Change Open to Close')
ax.set_xlabel('Index')
```

이전 코드를 통해 생성된 결과는 다음과 같다.

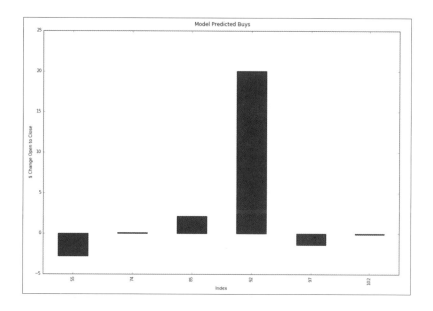

그래프를 보면, 작은 수익과 손실을 통해 1년 동안 큰 수익을 얻은 것으로 보인다. 이것이
모델 테스트 결과처럼 지속되는 것은 아니고 운이 좋게도 수익을 얻은 것이라 할 수 있다.
모델이 견고한지 평가하기 위해 몇 가지 방법을 통해 확인할 수 있지만 두 가지만 해보자.
첫 번째는 임계 값을 1달러에서 0.25달러로 낮춰 모델이 유효한지 확인해보자.

```
X_train, X_test = X[:2188], X[2188:]
y_train = ipos['$ Chg Open to Close'][:2188].map(lambda x: 1 if x >= .25
else 0)
y_test = ipos['$ Chg Open to Close'][2188:].map(lambda x: 1 if x >= .25
else 0)
clf = linear_model.LogisticRegression()
```

```
clf.fit(X_train, y_train)
clf.score(X_test, y_test)
```

이전 코드를 통해 생성된 결과는 다음과 같다.

```
0.59863945578231292
```

결과를 살펴보자.

```
pred_label = clf.predict(X_test)
results=[]
for pl, tl, idx, chg in zip(pred_label, y_test, y_test.index,
ipos.ix[y_test.index]['$ Chg Open to Close']):
    if pl == tl:
        results.append([idx, chg, pl, tl, 1])
    else:
        results.append([idx, chg, pl, tl, 0])
rf = pd.DataFrame(results, columns=['index', '$ chg', 'predicted',
'actual', 'correct'])
rf[rf['predicted']==1]['$ chg'].describe()
```

이전 코드를 통해 생성된 결과는 다음과 같다.

```
count    25.000000
mean      1.820800
std       5.520852
min      -6.160000
25%      -1.000000
50%       0.090000
75%       2.120000
max      20.040000
Name: $ chg, dtype: float64
```

결과를 보면 정확도와 평균이 떨어졌지만 건수는 9에서 25가 됐고 기준치에 접근하려면 아직 멀었다. 한 가지 더 테스트해보자. 훈련 데이터에서 2014년을 제거하고 테스트 데이터에 포함시키자.

```
X_train, X_test = X[:1900], X[1900:]
y_train = ipos['$ Chg Open to Close'][:1900].map(lambda x: 1 if x >= .25
else 0)
y_test = ipos['$ Chg Open to Close'][1900:].map(lambda x: 1 if x >= .25
else 0)
clf = linear_model.LogisticRegression()
clf.fit(X_train, y_train)
clf.score(X_test, y_test)
```

이전 코드를 통해 생성된 결과는 다음과 같다.

```
0.62068965517241381
```

다시 결과를 살펴보자.

```
pred_label = clf.predict(X_test)
results=[]
for pl, tl, idx, chg in zip(pred_label, y_test, y_test.index,
ipos.ix[y_test.index]['$ Chg Open to Close']):
    if pl == tl:
        results.append([idx, chg, pl, tl, 1])
    else:
        results.append([idx, chg, pl, tl, 0])
rf = pd.DataFrame(results, columns=['index', '$ chg', 'predicted',
'actual', 'correct'])
rf[rf['predicted']==1]['$ chg'].describe()
```

이전 코드를 통해 생성된 결과는 다음과 같다.

```
count      72.000000
mean        0.876944
std         4.643477
min        -6.960000
25%        -1.570000
50%        -0.150000
75%         2.320000
max        20.040000
Name: $ chg, dtype: float64
```

테스트 데이터에 2014년을 포함하니 평균은 떨어졌지만, 다음 표에서 보는 것과 같이 순진하게 모든 IPO에 투자하는 접근 방법보다는 모델이 더 나아지는 것을 알 수 있다.

모델	거래 건수	총수익	거래당 평균
2014–2015 naive	435	61	0.14
2104–2015 .25 LR	72	63.14	0.88
2015 naive	147	33.74	0.23
2015 .25 LR	25	45.52	1.82
2015 1 LR	6	25.20	4.20

이제 어떤 피처가 모델에서 가장 중요한지 살펴보자.

▌ 피처 중요도

어떤 피처가 공모의 성공 확률을 높일 수 있을까? 안타깝게도 이에 대한 간단한 답은 없지만 평가를 위해 두 가지 방법을 살펴볼 것이다. 로지스틱 회귀를 사용해 모델을 만들었기 때문에 평가할 수 있는 한 가지 방법은 각 매개변수의 상관 계수coefficient다. 로지스틱 함수는 다음 공식을 따른다.

$ln(p/1-p) = B0 + B_1x$

여기서 p는 양의 값의 확률을 나타내고 B는 절편, B_1은 피처의 상관 계수다. 검색해보자.

```
f fv = pd.DataFrame(X_train.columns, clf.coef_.T).reset_index()
fv.columns = ['Coef', 'Feature']
fv.sort_values('Coef', ascending=0).reset_index(drop=True)
```

이전 코드를 통해 생성된 결과는 다음과 같다.

	Coef	Feature
0	1.043891	Q("Lead Mgr")[T.C.E. Unterberg, Towbin]
1	1.022947	Q("Lead Mgr")[T.Morgan Keegan]
2	1.016990	Q("Lead Mgr")[T.Wachovia]
3	0.815448	Q("Lead Mgr")[T.China International]
4	0.684503	Q("Lead Mgr")[T.Merrill Lynch]
5	0.672572	Q("Lead Mgr")[T.Burnham Securities]
6	0.642754	Q("Lead Mgr")[T.Anderson & Strudrick]
7	0.627048	Q("Lead Mgr")[T.BMO Capital Markets]
8	0.595898	Q("Lead Mgr")[T.FIG Partners]
9	0.538498	Q("Lead Mgr")[T.Sanders Morris Harris]

범주형 피처의 경우 피처의 상관 계수가 양의 부호인 것은 해당 피처가 증가하면 양의 값이 나올 확률이 기준선 대비 증가함을 나타내고, 연속형 피처의 경우 양의 부호는 해당 피처의 값이 증가함에 따라 양의 값의 확률이 같이 증가하는 것을 나타낸다. 상관 계수의 크기는 확률이 증가하는 크기를 알려준다. 요일에 대해 이를 살펴보자.

```
fv[fv['Feature'].str.contains('Week Day')]
```

이전 코드를 통해 생성된 결과는 다음과 같다.

	Coef	Feature
12	-0.132437	Q("Week Day")[T.Mon]
13	0.053885	Q("Week Day")[T.Thurs]
14	-0.062727	Q("Week Day")[T.Tues]
15	-0.039074	Q("Week Day")[T.Wed]

앞의 스크린샷에서 금요일이 없는 것을 알 수 있다. 이것은 금요일이 다른 요일을 비교하는 기준임을 의미한다. 또한 목요일만 모델에 기반해 성공 확률이 증가하는 것을 알 수 있다.

중요한 것은 상관 계수가 기준선 대비 실제 확률의 증가를 나타내지 않는다는 점이다. 해당 값을 얻기 위해 지수를 취해야 한다. 금요일 대비 목요일의 확률 상승률은 e(0.053885) = 1.055다. 이것은 다른 모든 값이 동일하다면 금요일보다 목요일이 IPO에서 성공할 확률이 5.5% 높다는 의미다. IPO 요일 중 가장 나쁜 요일은 월요일이며 e(−0.132437) = 0.876 또는 약 12.4% 비율로 성공 확률이 감소한다.

피처 중요도feature importance로 다시 돌아가면, 가장 큰 양의 상관 계수를 정해 모델에 넣으면 신규 발행 시장new issue market을 지배하기 위해 필요한 모든 것을 얻는다고 생각할 수 있지만 그렇게 쉽게 되지는 않는다.

양의 계수의 크기에 따라 가장 큰 두 개의 피처를 살펴보자.

```
ipos[ipos['Lead Mgr'].str.contains('Keegan|Towbin')]
```

이전 코드를 통해 생성된 결과는 다음과 같다.

	Date	Issuer	Symbol	Lead/Joint-Lead Mangager	Offer Price	Opening Price	1st Day Close	1st Day % Px Chng	$ Chg Opening	$ Chg Close	...	$ Chg Open to Close	% Chg Open to Close	SP Week Change	SP Close to Open Chg Pct
33	2002-05-21	Computer Programs and Systems	CPSI	Morgan Keegan/Raymond James	16.5	17.50	18.12	9.82	1.00	1.62	...	0.62	3.542857	2.480647	0.000000
518	2005-08-04	Advanced Life Sciences	ADLS	C.E. Unterberg, Towbin/ThinkEquity Partners	5.0	5.03	6.00	20.00	0.03	1.00	...	0.97	19.284294	1.777992	0.000000
884	2007-02-26	Rosetta Genomics	ROSG	C.E. Unterberg, Towbin	7.0	7.02	7.32	4.57	0.02	0.32	...	0.30	4.273504	0.363086	-0.010330
1467	2011-06-22	Fidus Investment	FDUS	Morgan Keegan	15.0	14.75	15.00	0.00	-0.25	0.00	...	0.25	1.694915	-3.693126	-0.003091

가장 큰 두 개의 피처가 네 개 IPO의 합을 나타낸다. 이러한 복잡성 때문에 로지스틱 회귀 모델로부터 이러한 정보를 추출하기는 어렵다.

하지만 방법이 없는 것은 아니다. 랜덤 포레스트 분류기로 알고 있는 다른 모델을 사용해 중요도를 측정할 수 있다. 이 장에서 해당 모델이 어떻게 동작하는지 자세히 살펴보지는 않겠지만 로지스틱 회귀 모델의 결과와 비슷한 결과가 나오며, 추가로 어떤 피처가 양의 값에 가장 높은 영향을 줬는지에 대한 매우 좋은 요약 정보를 제공한다.

이전과 같은 훈련 및 테스트 데이터를 사용해서 랜덤 포레스트 분류기에 학습을 시켜보자.

```
clf_rf = RandomForestClassifier(n_estimators=1000)
clf_rf.fit(X_train, y_train)
f_importances = clf_rf.feature_importances_
f_names = X_train
f_std = np.std([tree.feature_importances_ for tree in clf_rf.estimators_],
axis=0)
zz = zip(f_importances, f_names, f_std)
zzs = sorted(zz, key=lambda x: x[0], reverse=True)
imps = [x[0] for x in zzs[:20]]
labels = [x[1] for x in zzs[:20]]
errs = [x[2] for x in zzs[:20]]
plt.subplots(figsize=(15,10))
```

```
plt.bar(range(20), imps, color="r", yerr=errs, align="center")
plt.xticks(range(20), labels, rotation=-70);
```

이전 코드를 통해 생성된 결과는 다음과 같다.

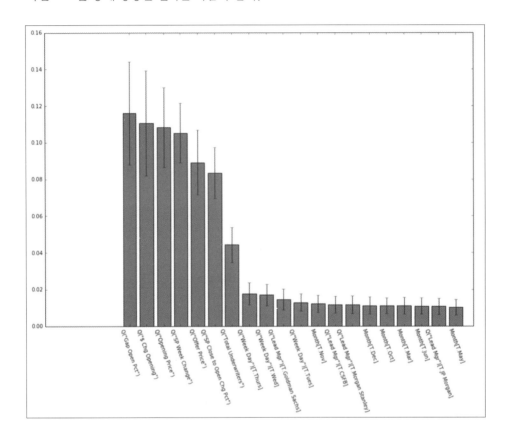

해당 결과에서 각각의 오류 막대그래프를 통해 피처 중요도의 순위 목록을 추출했다. 해당 순위 목록을 보면 시가 비율의 차이와 개장 후 달러의 변동이 선두 그룹인 것이 맞아 보인다.

▌ 요약

이 장에서 많은 내용을 다뤘지만, 이런 형태의 모델을 만드는 방법의 핵심까지는 다루지 못했다. 다행히도 데이터를 정제하고 피처를 찾아내고 테스트하는 것까지 모델링 절차를 더 많이 이해할 수 있었을 것이다. 이 정보를 사용해 직접 만든 모델을 확장하고 개선할 수 있길 바란다.

다음 장에서는 숫자 데이터부터 텍스트 데이터로 옮겨가면서 매우 다른 분야로 관심을 돌려보자.

05

맞춤형 뉴스피드 만들기

나는 강박적이라고 할 만큼 책을 많이 읽는 편으로, 어떤 날은 수백 개의 글을 읽기도 한다. 그럼에도 불구하고 자주 더 읽을거리가 없는지 찾는 나 자신을 발견하곤 하며, 뭔가 관심 있는 걸 놓친 것 같은 말 못할 의심에 영원히 괴로워할 것이다.

만약 비슷한 증상으로 괴로워한다면 더 이상 두려워하지 않아도 된다. 이 장에서는 읽고 싶지 않은 수십 개의 기사를 파헤치지 않고도 읽고 싶은 모든 기사를 찾는 간단한 트릭을 알려줄 것이다.

이 장의 마지막에서는 뉴스 취향을 이해하고 매일 개인화된 뉴스레터를 보내주는 시스템의 구축 방법을 배우게 된다.

이 장에서 다룰 내용은 다음과 같다.

- 포켓Pocket 앱으로 지도supervised 학습 셋 생성하기
- 포켓 API를 활용해 기사 검색하기
- embed.ly API를 사용해 기사 본문 추출하기
- 자연어 처리 기초
- 서포트 벡터 머신
- RSS 피드 및 구글 시트Google Sheets와 IFTTT 통합하기
- 일일 개인 뉴스레터 설정하기

포켓 앱으로 지도 학습 셋 생성하기

뉴스 기사의 취향에 관한 모델을 생성하기 위해서는 학습 데이터가 필요하다. 해당 학습 데이터는 관심 있는 기사와 관심 없는 기사를 구분하는 방법을 가르키기 위해 모델에 입력한다. 코퍼스corpus를 만들기 위해 관심사와 일치하는 많은 양의 기사에 대해 주석을 달아야 한다. 각 기사에 대해 'y'나 'n'을 표시할 것이다. 이렇게 하면 해당 기사가 일일 요약으로 받고 싶은 기사인지 아닌지를 알려준다.

이 절차를 간단하게 하기 위해 포켓 앱을 사용할 것이다. 포켓은 나중에 읽을 기사를 저장하게 해주는 애플리케이션이다. 브라우저 확장 프로그램으로 설치한 후에 저장하고 싶은 기사가 있을 때 브라우저 툴바에 있는 포켓 아이콘을 클릭만 하면 된다. 기사는 개인 저장소에 저장된다. 포켓에서 가장 좋은 기능은 선택한 태그로 기사를 저장한다는 점이다. 이 기능을 사용해 흥미로운 기사는 'y'로, 재미없는 기사는 'n'으로 표시한다.

포켓 크롬 확장 프로그램 설치하기

여기서는 구글 크롬을 사용하지만 다른 브라우저도 비슷하게 동작할 것이다. 크롬의 경우에는 구글 앱 스토어Google App Store로 간 후 확장 프로그램에서 찾아본다.

이미지 출처: https://chrome.google.com/webstore/search/pocket

파란색의 CHROME에 추가Add to Chrome 버튼을 클릭한다. 이미 계정을 가지고 있다면 로그인하고, 계정이 없다면 계정 생성(무료)을 한다. 해당 작업이 완료되면 브라우저 오른쪽 상단에 포켓 아이콘이 보이게 된다. 회색으로 표시돼 있지만 저장하고자 하는 기사가 있으면 클릭하면 된다. 기사가 저장되면 아이콘이 빨간색으로 변한다.

회색으로 표시된 아이콘은 오른쪽 상단 구석에서 볼 수 있으며, 아이콘을 클릭하면 기사가 저장된 것을 알려주기 위해 빨간색으로 변한다.

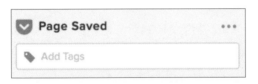

이미지 출처: https://www.wsj.com

이제 재미있는 부분이다! 보게 되는 기사 전부를 저장하는데 흥미 있는 것은 'y'로, 흥미가 없는 것은 'n'으로 태깅한다. 작업이 좀 필요한데 최종 결과는 학습 데이터셋이 좋을수록 좋아지기 때문에 수백 개의 기사에 대해 이 작업을 해야 할 수도 있다. 저장할 때 태깅을 못했다면 해당 사이트인 http://www.get.pocket.com에 가서 태깅하면 된다.

포켓 API를 사용해 기사 가져오기

포켓에 부지런히 기사를 저장했다면 다음 단계는 해당 기사들을 가져오는 것이다. 이 작업을 수행하기 위해 포켓 API를 사용한다. https://getpocket.com/developer/apps/new

에서 계정 등록을 할 수 있다. 왼쪽 상단에 있는 **Create New App**을 클릭하고 API 키를 받기 위한 세부 항목을 입력한다. 기사의 추가add, 변경change, 가져오기retrieve를 위한 모든 권한을 클릭했는지 확인한다.

항목을 모두 입력하고 제출하면 CONSUMER KEY를 받게 된다. 왼쪽 상단 구석에 있는 **My Apps** 아래에서 찾을 수 있다. 다음 화면처럼 표시되며 실제 키 값이 표시된다.

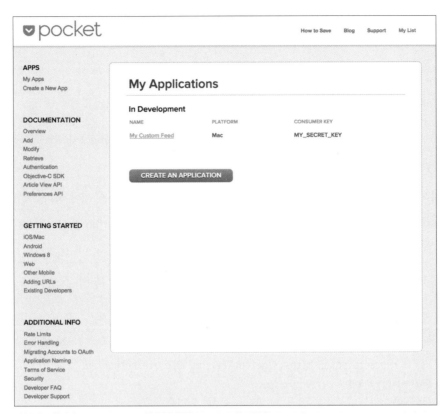

이미지 출처: https://getpocket.com/developer

이어서 권한을 설정하는 다음 단계로 이동하자. 여기서는 컨슈머 키^{consumer key}와 리다이렉트^{redirect} URL을 입력한다. 리다이렉트 URL은 어떤 값도 가능하다. 여기서는 내 트위터 계정을 사용했다.

```
import requests
auth_params = {'consumer_key': 'MY_CONSUMER_KEY', 'redirect_uri':
    'https://www.twitter.com/acombs'}
    tkn = requests.post('https://getpocket.com/v3/oauth/request',
    data=auth_params)
tkn.content
```

결과는 다음과 같다.

```
b'code=some_long_code'
```

해당 코드는 다음 단계에서 필요하다. 브라우저 창에 다음을 입력한다.

https://getpocket.com/auth/authorize?requesttoken=somelongcode&redirecturi
=https%3A//www.twitter.com/acombs

리다이렉트 URL을 자신의 것으로 변경하는 경우에는 URL 인코딩을 해야 한다. 이를 위한 여러 가지 방법이 있다. 한 가지 방법은 파이썬 라이브러리 중 urllib을 사용하는 것이고, 또 다른 방법은 무료 온라인 소스를 활용하는 것이다.

여기서 권한 부여 화면이 나오며, 계속해서 승인하고 다음 단계로 이동할 수 있다.

```
usr_params = {'consumer_key':'my_consumer_key', 'code':
    'some_long_code'}
    usr = requests.post('https://getpocket.com/v3/oauth/authorize',
    data=usr_params)
usr.content
```

기사를 검색하기 위해 다음 결과 코드를 여기서 사용한다.

```
b'access_token=some_super_long_code&username=someuser@somewhere.com'
```

우선 가져온 기사를 'n'으로 태깅한다.

```
no_params = {'consumer_key':'my_consumer_key', 'access_token':
    'some_super_long_code',
    'tag': 'n'}
    no_result = requests.post('https://getpocket.com/v3/get',
```

```
      data=no_params)
no_result.text
```

앞의 코드는 다음 결과를 생성한다.

```
u'{"status":1,"complete":1,"list":{"1167823383":{"item_id":"1167823383","resolved_id":"116782
3383","given_url":"http:\\/\\/\\/www.businessinsider.com\\/gates-dont-expect-the-nuclear-agreeme
nt-to-lead-to-a-more-moderate-iran-2016-1","given_title":"GATES: Nuclear agreement won\'t lea
d to moderate Iran - Business Insider","favorite":"0","status":"0","time_added":"145325519
8","time_updated":"1453255217","time_read":"0","time_favorited":"0","sort_id":0,"resolved_tit
le":"GATES: Don\'t expect the nuclear agreement to lead to a more moderate Iran","resolved_ur
l":"http:\\/\\/\\/www.businessinsider.com\\/gates-dont-expect-the-nuclear-agreement-to-lead-to-a
-more-moderate-iran-2016-1","excerpt":"Former US defense secretary Robert Gates isn\'t optimi
stic that the landmark July 2015 nuclear deal with Iran will lead the country\\u00a0to halt a
ny of its disruptive policies in the Middle East or its support for terrorist groups.","is_ar
ticle":"1","is_index":"0","has_video":"0","has_image":"1","word_count":"963"},"1167877560":
```

'n'으로 태깅된 모든 기사에는 길이가 긴 JSON 문자열이 있다. 몇 가지 키 값이 들어있지만 여기서 정말 관심 있는 것은 URL이다. 계속해서 모든 URL의 목록을 생성한다.

```
no_jf = json.loads(no_result.text)
no_jd = no_jf['list']
no_urls=[]
for i in no_jd.values():
    no_urls.append(i.get('resolved_url'))
no_urls
```

앞의 코드는 다음 결과를 생성한다.

```
['http://www.slate.com/articles/double_x/doublex/2016/01/kermit_gosnell_s_atrocities_aren_t_an_argument_for_stricte
r_abortion_laws.html',
 'http://bleacherreport.com/articles/2608872-australian-open-2016-results-winners-scores-stats-from-monday-singles-br
acket',
 'http://www.slate.com/blogs/xx_factor/2016/01/14/rihanna_ahead_of_beyonc_in_the_celebrity_endorsement_game.html',
 'http://www.nzherald.co.nz/nz/news/article.cfm?c_id=1&objectid=11576760',
 'https://blogs.msdn.microsoft.com/oldnewthing/20160114-00/?p=92851',
 'https://www.washingtonpost.com/national/energy-environment/conservation-groups-demand-end-to-refuge-occupation/201
6/01/19/bb83a94e-beff-11e5-98c8-7fab78677d51_story.html',
 'http://www.ultimatepp.org/index.html',
```

관심이 없는 모든 기사의 URL이 목록에 포함된다. 이제 이 목록을 데이터프레임 객체에 넣고 태깅을 한다.

```
import pandas
no_uf = pd.DataFrame(no_urls, columns=['urls'])
no_uf = no_uf.assign(wanted = lambda x: 'n')
no_uf
```

앞의 코드는 다음의 결과를 생성한다.

	urls	wanted
0	http://netboot.xyz/	n
1	https://theconversation.com/how-do-you-build-a-mirror-for-one-of-the-worlds-biggest-telescopes-4...	n
2	http://www.wsj.com/articles/alcoa-to-delay-idling-of-washington-smelting-operation-1453235716	n
3	http://www.nzherald.co.nz/nz/news/article.cfm?c_id=1&objectid=11576760	n
4	http://www.businessinsider.com/r-islamic-state-frees-270-of-400-people-it-kidnapped-from-syrias-...	n
5	http://www.wsj.com/articles/johnson-johnson-plans-to-cut-6-of-workforce-1453205772	n
6	https://ramcloud.atlassian.net/wiki/display/RAM/RAMCloud+Papers	n
7	http://mmajunkie.com/2016/01/ronda-rousey-targets-holly-holm-rematch-in-2016-thats-what-i-want-t...	n

지금까지 원치 않는 기사 전부를 설정했다. 이제 관심 있는 기사에 같은 작업을 하자.

```
ye_params = {'consumer_key': 'my_consumer_key', 'access_token':
    'some_super_long_token',
    'tag': 'y'}
yes_result = reqests.post('https://getpocket.com/v3/get',
data=yes_params)
yes_jf = json.loads(yes_result.text)
yes_jd = yes_jf['list']
yes_urls=[]
for i in yes_jd.values():
    yes_urls.append(i.get('resolved_url'))
yes_uf = pd.DataFrame(yes_urls, columns=['urls'])
yes_uf = yes_uf.assign(wanted = lambda x: 'y')
yes_uf
```

앞의 코드는 다음의 결과를 생성한다.

	urls	wanted
0	https://medium.com/the-development-set/the-reductive-seduction-of-other-people-s-problems-3c07b3...	y
1	http://www.fastcompany.com/3054847/work-smart/can-exercise-really-make-you-grow-new-brain-cells	y
2	http://www.bbc.com/news/magazine-35290671	y
3	http://mobile.nytimes.com/2016/01/08/fashion/mens-style/new-york-bachelors-yearn-for-more.html	y
4	http://www.fastcompany.com/3055019/how-to-be-a-success-at-everything/the-secret-to-making-anxiet...	y
5	https://mentalfloss.atavist.com/secrets-of-the-mit-poker-course	y
6	https://medium.com/@amimran/usability-as-the-enemy-badf5ed6453a#.jxrdu7xub	y
7	http://www.fastcompany.com/3055282/why-its-totally-legal-to-dock-employees-pay-for-going-to-the-...	y
8	http://thenextweb.com/insider/2016/01/11/tinder-is-secretly-scoring-your-desirability-and-pickin...	y
9	http://www.theatlantic.com/science/archive/2016/01/fiber-gut-bacteria-microbiome/423903/	y

이제 두 가지 형태의 학습 데이터를 합해 단일 데이터프레임으로 변경한다.

```
df = pd.concat([yes_uf, no_uf])
df.dropna(inplace=1)
df
```

앞의 코드는 다음의 결과를 생성한다.

26	http://www.slideshare.net/ChristopherMoody3/wo...	y
27	http://www.fastcompany.com/3055118/most-creati...	y
28	http://mobile.nytimes.com/blogs/bits/2016/01/1...	y
29	http://lifehacker.com/the-akrasia-effect-why-w...	y
...	...	...
58	http://www.huffingtonpost.com/tim-ward/7-advan...	n
59	http://www.cnn.com/2010/01/19/asia/peshawar-at...	n
60	http://www.nytimes.com/2016/01/24/travel/green...	n

이제 모든 URL과 태그를 단일 프레임에 저장했으니 각 기사의 HTML을 다운로드하는 단계로 이동하자. 이제 embed.ly라는 다른 무료 서비스를 사용할 것이다.

▌ 기사 내용을 다운로드하기 위해 embed.ly API 사용하기

기사 URL을 가지고 있지만, 안타깝게도 학습하기에 충분하지 않아서 전체 기사 내용이 필요하다. 수십 개의 사이트에서 데이터를 가져오는 자체 스크래퍼scraper를 구축하려면 많은 노력이 필요하다. 기사 내용을 가져오는 코드를 작성할 때는 주변의 다른 사이트 요소들을 조심스럽게 피하도록 해야 한다. 다행히도, 해당 작업을 가능하게 해주는 다양한 무료 서비스가 있다. 여기서는 embed.ly를 사용하지만, 다른 서비스를 사용해도 된다.

첫 번째 단계로 embed.ly API를 접근하기 위해 가입한다. https://app.embed.ly/signup에서 하면 되고, 간단한 과정을 통해 등록하면 API 키를 받게 된다. 필요한 것은 다 됐으니 이제 HTTP 요청에 해당 키를 사용하면 된다. 이제 직접 해보자.

```
import urllib
def get_html(x):
    qurl = urllib.parse.quote(x)
    rhtml = requests.get('https://api.embedly.com/1/extract?url=' +
    qurl + '&key=받은api키')
    ctnt = json.loads(rhtml.text).get('content')
return ctnt
df.loc[:,'html'] = df['urls'].map(get_html)
df.dropna(inplace=1)
df
```

앞의 코드는 다음의 결과를 생성한다.

	urls	wanted	html
0	https://medium.com/the-development-set/the-red...	y	\<div\>\n\<section\>\<h3\>The Reductive Seduction of...
1	http://www.fastcompany.com/3054847/work-smart/...	y	\<div\>\n\<p\>\<a href="http://suzukilab.com/"\>Wend...
2	http://www.bbc.com/news/magazine-35290671	y	\<div\>\n\<figure\>\<img src="http://ichef.bbci.co....
3	http://mobile.nytimes.com/2016/01/08/fashion/m...	y	\<div\>\n\<p\>Jean-Marc Choffel, a 42-year-old Fre...
4	http://www.fastcompany.com/3055019/how-to-be-a...	y	\<div\>\n\<p\>Alison Wood Brooks, a colleague of m...
5	https://mentalfloss.atavist.com/secrets-of-the...	y	\<div\>\n\<i\>This story originally appeared in th...
6	https://medium.com/@amimran/usability-as-the-e...	y	\<div\>\n\<h3\>Usability as the enemy\</h3\>\n\<figur...
7	http://www.fastcompany.com/3055282/why-its-tot...	y	\<div\>\n\<p\>Last week, 6,000 workers of a Pennsy...

이렇게 해서 각 기사의 HTML을 가져왔다.

모델에 HTML보다는 일반 텍스트를 입력해야 하므로 파서를 사용해서 마크업 태그를 제거한다.

```python
from bs4 import BeautifulSoup
def get_text(x):
    soup = BeautifulSoup(x, 'lxml')
    text = soup.get_text()
    return text
df.loc[:,'text'] = df['html'].map(get_text)
df
```

앞의 코드는 다음의 결과를 생성한다.

	urls	wanted	html	text
0	http://ramiro.org/vis/hn-most-linked-books/	y	\<div\>\n\<h3\>Top 30 books ranked by total number...	\nTop 30 books ranked by total number of links...
1	http://www.vox.com/2014/7/15/5881947/myers-bri...	y	\<div\>\n\<p\>The Myers-Briggs Type Indicator is p...	\nThe Myers-Briggs Type Indicator is probably ...
2	https://medium.com/@karppinen/how-i-ended-up-p...	y	\<div\>\n\<h3\>How I ended up paying $150 for a si...	\nHow I ended up paying $150 for a single 00GB...
3	http://www.businessinsider.com/the-scientific-...	y	\<div\>\n\<figure\>\<img src="http://static1.busine...	\nshutterstockA wise Shakespeare mug once said...
4	http://www.vox.com/2016/1/14/10760622/nutritio...	y	\<div\>\n\<p\>There was a time, in the distant pas...	\nThere was a time, in the distant past, when ...

이렇게 해서 훈련 셋을 만들었다. 이제 모델이 잘 작동할 수 있도록 텍스트를 어떻게 변환해야 하는지 알아보자.

기본적인 자연어 처리

머신 러닝 모델이 숫자 데이터에만 동작한다면 어떻게 텍스트를 수치로 변환할 수 있을까? 이것이 바로 자연어 처리NLP, natural language processing가 집중하는 것이다. 데이터를 다루기 전에 NLP의 기본 원리를 간단히 살펴볼 필요가 있다. 앞서 포켓을 통해 수집한 데이터를 사용하는 것보다 원리를 잘 설명할 수 있는 간단한 예제로 작업해본다. 개념이 명확해진 후에 뉴스피드 코퍼스corpus(말뭉치)에도 적용하자.

우선 세 개의 문장으로 이뤄진 작은 코퍼스로 시작해보자.

- The new kitten played with the other kittens
- She ate lunch
- She loved her kitten

첫 번째로 코퍼스를 BOWbag-of-words(단어 꾸러미) 표현으로 변환할 것이다. 이번에는 전처리는 생략한다. 코퍼스를 BOW 표현으로 변환할 때 TDMterm-document matrix(단어−문서 간 행렬)을 만들기 위해 각 단어와 수를 계산한다. TDM에서 고유한 각 단어는 칼럼에 할당되고, 각 문서는 행에 할당된다. 둘 사이의 교차점에 숫자를 표시한다.

	the	new	kitten	played	with	other	kittens	she	ate	lunch	loved	her
1	1	1	1	1	1	1	1	0	0	0	0	0
2	0	0	0	0	0	0	0	1	1	1	0	0
3	0	0	1	0	0	0	0	1	0	0	1	1

세 개의 짧은 문장에 대해 벌써 12개의 피처를 만들었다. 뉴스 기사나 책과 같은 진짜 문서를 처리하는 경우를 상상해보면 피처의 개수가 수십만 개를 넘게 된다. 이것을 줄이기 위해 분석에 정보가 거의 없거나 전혀 없는 피처를 제거하는 여러 단계를 수행할 수 있다.

첫 번째 단계는 스탑워드stop words를 제거하는 것이다. 스탑워드는 일반적으로 문서의 내용에 대해서는 말하지 않는다. 영어의 스탑워드 중 일반적인 예는 'the'와 'is', 'at', 'which', 'on' 등이다. 이 단어들을 제거하고 TDM을 다시 계산해보자.

	new	kitten	played	kittens	ate	lunch	loved
1	1	1	1	1	0	0	0
2	0	0	0	0	1	1	0
3	0	1	0	0	0	0	1

표에서 보는 것처럼 피처의 개수가 12개에서 일곱 개로 줄었다. 훌륭하지만 더 줄일 수 있다. 스테밍stemming이나 레마타이제이션lemmatization을 수행하면 피처를 더 줄일 수 있다. 행렬 안에 'kitten'과 'kittens'가 둘 다 있는데 스테밍이나 레마타이제이션을 하면 'kitten'으로 통합할 수 있다.

	new	kitten	play	eat	lunch	love
1	1	2	1	0	0	0
2	0	0	0	1	1	0
3	0	1	0	0	0	1

새로 만들어진 행렬에서 'kittens'와 'kitten'은 통합됐지만 다른 일도 일어났다. 'played'와 'loved'에서 접미사를 잃었지만 'ate'는 'eat'로 변환됐다. 왜 이런 일이 발생했을까? 비로 레마타이제이션이 한 것이다. 초등학교의 문법 수업을 기억한다면 단어의 어형 변화에서 단어의 원형으로 바뀐 것이다. 레마타이제이션이 단어의 기본형으로 변환하는 것이라면 스테밍은 무엇일까? 스테밍은 동일한 목적을 가지지만 덜 정교한 접근 방식이다. 때로

는 실제 기본형이 아닌 유사 비단어를 생성할 수 있다. 예를 들어, 레마타이제이션에서는 'ponies'를 줄여서 'pony'를 얻지만 스테밍을 적용하면 'poni'가 된다.

다음으로 행렬에 다른 변환을 적용해보자. 지금까지 단순히 각 단어의 개수만 사용했지만, 각 문서에서 고유한 단어를 향상시킬 수 있도록 데이터에 필터를 적용한 것과 같은 알고리즘을 적용할 수 있다. 이 알고리즘은 단어 빈도-역 문서 빈도[tf-idf, term frequency-inverse document frequency]라고 한다.

행렬의 각 단어에 대해 tf-idf 비율을 계산한다. 예시로 몇 개를 계산해보자. 문서 1번의 'new'라는 단어의 빈도는 단어 개수와 같고 1이 된다. 역 문서 빈도는 단어가 나온 문서의 수 분의 코퍼스가 들어있는 문서 수의 log로 계산한다. 'new'의 경우에는 $\log(3/1)$ 또는 .4471이 된다. tf-idf를 계산하기 위해 tf * idf를 해야 하므로 여기서는 $1 \times .4471$, .4471이 된다. 문서 1번의 'kitten' 단어의 경우, tf-idf는 $2*\log(3/2)$ 또는 .3522가 된다.

나머지 단어와 문서에 대해 계산하면 다음의 결과를 얻는다.

	new	kitten	play	eat	lunch	love
1	.4471	.3522	.4471	0	0	0
2	0	0	0	.4471	.4471	0
3	0	.1761	0	0	0	.4471

이렇게 하는 이유는 무엇인가? 높은 tf-idf 값을 얻으려면, 단어는 적은 문서에서 자주 등장해야 한다. 이렇게 해서 문서가 높은 tf-idf 값을 갖는 단어로 표현된다고 할 수 있다.

이 프레임워크를 통해 학습 데이터를 tf-idf 행렬로 변환해보자.

```
from sklearn.feature_extraction.text import TfidfVectorizer
vect = TfidfVectorizer(ngram_range=(1,3), stop_words='english', min_df=3)
tv = vect.fit_transform(df['text'])
```

이 세 줄 코드로 모든 문서를 tf-idf 벡터로 변환했다. 몇 가지 주의할 사항이 있다. `ngram_range`와 `stop_words`, `min_df`라는 매개변수를 입력했으며, 각 매개변수에 대해 알아보자.

첫 번째로, `ngram_range`는 문서를 토큰화하는 방법이다. 앞의 예제에서는 각 단어를 토큰으로 사용했지만, 여기서는 연결된 하나에서 세 단어를 토큰으로 사용한다. 두 번째 문장인 'She ate lunch'를 보자. 여기서 스탑워드는 무시할 것이다. 이 문장의 n그램n-gram은 'she', 'she ate', 'she ate lunch', 'ate', 'ate lunch', 'lunch'가 된다.

다음은 `stop_words`다. 영어의 스탑워드 전체를 제거하기 위해 'english'를 입력한다. 앞서 언급한 것처럼 적은 정보를 제공하는 모든 단어를 제거한다.

마지막으로 `min_df`가 있다. 최소한 세 개의 문서에 나오지 않는 모든 단어가 고려 대상이다. 이 매개변수를 추가하면 자주 나오지 않는 단어를 제거하고 행렬의 크기를 줄일 수 있다.

이제 문서 코퍼스가 작업 가능한 수치형 형태로 됐으니, 분류기에 입력해보는 단계로 넘어가보자.

▌ 서포트 벡터 머신

이 장에서는 새로운 분류기인 선형 서포트 벡터 머신support vector machine을 사용할 것이다. 서포트 벡터 머신은 '최대 마진 초평면maximum-margin hyperplane'을 이용해 데이터 포인트를 분류하는 알고리즘이다. 말이 좀 어려우니 어떤 의미를 가지는지 살펴보자.

두 가지 종류의 데이터를 가지고 있고 하나의 줄로 구분하길 원한다고 가정해보자(여기서는 두 개의 피처 혹은 차원에 대해 다룬다). 해당 선을 그리는 가장 효과적인 방법은 무엇일까?

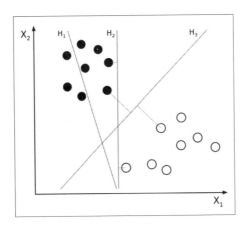

이미지 출처: https://commons.wikimedia.org/wiki/File:Svm_separating_hyperplanes_(SVG).svg

앞의 그림에서 라인 H_1은 두 개의 클래스를 효과적으로 구분하지 못하므로 제거가 가능하다. 라인 H_2는 클래스를 깔끔하게 구분할 수 있지만, 라인 H_3는 마진이 최대가 된다. 각 클래스의 가장 가까운 두 개 점의 중간에 라인이 있다는 것이고, 이는 바로 서포트 벡터다. 다음 그림에서 점선으로 표시돼 있다.

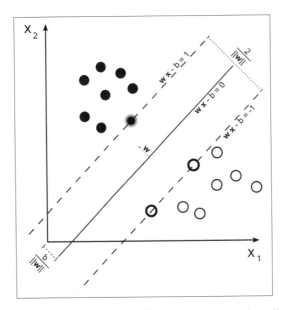

이미지 출처: https://commons.wikimedia.org/wiki/File:Svm_max_sep_hyperplane_with_margin.png

하지만 클래스를 깔끔하게 구분하지 못하는 경우는 어떨까? 점들 간에 겹치게 된다면? 이런 상황에서 가능한 옵션이 있다. 하나는 소프트마진 SVM^{softmargin SVM}으로 마진을 최대화하는 건 동일하지만 마진의 잘못된 쪽으로 떨어진 점은 페널티^{penalty}가 된다. 다른 방법으로 커널 트릭^{kernel trick}이 있다. 이 방법은 데이터가 선형적으로 구분될 수 있는 더 높은 차원의 데이터로 변환한다.

다음의 두 개 클래스는 단일 선형 면으로는 구분할 수 없다.

이미지 출처: https://www.cs.utah.edu/~piyush/teaching/15-9-print.pdf

그러나 커널 맵을 수행하게 되면 위의 그림을 다음 그림처럼 높은 차원으로 만든다. 이렇게 하면 데이터를 선형적으로 구분할 수 있다.

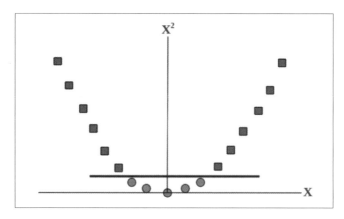

이미지 출처: https://www.cs.utah.edu/~piyush/teaching/15-9-print.pdf

1차원의 피처 공간을 2차원 피처 공간으로 배치한다. 간단히 x 값을 x, x2로 매핑해서 변환하면 구분이 가능한 선형 면을 추가할 수 있다.

이제 tf-idf 행렬을 SVM에 넣어보자.

```
from sklearn.svm import LinearSVC
clf = LinearSVC()
model = clf.fit(tv, df['wanted'])
```

tv 매개변수는 행렬이고 df['wanted'] 함수는 레이블 리스트다. 'y'와 'n'은 관심이 있는 기사인지 아닌지 나타낸다는 것을 기억해두자. 이것을 실행하면 모델이 학습된다.

이 장에서 공식적으로 모델의 평가는 하지 않는다. 모델을 평가할 수 있는 데이터셋을 가지고 있어야 하지만 지속적으로 모델을 업데이트하고 매일 평가하기 때문에 이 장에서 이 단계는 생략하도록 한다. 일반적으로 끔찍한 생각이라는 것만 기억하자.

이제 뉴스 기사를 매일 제공하도록 설정해보자.

▌피드, 구글 시트, 이메일과 IFTTT 통합

학습 셋을 구축하기 위해 포켓^{Pocket}을 사용했지만, 지금부터는 모델을 실행할 때 기사 피드를 스트리밍하는 것이 필요하다. 설정하기 위해 IFTTT를 다시 한 번 사용할 뿐만 아니라 구글 시트와 구글 시트로 작업할 수 있게 해주는 파이썬 라이브러리도 사용해야 한다.

IFTTT를 통해 뉴스피드와 구글 시트 설정하기

다행히 IFTTT 계정을 생성해서 이번에 세팅할 필요는 없지만 계정을 만들지 않았다면 지금 바로 설정한다. 자세한 내용은 3장, '저렴한 항공료 찾기 앱 구축하기'에서 확인할 수 있다. 이 작업이 완료되면 피트와 구글 시트를 통합하는 것을 설정해야 한다.

먼저 Channels를 클릭하고 feed를 검색한 후 설정하기 위해 클릭한다.

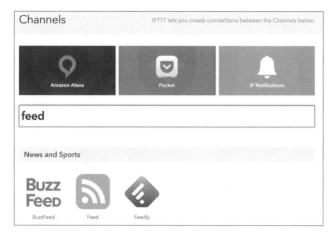

이미지 출처: https://www.ifttt.com

Connect를 클릭하기만 하면 된다.

이미지 출처: https://www.ifttt.com

다음으로 상단 오른편 구석에 있는 **Channels**를 다시 클릭한다. 이번에는 Google Drive 를 검색한다.

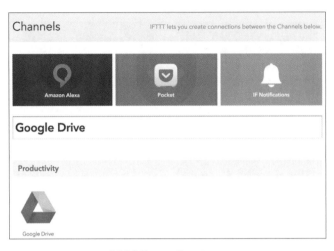

이미지 출처: https://www.iftt.com

Google Drive를 클릭하면 연결하고 싶은 구글 계정을 선택하는 페이지로 이동한다. 계정 을 선택하고 Allow 버튼을 누르면 IFTTT가 구글 드라이브 계정에 접근할 수 있다. 작업이 완료되면 다음 화면을 볼 수 있다.

이미지 출처: https://www.ifttt.com

채널이 연결된 상태에서 피드를 설정할 수 있다. My Recipes를 클릭한 후 Create a Recipe 를 클릭하면 다음과 같은 화면을 볼 수 있다.

이미지 출처: https://www.ifttt.com

this를 클릭하고 feed를 검색한 후 클릭하면 다음 화면을 볼 수 있다.

이미지 출처: https://www.ifttt.com

여기서 New feed item을 클릭한다.

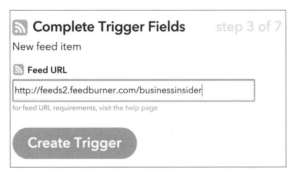

이미지 출처: https://www.ifttt.com

입력 창에 URL을 추가하고 **Create Trigger**를 클릭한다. 완료되면 **that** 기능을 추가하기 위해 되돌아간다.

이미지 출처: https://www.ifttt.com

that을 클릭하고 `Google Drive`를 검색한 후 해당 아이콘을 클릭한다. 완료되면 다음 화면을 볼 수 있다.

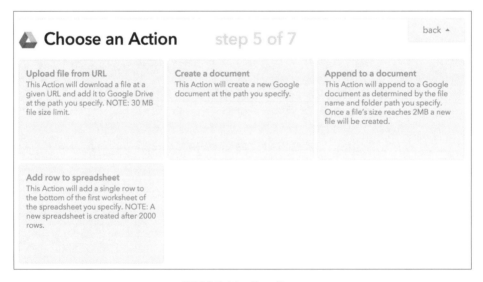

이미지 출처: https://www.ifttt.com

뉴스 항목을 구글 드라이브 스프레드시트로 전송하기 위해 **Add row to spreadsheet**를 클릭한다. 그런 다음 스프레드시트를 맞춤 설정할 수 있다.

스프레드시트 이름을 NewStories로 입력하고 IFTTT라는 구글 드라이브 폴더를 저장하도록 했다. Create Action을 클릭해서 레시피를 완료하면 곧 뉴스 항목이 구글 드라이브 스프레드시트로 전송되는 것을 확인할 수 있다. 시트를 생성할 때 있었던 항목이 아닌 새로운 항목만 추가되는 것을 주의하자. 여러 피드를 추가하는 것을 추천하며, 이를 위해 각각의 개별적인 레시피를 생성해야 한다. 가장 좋은 방법은 포켓에 저장한 사이트와 같은 학습 데이터셋에 있는 사이트를 피드에 추가하는 것이다.

하루 이틀 기사를 시트에 전송하면 다음 화면과 같이 보일 것이다.

	A	B	C	D
1	January 17, 2016 at 08:48AM	The man who owned the world: David Bowie made reinvention an art form - Salon	http://news.google.c	\<table border="0" cellpadding="2" cellspacing
2	January 17, 2016 at 02:26PM	Netflix To Ramp Up Originals Targeting Kids - Wall Street Journal	http://news.google.com/	\<table border="0" cellpadding="2" cellspacing
3	January 17, 2016 at 06:06PM	Nostalgia powers Netflix's 'Fuller House' return - USA TODAY	http://news.google.com/	\<table border="0" cellpadding="2" cellspacing
4	January 17, 2016 at 04:51PM	High School Musical cast to reunite for 10-year anniversary telecast - Entertainment Weekly	http://news.google.com/	\<table border="0" cellpadding="2" cellspacing
5	January 17, 2016 at 06:40PM	Unbreakable Kimmy Schmidt renewed for season 3 by Netflix - Entertainment Weekly	http://news.google.com/	\<table border="0" cellpadding="2" cellspacing
6	January 17, 2016 at 05:50PM	David Bowie's 'Blackstar' Becomes His First No. 1 Album - Us Weekly	http://news.google.com/	\<table border="0" cellpadding="2" cellspacing
7	January 17, 2016 at 07:02PM	5 reasons why birthday girl Betty White had a much better year than you did - USA TODAY	http://news.google.com/	\<table border="0" cellpadding="2" cellspacing
8	January 16, 2016 at 10:00PM	Straight Outta Compton' Producer Calls Oscar Noms "Embarrassing" - Hollywood Reporter	http://news.google.com/	\<table border="0" cellpadding="2" cellspacing
9	January 16, 2016 at 02:07PM	SXSW Co-Founder Confesses to 'David Bowie' Street Sign in Austin - Billboard	http://news.google.com/	\<table border="0" cellpadding="2" cellspacing
10	January 17, 2016 at 01:27PM	Ted Sarandos Blasts NBC's Netflix Ratings Info: 'Remarkably Inaccurate' - Variety	http://news.google.com/	\<table border="0" cellpadding="2" cellspacing
11	January 17, 2016 at 04:18PM	Critics' Choice Awards: What will happen when Erlich Bachman from 'Silicon ... - CNN	http://news.google.com/	\<table border="0" cellpadding="2" cellspacing
12	January 17, 2016 at 06:40PM	Jessica Jones RENEWED for season 2 by Netflix but there's a twist - Mirror.co.uk	http://news.google.com/	\<table border="0" cellpadding="2" cellspacing
13	January 17, 2016 at 07:02PM	High School Musical' Stars Reunite for 10th Anniversary - ABC News	http://news.google.com/	\<table border="0" cellpadding="2" cellspacing
14	January 17, 2016 at 08:43PM	Say hello to 'Daredevil's' Frank Castle, Elektra - USA TODAY	http://news.google.com/	\<table border="0" cellpadding="2" cellspacing
15	January 17, 2016 at 08:46PM	Sean Penn Tells '60 Minutes' His El Chapo Story "Failed" - Hollywood Reporter	http://news.google.com/	\<table border="0" cellpadding="2" cellspacing

다행히 전체 기사의 HTML 본문이 포함돼 있어 각각의 기사를 다운로드하기 위해 embed.ly를 사용할 필요는 없다. 구글 시트에서 기사를 다운로드해 HTML 태그를 제거하는 처리를 해야 하지만 작업은 어렵지 않다.

기사를 가져오기 위해 gspread라는 파이썬 라이브러리를 사용할 것이다. pip로 설치가 가능하며, 설치가 완료되면 oauth2를 설정하는 지시 사항을 따라야 한다. http://gspread.readthedocs.org/en/latest/oauth2.html에서 내용을 확인할 수 있다. JSON 보증서 파일을 다운로드하면 client_email 키에서 이메일 주소를 찾을 수 있다. NewStories 스프레드시트를 기사를 보내고자 하는 이메일과 공유해야 한다. 간단히 시트 오른쪽 상단 구석에 있는 파란색 Share 버튼을 클릭하고 이메일 주소를 붙여 넣으면 된다. 혹시 Gmail 계정에서 메시지 전송이 실패했다면 예상되는 이유가 있다. 다음 코드에서 경로와 파일 이름을 변경해야 한다.

```
import gspread
from oauth2client.client import SignedJwtAssertionCredentials
json_key = json.load(open(r'/PATH_TO_KEY/KEY.json'))
scope = ['https://spreadsheets.google.com/feeds']
credentials = SignedJwtAssertionCredentials(json_key['client_email'],
json_key['private_key'].encode(), scope)
gc = gspread.authorize(credentials)
```

모든 것이 잘됐다면 에러 없이 동작할 것이다. 다음으로 기사를 다운로드하자.

```
ws = gc.open("NewStories")
sh = ws.sheet1
zd = list(zip(sh.col_values(2),sh.col_values(3), sh.col_values(4)))
zf = pd.DataFrame(zd, columns=['title','urls','html'])
zf.replace('', pd.np.nan, inplace=True)
zf.dropna(inplace=True)
zf
```

	title	urls
0	The man who owned the world: David Bowie made ...	http://news.google.com/news/url?sa=t&fd=R&ct2=...
1	Netflix To Ramp Up Originals Targeting Kids - ...	http://news.google.com/news/url?sa=t&fd=R&ct2=...
2	Nostalgia powers Netflix's 'Fuller House' retu...	http://news.google.com/news/url?sa=t&fd=R&ct2=...
3	High School Musical cast to reunite for 10-yea...	http://news.google.com/news/url?sa=t&fd=R&ct2=...

해당 코드를 이용해 피드로부터 기사를 다운로드해서 데이터프레임 객체에 넣었다. 이제 HTML 태그를 제거해야 한다. 앞에서 텍스트 처리를 위해 사용했던 함수를 사용한다. 완료되면 tf—idf 벡터 변환기를 사용해서 변환한다.

```
zf.loc[:,'text'] = zf['html'].map(get_text) zf.reset_index(drop=True,
inplace=True)
test_matrix = vect.transform(zf['text'])
test_matrix
```

앞의 코드는 다음의 결과를 생성한다.

```
<488x4532 sparse matrix of type '<class 'numpy.float64'>'
        with 23361 stored elements in Compressed Sparse Row format>
```

벡터 변환이 성공한 걸 알 수 있다. 결과를 보기 위해 해당 벡터를 모델에 입력한다.

```
results = pd.DataFrame(model.predict(test_matrix),
columns = ['wanted'])
```

앞의 코드는 다음의 결과를 생성한다.

	wanted
0	n
1	n
2	n
3	n
4	n
5	n
6	n
7	n
8	n

각 기사별로 결과를 볼 수 있다. 이것을 각 기사와 연결하면 결과를 확인해볼 수 있다.

```
rez = pd.merge(results,zf, left_index=True, right_index=True)
rez
```

n	Nostalgia powers Netflix's 'Fuller House return' - USA TODAY
n	High School Musical cast to reunite for 10-year anniversary telecast - Entertainment Weekly

내 관심사가 고등학교 뮤지컬High School Musical과 풀하우스Full House에는 없다는 것을 정확히 맞췄다.

여기서 결과를 검토하고 오류를 수정해서 모델을 향상시킬 수 있다. 해당 작업은 본인한테 맞춰야겠지만 나에게 맞춰 변경한 내용은 다음과 같다.

```
change_to_no = [130, 145, 148, 163, 178, 199, 219, 222, 223, 226, 235, 279,
348, 357, 427, 440, 542, 544, 546, 568, 614, 619, 660, 668, 679, 686, 740,
829]
change_to_yes = [0, 9, 29, 35, 42, 71, 110, 190, 319, 335, 344, 371, 385,
399, 408, 409, 422, 472, 520, 534, 672]
```

```
for i in rez.iloc[change_to_yes].index:
    rez.iloc[i]['wanted'] = 'y'
for i in rez.iloc[change_to_no].index:
    rez.iloc[i]['wanted'] = 'n'
rez
```

앞의 코드는 다음의 결과를 생성한다.

	wanted	title	urls
0	n	The man who owned the world: David Bowie made reinvention an art form - Salon	http://news.google.com/news/url?sa=t&fd=R&ct2=us&usg=AFQjCNE_a3MZnPNJ_DL--w-_YaNx6lrrbw&clid=c3a7d30bb8a4878e06b80cf16b898331&cid=52779030852562&ei=PyCcVtDxCYaa3QHP5ogl&url=http://
1	n	Netflix To Ramp Up Originals Targeting Kids -	http://news.google.com/news/url?sa=t&fd=R&ct2=us&usg=AFQjCNFcojfNfk-8kEXByi4x1dWEyPmlJw&clid=c3a7d30bb8a4878e06b80cf16b898331&cid=52779031941618&ei=ISOcVuiuMYOT3AH8vpb4

변경 건이 많아 보이지만, 평가된 900개의 기사였기 때문에 매우 적게 변경한 셈이다. 해당 수정 작업을 한 후 다시 모델에 입력해 모델을 더 좋게 개선할 수 있다. 해당 결과를 이전의 학습 데이터에 추가해 모델을 다시 빌드해보자.

```
combined = pd.concat([df[['wanted', 'text']], rez[['wanted',
'text']]])
combined
```

앞의 코드는 다음의 결과를 생성한다.

	wanted	text
0	y	\nTop 30 books ranked by total number of links to Amazon in Hacker News comments\nClick on a thumbnail image or bar to show the book details.\nAmazon product links were extracted and counted from ...
1	y	\nThe Myers-Briggs Type Indicator is probably the most widely used personality test in the world.\nAbout 2 million peopletake it annually, at the behest of corporate HR departments, colleges, and ...
2	y	\nHow I ended up paying $150 for a single 60GB download from Amazon Glacier\nln late 2012, I decided that it was time for my last remaining music CDs to go. Between MacBook Airs and the just-intro...
3	y	\nshutterstockA wise Shakespeare mug once said that "love is merely madness" and when you're in the throws of it, that certainly seems to be so.\nLike Dimetapp, love tastes strange, is intoxicatin...
4	y	\nThere was a time, in the distant past, when studying nutrition was a relatively simple science.\nln 1747, a Scottish doctor named James Lind wanted to figure out why so many sailors got scurvy, ...

이제 모델을 다시 빌드해보자.

```
tvcomb = vect.fit_transform(combined['text'], combined['wanted'])
model = clf.fit(tvcomb, combined['wanted'])
```

모든 가능한 데이터로 모델을 다시 학습시켰다. 해당 작업을 며칠 혹은 몇 주간 반복하게 되면 더 나은 결과를 얻을 수 있고 데이터를 추가할수록 더 나은 결과를 얻게 된다.

이제 잘 학습된 모델을 가지고 있으며, 사용할 준비가 됐다고 가정할 것이다. 어떻게 해당 모델을 개인화된 뉴스피드에 설정하는지 알아보자.

▌ 개인화된 일간 뉴스레터 설정하기

뉴스 기사가 있는 개인 이메일을 설정하기 위해 다시 IFTTT를 활용해야 한다. 앞서 3장, '저렴한 항공료 찾기 앱 구축하기'에서 했던 것처럼 POST 리퀘스트를 전송하기 위해 Maker 채널을 사용할 것이다. 하지만 이번에 전송하는 데이터는 뉴스 기사다. Maker 채널을 설정하지 않았다면 지금 설정하자. 설정 방법은 3장, '저렴한 항공료 찾기 앱 구축하기'에서 찾을 수 있다. 또한 Gmail 채널도 설정해야 하며, 모두 완료되면 두 가지를 결합하는 레시피를 추가한다.

우선 IFTTT 홈페이지에서 Create a Recipe를 클릭하고 Maker Channel을 검색한다.

이미지 출처: https://www.ifttt.com

해당 채널을 클릭하고 Receive a web request를 선택한다.

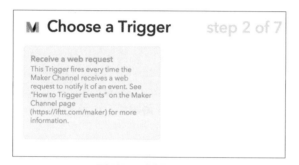

이미지 출처: https://www.ifttt.com

그런 다음 리퀘스트 이름을 정한다. 다음 화면에서는 news_event라고 입력했다.

이미지 출처: https://www.ifttt.com

Create Trigger를 클릭해서 완료한다. 다음으로 that을 클릭해 이메일을 설정한다. Gmail을
검색해서 다음 화면의 아이콘을 클릭한다.

이미지 출처: https://www.ifttt.com

Gmail을 클릭하고 나서 Send an e-mail을 클릭한다. 여기부터는 본인의 이메일 메시지를
설정한다.

Complete Action Fields   step 6 of 7

Send an email

To address

me@gmail.com

Accepts up to five email addresses, comma-separated

Subject

News Digest

Body

Value1

Some HTML ok

이미지 출처: https://www.ifttt.com

본인의 이메일 주소와 제목을 입력하고 마지막으로 메일 본문에 Value1을 포함한다. 기사 제목과 링크를 POST 리퀘스트를 통해 입력할 것이다. Create Recipe를 클릭하면 완료된다.

이제 관심 있는 기사를 일정에 따라 자동으로 보내주도록 수행하는 스크립트를 만들 준비가 됐다. 별도의 스크립트를 생성할 테지만, 기존 코드에서 마지막으로 해야 할 작업은 벡터라이저^{vectorizer}와 모델을 객체 직렬화^{serialize}하는 것이다.

```
import pickle
pickle.dump(model, open
(r'/Users/alexcombs/Downloads/news_model_pickle.p', 'wb'))
pickle.dump(vect, open
(r'/Users/alexcombs/Downloads/news_vect_pickle.p', 'wb'))
```

이렇게 해서 모델에 필요한 모든 것을 저장했다. 새로운 스크립트에서는 새로운 예측을 생성하기 위해 해당 파일을 읽을 것이며, 3장, '저렴한 항공료 찾기 앱 구축하기'에서 사용한 코드를 실행하기 위해 동일한 스케줄링 라이브러리를 사용할 것이다. 모든 코드를 합치면 다음 스크립트가 된다.

```
# 라이브러리 가져오기
import pandas as pd

from sklearn.feature_extraction.text import TfidfVectorizer
from sklearn.svm import LinearSVC

import schedule
import time

import pickle

import json
```

```python
import gspread

import requests
from bs4 import BeautifulSoup

from oauth2client.client import SignedJwtAssertionCredentials

# fetch 함수 생성
def fetch_news():
    try:
        vect = pickle.load(open(r'/Users/alexcombs/Downloads/
        news_vect_pickle.p', 'rb'))
        model = pickle.load(open(r'/Users/alexcombs/Downloads/
        news_model_pickle.p', 'rb'))

        json_key = json.load(open(r'/Users/alexcombs/Downloads/
        APIKEY.json'))
        scope = ['https://spreadsheets.google.com/feeds']
        credentials = SignedJwtAssertionCredentials(json_key
        ['client_email'], json_key['private_key'].encode(), scope)
        gc = gspread.authorize(credentials)

        ws = gc.open("NewStories")
        sh = ws.sheet1
        zd = list(zip(sh.col_values(2), sh.col_values(3),
        sh.col_values(4)))
        zf = pd.DataFrame(zd, columns=['title', 'urls', 'html'])
        zf.replace('', pd.np.nan, inplace=True)
        zf.dropna(inplace=True)

        def get_text(x):
            soup = BeautifulSoup(x, 'lxml')
            text = soup.get_text()
            return text

        zf.loc[:, 'text'] = zf['html'].map(get_text)

        tv = vect.transform(zf['text'])
```

```
        res = model.predict(tv)

        rf = pd.DataFrame(res, columns=['wanted'])
        rez = pd.merge(rf, zf, left_index=True, right_index=True)

        news_str = ''
        for t, u in zip(rez[rez['wanted'] == 'y']['title'],
        rez[rez['wanted'] == 'y']['urls']):
            news_str = news_str + t + '\n' + u + '\n'

        payload = {"value1": news_str}
        r = requests.post('https://maker.ifttt.com/trigger/
        news_event/with/key/IFTTT_KEY', data=payload)

        # 워크시트 정리
        lenv = len(sh.col_values(1))
        cell_list = sh.range('A1:F' + str(lenv))
        for cell in cell_list:
            cell.value = ""
        sh.update_cells(cell_list)
        print(r.text)
    except:
        print('Failed')

schedule.every(480).minutes.do(fetch_news)

while 1:
    schedule.run_pending()
    time.sleep(1)
```

해당 스크립트는 매 4시간마다 구글 시트에서 뉴스 기사를 가져온 후 모델을 통해 기사를 처리하고, 관심 있는 것으로 예상되는 기사에 대해 IFTTT로 POST 요청을 보낼 이메일을 생성하며, 마지막으로 다음 이메일에 보내질 새로운 스토리를 제외하고 삭제한다.

축하한다! 이제 자신만의 개인화된 뉴스피드를 갖게 됐다.

▌ 요약

이 장에서는 텍스트 데이터를 가지고 머신 러닝 모델을 학습하는 방법을 배웠다. 또한 NLP와 서포트 벡터 머신의 기초도 학습했다. 다음 장에서는 해당 기술에 대해 더 자세히 살펴보고 어떤 콘텐츠가 입소문이 날지 예측하는 것을 해보자.

06

콘텐츠 입소문 예측하기

모든 것은 내기로부터 시작됐다. 2001년 MIT 대학원생이었던 조나 페레티^Jonah Peretti는 논문 작성을 미뤄두고 나이키가 제공하는 스니커즈를 개인화할 수 있는 것을 해보기로 결정했다. 최근에 출시된 프로그램을 통해 나이키의 새로운 웹사이트인 NIKEiD에서 이것이 가능했다. 한 가지 문제는 적어도 나이키 입장에서, 페레티가 신발에 장식하려고 한 'sweatshop(노동 착취 공장)'이라는 단어는 애초에 가망이 없었다는 것이다. 페레티는 나이키가 자신의 요청을 거절하는 이유인 'sweatshop'이 불쾌감을 주는 단어의 범주에 들어가지 않는다고 이의를 제기했다.

페레티는 자신이 경험한 나이키의 고객 서비스에서 다른 사람들도 재미를 느낄 것이라 생각해서 여러 가까운 친구들에게 전송했다. 며칠 만에 해당 이메일은 전 세계의 편지함으로 전송됐고, 「타임Time」과 「살롱Salon」, 「가디언Guardian」과 같은 주요 미디어 매체와 투데이쇼에서 다뤄지면서 페레티는 바이럴 센세이션viral sensation의 중심에 서게 됐다.

얼마 후에 페레티의 잔소리에서 시작된 물음은 '같은 일이 반복될까?'라는 것이었다. 바이럴 현상에 대한 박사 논문을 준비하던 그의 친구인 카메론 말로우Cameron Marlow는 그런 일은 엔지니어가 보기에도 너무 복잡하다고 확신했다. 말로우는 페레티와 나이키가 주고받은 원본 이메일을 통해 즐거웠던 성공은 다시 없을 거라는 데 내기를 걸었고 페리티는 베팅을 했다.

15년이 지나고 나면, 조나 페레티는 바이럴 콘텐츠와 동의어인 버즈피드BuzzFeed라는 웹사이트를 이끌게 된다. 2015년에 이 웹사이트의 순 방문자가 7,700만 명을 돌파했으며 「뉴욕타임스」보다 높은 순위를 차지했다. 결국 페레티가 내기에서 이겼다고 볼 수 있지 않을까?

하지만 정확히 패레티는 어떻게 했을까? 어떻게 산불처럼 퍼지는 콘텐츠를 생산하기 위한 비밀 공식의 조각을 맞췄을까? 이 장에서는 이런 미스테리를 풀어본다. 가장 많이 공유되는 콘텐츠를 검토하고, 사람들이 공유하고 싶어 하지 않는 콘텐츠와 구별되는 공통 요소를 찾을 것이다.

이 장에서 포함하는 주제는 다음과 같다.

- 연구에서 말하는 구전성virality이란 무엇인가?
- 공유 횟수와 콘텐츠 가져오기
- 공유되는 콘텐츠의 특징 탐구
- 예측 콘텐츠 스코어링 모델 구축

구전성에 대한 연구

공유하는 행동을 이해하는 것은 큰 사업이다. 소비자가 전통적인 광고를 못 보게 되면 푸시push는 단순한 이야기를 넘어 매력적인 이야기가 된다. 더욱더 이러한 노력의 성공은 소셜 서비스의 공유를 통해 측정된다. 왜 이런 어려움을 감수하려고 할까? 브랜드로서는 각각의 공유가 다른 소비자에게 전달되는 것을 의미하기 때문이다. 추가적인 돈을 지불하지 않고 말이다.

이러한 가치 때문에 여러 연구자들이 어떤 동기가 있는지 이해하기 위해 공유 행동을 조사했다.

연구자들이 찾은 몇 가지 이유는 다음과 같다.

- 다른 사람에게 실질적인 가치를 제공(이타적인 동기)
- 자신의 어떤 생각과 개념을 연관시키는 것(일치를 위한 동기)
- 공통의 감정을 중심으로 다른 사람들과 결속하는 것(공동체적인 동기)

마지막 동기와 관련돼, 공유가 감정에 미치는 영향을 조사하기 위해 「뉴욕타임스」의 7,000개의 콘텐츠를 조사한 잘 기획된 연구가 있었다. 단순히 심리적인 감정으로 공유 행동을 설명하기에는 부족하지만 심리적인 자극과 결합됐을 때 설명력이 더 커진다는 것을 발견했다. 예를 들어, 슬픔은 강한 부정적인 감정을 유발하지만, 낮은 자극 상태로 간주된다. 반대로 분노는 높은 자극 상태와 함께 부정적인 감정을 유발한다. 따라서 분노를 유발하는 내용보다 독자를 슬프게 만드는 내용이 훨씬 더 적은 내용을 생성하게 된다.

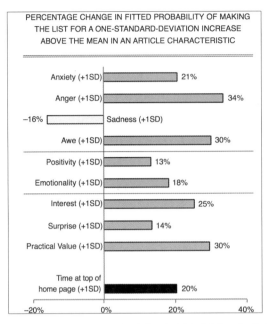

PERCENTAGE CHANGE IN FITTED PROBABILITY OF MAKING
THE LIST FOR A ONE-STANDARD-DEVIATION INCREASE
ABOVE THE MEAN IN AN ARTICLE CHARACTERISTIC

Anxiety (+1SD) 21%
Anger (+1SD) 34%
−16% Sadness (+1SD)
Awe (+1SD) 30%
Positivity (+1SD) 13%
Emotionality (+1SD) 18%
Interest (+1SD) 25%
Surprise (+1SD) 14%
Practical Value (+1SD) 30%
Time at top of
home page (+1SD) 20%

이미지 출처: "무엇이 온라인 콘텐츠가 구전되도록 하는가?" 조나 버거와 캐서린 L. 밀크맨, 마케팅 리서치 저널.
http://jonahberger.com/wp-content/uploads/2013/02/ViralityB.pdf

이것은 동기 부여 측면이긴 하지만, 이러한 요인들이 일정한 경우 다른 속성들은 콘텐츠의 구전성에 어떤 영향을 주게 될까? 이런 요인 중에는 헤드라인 문구, 헤드라인 길이, 제목의 품사, 콘텐츠의 길이, 소셜 네트워크에서 발행, 주제, 주제의 적시성 등이 있다. 이런 현상을 연구하는 것은 평생을 연구할 내용이지만, 지금은 세 페이지 정도만 사용해서 다룰 것이다.

▌ 공유 건수와 콘텐츠 가져오기

콘텐츠를 공유하게 되는 특성을 알아보기 전에 많은 양의 콘텐츠를 구해야 한다. 다양한 소셜 네트워크의 해당 콘텐츠 공유 건수도 필요하다. 다행히도 ruzzit.com이라는 사이트를 이용해 큰 어려움 없이 가져올 것이다.

비교적 최근에 만들어진 사이트로, 아직 베타 버전이지만 시간에 따라 가장 많이 공유된 콘텐츠를 추적하기 때문에 필요로 하는 콘텐츠와 정확히 일치한다.

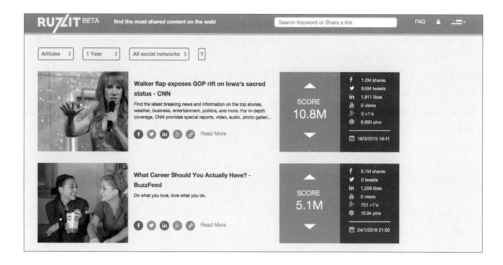

안타깝게도 API를 제공하지 않기 때문에 페이지에서 콘텐츠를 스크랩해야 한다. 또한 무한 스크롤 기능 때문에 앞서 3장, '저렴한 항공료 찾기 앱 구축하기'에서 사용했던 셀레늄Selenium과 PhantomJS를 사용해야 한다. 그럼 스크랩을 시작해보자.

가장 먼저 할 일은 라이브러리를 가져오는 것이다.

```python
import requests
import pandas as pd
    import numpy as np
    import json
    import time
    from selenium import webdriver
        pd.set_option('display.max_colwidth', 200)
```

다음으로 셀레늄 브라우저를 설정한다. 사이트에서 작년의 기사만 선택해 만들어지는 URL을 사용한다. 브라우저 크기를 조절해 표준 데스크톱 정도로 만들고 예의 차원에서 15초마다 호출하도록 한다. 또한 50페이지(한 페이지당 10개의 기사가 있음)를 스크롤한다.

```
browser = webdriver.PhantomJS()
browser.set_window_size(1080,800)
browser.get("http://www.ruzzit.com/en-US/Timeline?media=Articles&timeline=Y
ear1&networks=All")
time.sleep(3)
pg_scroll_count = 50
while pg_scroll_count:
    browser.execute_script("window.scrollTo(0,
    document.body.scrollHeight);")
    time.sleep(15)
    pg_scroll_count -= 1
titles = browser.find_elements_by_class_name("article_title")
link_class = browser.find_elements_by_class_name("link_read_more_article")
stats = browser.find_elements_by_class_name("ruzzit_statistics_area")
```

끝으로, 마지막 부분에서 분석에 필요한 페이지 요소를 선택했다. 텍스트를 가져오기 위해서는 다음으로 구문 분석이 필요하다.

이번 분석에서 트위터 공유 건수는 제외하기로 결정했다. 회사에서는 2015년 말에 표준 API에서 해당 건수를 제외하기로 결정했다. 오염된 데이터를 가져오는 위험을 감수하기보다는 제거하는 것이 바람직하다.

```
all_data = []
for title, link, stat in zip(titles, link_class, stats):
    all_data.append((title.text,\
                     link.get_attribute("href"),\
                     stat.find_element_by_class_name("col-md-
                     12").text.split(' shares')[0],\
                     stat.find_element_by_class_name("col-md-
```

```
12").text.split('tweets\n')
[1].split('likes\n0')[0],
stat.find_element_by_class_name("col-md-
12").text.split('1's\n')[1].split(' pins')[0],
stat.find_element_by_class_name("col-md-
12").text.split('pins\n')[1]))
```

이제 이것을 데이터프레임에 입력한다.

```
df = pd.DataFrame(all_data, columns=['title', 'link', 'fb', 'lnkdn',
'pins', 'date'])
df
```

앞의 코드는 다음 결과를 생성한다.

	title	link	fb	lnkdn	pins	date
0	Walker flap exposes GOP rift on Iowa's sacred status - CNN	http://www.ruzzit.com/en-US/Redirect/Link?media=653892	1.2M	1,911	8,693	18/3/2015 18:41
1	What Career Should You Actually Have? - BuzzFeed	http://www.ruzzit.com/en-US/Redirect/Link?media=1928328	5.1M	1,559	10.9k	24/1/2016 21:00
2	What State Do You Actually Belong In? - BuzzFeed	http://www.ruzzit.com/en-US/Redirect/Link?media=1927663	4.1M	76	5,465	24/1/2016 15:15
3	Which "Grease" Pink Lady Are You? - BuzzFeed	http://www.ruzzit.com/en-US/Redirect/Link?media=1960941	3M	0	2,760	1/2/2016 03:46

시작은 나쁘지 않지만 정리가 좀 필요하다. 모든 링크는 ruzzit.com으로 리다이렉션되기 때문에 원래 사이트의 링크로 처리하는 링크를 통해 다음과 같이 해결한다.

```
df = df.assign(redirect = df['link'] map(lambda x: requests.get(x).url))
```

여기서는 해당 기사의 (리다이렉션 후에) 진짜 URL을 가져오도록 requests 라이브러리를 사용한다.

link	fb	lnkdn	pins	date	redirect
http://www.ruzzit.com/en-US/Redirect/Link?media=653892	1.2M	1,911	8,693	18/3/2015 18:41	http://www.cnn.com/
http://www.ruzzit.com/en-US/Redirect/Link?media=1928328	5.1M	1,559	10.9k	24/1/2016 21:00	http://www.buzzfeed.com/ashleyperez/what-career-should-you-have
http://www.ruzzit.com/en-US/Redirect/Link?media=1927663	4.1M	76	5,465	24/1/2016 15:15	http://www.buzzfeed.com/awesomer/what-state-do-you-actually-belong-in
http://www.ruzzit.com/en-US/Redirect/Link?media=1960941	3M	0	2,760	1/2/2016 03:46	http://www.buzzfeed.com/louispeitzman/which-grease-pink-lady-are-you

이제 데이터프레임을 확인하면, 사이트의 원래 링크를 볼 수 있다. 또한 첫 번째 줄에 CNN 홈페이지가 나오는 것을 알 수 있다. 기사가 삭제돼 해당 홈페이지로 이동하는 17개의 기사도 있다. 기사가 삭제됐기 때문이다. 또 다른 이슈는 어떤 링크는 기사가 아닌 이미지로 연결돼 있다는 것이다.

다음 코드는 두 가지 이슈를 찾아서 문제가 되는 행을 제거한다.

```
def check_home(x):
    if '.com' in x:
        if len(x.split('.com')[1]) < 2:
            return 1
        else:
            return 0
    else:
        return 0
def check_img(x):
    if '.gif' in x or '.jpg' in x:
        return 1
    else:
        return 0
df = df.assign(pg_missing = df['pg_missing'].map(check_home))
df = df.assign(img_link = df['redirect'].map(check_img))
dfc = df[(df['img_link']!=1)&(df['pg_missing']!=1)]
dfc
```

앞의 코드는 다음 결과를 생성한다.

	title	link	fb	lnkdn	pins	date
1	What Career Should You Actually Have? - BuzzFeed	http://www.ruzzit.com/en-US/Redirect/Link?media=1928328	5.1M	1,559	10.9k	24/1/2016 21:00
2	What State Do You Actually Belong In? - BuzzFeed	http://www.ruzzit.com/en-US/Redirect/Link?media=1927663	4.1M	76	5,465	24/1/2016 15:15
3	Which "Grease" Pink Lady Are You? - BuzzFeed	http://www.ruzzit.com/en-US/Redirect/Link?media=1960941	3M	0	2,760	1/2/2016 03:46

이제 다음 단계로 전체 기사와 추가적인 메타데이터를 가져온다. 앞 장에서와 같이 embed.ly에서 API를 사용한다. 설정에 도움이 필요하면 앞 장으로 돌아가서 세부 내용을 확인하자. embed.ly를 이용해 기사의 제목과 HTML, 그리고 참조된 항목 및 이미지 같은 일부 추가 데이터를 가져온다.

```
def get_data(x):
    try:
        data = requests.get('https://api.embedly.com/1/extract?
        key=SECRET_KEY7&url=' + x)
        json_data = json.loads(data.text)
        return json_data
    except:
        print('Failed')
        return None
dfc = dfc.assign(json_data = dfc['redirect'].map(get_data))
dfc
```

앞의 코드는 다음 결과를 생성한다.

pg_missing	img_link	json_data
0	0	{'type': 'html', 'lead': None, 'favicon_colors': [{'weight': 0.6704101562, 'color': [233, 52, 37]}, {'weight': 0.3295898438, 'color': [249, 249, 249]}], 'original_url': 'http://www.buzzfeed.com/as...
0	0	{'type': 'html', 'lead': None, 'favicon_colors': [{'weight': 0.6704101562, 'color': [233, 52, 37]}, {'weight': 0.3295898438, 'color': [249, 249, 249]}], 'original_url': 'http://www.buzzfeed.com/aw...
0	0	{'type': 'html', 'lead': None, 'favicon_colors': [{'weight': 0.6704101562, 'color': [233, 52, 37]}, {'weight': 0.3295898438, 'color': [249, 249, 249]}], 'original_url': 'http://www.buzzfeed.com/lo...

이제 각 기사별로 JSON 데이터 칼럼이 만들어졌다. 구문 분석을 통해 탐색할 특징들은 개별 칼럼으로 나눈다. 기본적인 사항인 사이트site와 제목title, HTML 그리고 이미지 개수부터 시작해보자.

```python
def get_title(x):
    try:
        return x.get('title')
    except:
        return None
def get_site(x):
    try:
        return x.get('provider_name')
    except:
        return None
def get_images(x):
    try:
        return len(x.get('images'))
    except:
        return None
def get_html(x):
    try:
        return x.get('content')
    except:
```

```
        return None
dfc = dfc.assign(title = dfc['json_data'].map(get_title))
dfc = dfc.assign(site = dfc['json_data'].map(get_site))
dfc = dfc.assign(img_count = dfc['json_data'].map(get_images))
dfc = dfc.assign(html = dfc['json_data'].map(get_html))
dfc
```

앞의 코드는 다음 결과를 생성한다.

html
<div>\n<p>I've heard the assertion made time and time again: Being a stay-at-home mom is not akin to They're right. I'm not ...
<div>\n<p>Astronomers have spotted a strange mess of objects whirling around a distant star. Scientist closer look. </p>\n<p>...

대부분의 행은 페이지의 HTML을 가져왔지만 아무것도 돌려받지 못한 행도 상당수 있다. 비어있는 칸을 확인해보면, 주로 버즈피드^{BuzzFeed}로 보인다. 페이지가 주로 그림과 퀴즈로 돼 있기 때문에 이해된다. 좀 귀찮은 작업이지만 처리해보자.

BeautifulSoup 라이브러리를 사용해 HTML을 가져와서 텍스트로 변환한다.

```
from bs4 import BeautifulSoup
def text_from_html(x):
    try:
        soup = BeautifulSoup(x, 'lxml')
        return soup.get_text()
    except:
        return None
dfc = dfc.assign(text = dfc['html'].map(text_from_html))
dfc
```

앞의 코드는 다음 결과를 생성한다.

text
\nI've heard the assertion made time and time again: Being a stay-at-home mom is not akin to having a "real" job. And as a stay-at-home mom, I'm here to tell you... They're right. I'm not sure why...
\nAstronomers have spotted a strange mess of objects whirling around a distant star. Scientists who search for extraterrestrial civilizations are scrambling

이제 추가적인 피처를 추가해보자. 페이지의 첫 번째 이미지에 가장 두드러지는 색상을 추가한다. 각 이미지의 색상은 embed.ly에서 가져온 JSON 데이터의 RGB 값 리스트에 있기 때문에 간단한 작업이다.

```
import matplotlib.colors as mpc
def get_rgb(x):
    try:
        if x.get('images'):
            main_color = x.get('images')[0].get('colors')
            [0].get('color')
            return main_color
    except:
        return None
def get_hex(x):
    try:
        if x.get('images'):
        main_color = x.get('images')[0].get('colors')
        [0].get('color')
        return mpc.rgb2hex([(x/255) for x in main_color])
```

```
        except:
            return None
dfc = dfc.assign(main_hex = dfc['json_data'].map(get_hex))
dfc = dfc.assign(main_rgb = dfc['json_data'].map(get_rgb))
dfc
```

앞의 코드는 다음 결과를 생성한다.

text	main_rgb	main_hex
\nI've heard the assertion made time and time again: Being a stay-at-home mom is not akin to having a "real" job. And as a stay-at-home mom, I'm here to tell you... They're right. I'm not sure why...	[243, 245, 245]	#f3f5f5
\nAstronomers have spotted a strange mess of objects whirling around a distant star. Scientists who search for extraterrestrial civilizations are scrambling	[19, 19, 19]	#131313

첫 번째 이미지에서 가장 두드러진 색상을 RGB 값으로 추출했지만, 나중에 이미지 색상을 검사하기 위해 16진수로 변환해야 한다.

데이터 처리는 거의 마무리됐지만, Ruzzit에서 일부 수치를 변환할 필요가 있다. 다음 그림에서처럼 공유 건수가 분석을 위한 것이 아닌 표시 목적으로 돼 있다.

	title	link	fb	lnkdn	pins	date
1	What Career Should You Actually Have? - BuzzFeed	http://www.ruzzit.com/en-US/Redirect/Link? media=1928328	5.1M	1,559	10.9k	24/1/2016 21:00
2	What State Do You Actually Belong In? - BuzzFeed	http://www.ruzzit.com/en-US/Redirect/Link? media=1927663	4.1M	76	5,465	24/1/2016 15:15
3	Which "Grease" Pink Lady Are You? - BuzzFeed	http://www.ruzzit.com/en-US/Redirect/Link? media=1960941	3M	0	2,760	1/2/2016 03:46

스트링으로 표시돼 있는 fb, lnkdn, pins, date 칼럼을 작업할 수 있는 숫자로 변환해서 정리해야 한다.

```
def clean_counts(x):
    if 'M' in str(x):
        d = x.split('M')[0]
        dm = float(d) * 1000000
        return dm
    elif 'k' in str(x):
        d = x.split('k')[0]
        dk = float(d.replace(',','')) * 1000
        return dk
    elif ',' in str(x):
        d = x.replace(',','')
        return int(d)
    else:
        return x
dfc = dfc.assign(fb = dfc['fb'].map(clean_counts))
dfc = dfc.assign(lnkdn = dfc['lnkdn'].map(clean_counts))
dfc = dfc.assign(pins = dfc['pins'].map(clean_counts))
dfc = dfc.assign(date = pd.to_datetime(dfc['date'], dayfirst=True))
dfc
```

앞의 코드는 다음 결과를 생성한다.

	title	link	fb	lnkdn	pins	date
1	What Career Should You Actually Have?	http://www.ruzzit.com/en-US/Redirect/Link? media=1928328	5100000	1559	10900	2016-01-24 21:00:00
2	What State Do You Actually Belong In?	http://www.ruzzit.com/en-US/Redirect/Link? media=1927663	4100000	76	5465	2016-01-24 15:15:00

이제 마지막 피처인 word_count 칼럼을 추가해보자. 텍스트를 공백에서 분리하고 계산하면 된다. 바로 해보자.

```
def get_word_count(x):
    if not x is None:
        return len(x.split(' '))
    else:
        return None
dfc = dfc.assign(word_count = dfc['text'].map(get_word_count))
dfc
```

앞의 코드는 다음 결과를 생성한다.

text	word_count
\nI've heard the assertion made time and time again: Being a stay-at-home mom is not akin to having a "real" job. And as a stay-at-home mom, I'm here to tell you... They're right. I'm not sure why...	495
\nAstronomers have spotted a strange mess of objects whirling around a distant star. Scientists who search for extraterrestrial civilizations are scrambling to get a closer look. \n\n\n\nKevin Mor...	211
\nWhat would you say if you found out that our public schools were teaching children that it is not true that it's wrong to kill people for fun or cheat on tests? Would you be surprised?\nI was. A...	1360
\nAre you mindlessly twisting your hair or biting your nails as you read this article? New research from the University of Montreal suggests that compulsive behaviors like these might say more abo...	548

이제 데이터가 준비됐으니, 분석을 시작할 수 있다. 무엇이 콘텐츠를 많이 공유하게 하는지 알아보자.

▌ 공유성의 피처 탐색

우리가 수집한 기사는 작년에 가장 많이 공유된 500여 개의 기사다. 이제 이 기사들을 분석해 공유하게 하는 공통적인 특성을 찾아본다. 먼저 이미지 데이터부터 살펴보자.

이미지 데이터 탐색

각 기사에 포함돼 있는 이미지의 개수를 살펴보자. 숫자를 세어 도표에 그릴 것이다.

```
dfc['img_count'].value_counts().to_frame('count')
```

앞의 코드는 다음 결과를 생성한다.

	count
5	342
4	37
2	36
1	36
3	30
0	1

이제 동일한 데이터로 도표를 그리자.

```
fig, ax = plt.subplots(figsize=(8,6))
y = dfc['img_count'].value_counts().sort_index()
x = y.sort_index().index
```

```
plt.bar(x, y, color='k', align='center')
plt.title('Image Count Frequency', fontsize=16, y=1.01)
ax.set_xlim(-.5,5.5)
ax.set_ylabel('Count')
ax.set_xlabel('Number of Images')
```

앞의 코드는 다음 결과를 생성한다.

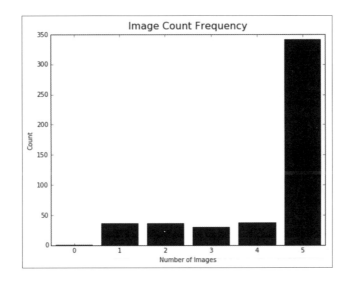

우선 이미지 개수가 놀랍다. 가장 많은 수의 기사는 다섯 개의 그림이 있으며 하나를 가진 기사는 매우 적은 것을 알 수 있다.

이를 통해 사람들은 이미지가 많은 콘텐츠를 공유하는 경향이 있음을 알 수 있다. 이제 해당 이미지들의 공통적인 색상이 무엇인지 살펴보자.

```
mci = dfc['main_hex'].value_counts().to_frame('count')
mci
```

앞의 코드는 다음 결과를 생성한다.

	count
#f8fbfa	3
#c4c4c4	3
#39546c	2
#f6fafb	2
#c6b7b5	2
#312c27	2
#f1f3f1	2
#070603	2
#3dd876	2
#f4f8f9	2

16진수를 색상처럼 볼 수 없기 때문에 전혀 도움이 되지 않지만 pandas의 새로운 기능인 조건부 서식을 이용하면 된다.

```
mci['color'] = ' '
def color_cells(x):
    return 'background-color: ' + x.index
mci.style.apply(color_cells, subset=['color'], axis=0)
mci
```

앞의 코드는 다음 결과를 생성한다.

	count	color
#f8fbfa	3	
#c4c4c4	3	
#39546c	2	
#f6fafb	2	
#c6b7b5	2	
#312c27	2	
#f1f3f1	2	
#070603	2	
#3dd876	2	
#f4f8f9	2	

이것은 확실히 도움이 된다. 파란색과 검정, 그리고 녹색(그림에서는 회색 스케일로 보임)이 포함된 색상을 볼 수 있지만, 색상이 너무 세분돼 총 450가지가 넘는 색상이 있다. 좀 더 관리하기 쉬운 범위로 줄이기 위해 클러스터링을 사용해보자. 각 색상별 RGB 값을 가지고 있으니 K-평균$^{K\text{-means}}$ 알고리즘을 사용해 3차원 공간을 생성할 수 있다. 여기서는 상세한 알고리즘을 다루지 않겠지만, 중심으로부터의 거리를 측정하고 클러스터를 만드는 절차를 반복적으로 실행하는 매우 단순하지만 반복적인 알고리즘이다. 알고리즘은 예상하는 클러스터의 수나 k 값을 선택해야 한다. RGB의 범위가 0부터 256까지니 256의 제곱근인 16을 사용할 것이다. 이렇게 하면 색상 팔레트의 특성은 유지하면서 관리가 가능한 숫자를 얻을 수 있다.

우선 다음과 같이 RGB 값을 독립적인 칼럼으로 나눈다.

```
def get_csplit(x):
    try:
        return x[0], x[1], x[2]
    except:
        return None, None, None
dfc['reds'], dfc['greens'], dfc['blues'] =
zip(*dfc['main_rgb'].map(get_csplit))
```

다음으로 K-평균 모델을 실행해서 중심값을 가져온다.

```
from sklearn.cluster import KMeans
clf = KMeans(n_clusters=16)
clf.fit(dfc[['reds', 'greens', 'blues']].dropna())
clusters = pd.DataFrame(clf.cluster_centers_, columns=['r', 'g', 'b'])
clusters
```

앞의 코드는 다음 결과를 생성한다.

	r	g	b
0	191.235294	161.705882	135.941176
1	32.825397	31.507937	36.603175
2	213.357143	217.607143	215.017857
3	108.583333	105.000000	94.000000
4	82.583333	145.083333	152.666667
5	13.533333	14.733333	17.422222
6	238.509091	242.472727	242.309091
7	1.600000	82.000000	156.200000
8	132.714286	56.428571	30.857143
9	79.842105	69.026316	63.473684

이제 각각의 첫 번째 이미지에서 16개의 가장 인기 있는 주요 색상을 추출했다. pandas 의 DataFrame.style( ) 함수를 사용해서 셀의 색상을 생성했다. color_cells 기능을 사용 하려면 세 개 칼럼의 16진수 값이 인덱스와 일치해야 하기 때문에 다음과 같이 작업한다.

```
def hexify(x):
    rgb = [round(x['r']), round(x['g']), round(x['b'])]
    hxc = mpc.rgb2hex([(x/255) for x in rgb])
    return hxc
clusters.index = clusters.apply(hexify, axis=1)
clusters['color'] = ' '
clusters.style.apply(color_cells, subset=['color'], axis=0)
```

앞의 코드는 다음 결과를 생성한다.

	r	g	b	color
#bfa288	191.235294	161.705882	135.941176	
#212025	32.825397	31.507937	36.603175	
#d5dad7	213.357143	217.607143	215.017857	
#6d695e	108.583333	105.0	94.0	
#539199	82.583333	145.083333	152.666667	
#0e0f11	13.533333	14.733333	17.422222	
#eff2f2	238.509091	242.472727	242.309091	
#02529c	1.6	82.0	156.2	
#85381f	132.714286	56.428571	30.857143	
#50453f	79.842105	69.026316	63.473684	
#b0bec4	176.157895	190.315789	196.263158	
#d4beab	211.888889	189.555556	170.611111	
#96886f	149.818182	136.227273	111.136364	
#909a9d	144.434783	154.478261	156.521739	
#d93733	217.25	55.25	50.75	
#354967	52.545455	72.636364	103.272727	

이렇게 하면 가장 많이 공유되는 콘텐츠에서 가장 많이 사용하는 색상(첫 번째 이미지 기준)을 알 수 있다. 예상보다 담갈색이 좀 더 많았다. 파란색과 빨간색도 있었지만 거의 갈색 계열이었다.

이제 기사의 헤드라인을 살펴보자.

헤드라인 탐색

가장 많이 사용하는 튜플을 탐색하기 위한 함수를 생성해보자. 나중에 본문 텍스트에도 사용할 수 있도록 설정한다.

```
from nltk.util import ngrams
from nltk.corpus import stopwords
import re
def get_word_stats(txt_series, n, rem_stops=False):
    txt_words = []
    txt_len = []
    for w in txt_series:
        if w is not None:
            if rem_stops == False:
                word_list = [x for x in ngrams(re.findall('[a-z0-
                9']+', w.lower()), n)]
            else:
                word_list = [y for y in ngrams([x for x in
                re.findall('[a-z0-9']+', w.lower())\
                if x not in stopwords.words('english')], n)]
            word_list_len = len(list(word_list))
            txt_words.extend(word_list)
            txt_len.append(word_list_len)
    return pd.Series(txt_words).value_counts().to_frame('count'),
    pd.DataFrame(txt_len, columns=['count'])
```

많은 내용이 있으니 하나씩 살펴보자. Series와 정수, 그리고 이진 값을 사용하는 함수를
생성했다. 정숫값은 n그램n-gram 구문 분석 시 사용하는 n 값이며, 이진 값은 스탑워드stop
words를 제외할 것인지 결정한다. 이 함수는 행당 튜플의 개수와 빈도를 반환한다.

스탑워드를 그대로 두고 실행해보자. 1-그램부터 시작한다.

```
hw,hl = get_word_stats(dfc['title'], 1, 0)
hl
```

앞의 코드는 다음 결과를 생성한다.

	count
0	6
1	18
2	14
3	16
4	11
5	11
6	14
7	11
8	10
9	6

이제 각 헤드라인의 글자 수를 가져왔다. 통계 분석을 해보자.

```
hl.describe()
```

앞의 코드는 다음 결과를 생성한다.

	count
count	482.000000
mean	10.948133
std	3.436294
min	1.000000
25%	9.000000
50%	11.000000
75%	13.000000
max	25.000000

중앙값을 보면 구전성이 있는 기사들의 헤드라인 길이는 정확히 11 글자다. 가장 빈도가
높게 사용된 단어를 살펴보자.

	count
(the,)	144
(to,)	130
(a,)	122
(of,)	86
(in,)	85
(is,)	68
(you,)	68
(and,)	65
(that,)	43
(will,)	42

완전히 도움이 되는 것은 아니지만 예상한 것과 거의 일치한다. 바이그램bi-grams으로 같은 정보를 알아보자.

```
hw,hl = get_word_stats(dfc['title'], 2, 0)
hw
```

앞의 코드는 다음 결과를 생성한다.

	count
(pictures, that)	11
(that, will)	9
(of, the)	8
(dies, at)	8
(people, who)	8
(in, the)	8
(in, a)	8
(that, are)	7
(how, to)	7
(donald, trump)	7

이 결과는 확실히 더 흥미롭다. 어떤 조합은 헤드라인에서 계속 반복해서 보게 되는 조합이다. 눈에 띄는 두 개의 조합은 (donald, trump)와 (dies, at)다. trump(트럼프)는 주목을 끄는 이름이므로 이해되지만, 죽음에 대한 헤드라인은 좀 놀랍다. 작년의 헤드라인을 간략히 살펴보니 많은 유명 인사들이 최근 사망했다는 사실을 확인할 수 있다.

이제 스탑워드를 제거해보자.

```
hw,hl = get_word_stats(dfc['title'], 2, 1)
hw
```

앞의 코드는 다음 결과를 생성한다.

	count
(donald, trump)	7
(year, old)	5
(community, post)	5
(fox, news)	4
(white, people)	4
(cnn, com)	4
(19, things)	4
(things, you'll)	4
(going, viral)	3
(23, things)	3

다시 보니, 수정 가능한 많은 것들이 보인다. 숫자를 분석하는 방법([number]와 같이 각각의 숫자를 하나의 식별자로 교체)을 변경한다면 해당 건수가 증가할 것이다. 시도하고 싶다면 연습해보길 바란다.

이제 트리그램tri-grams으로 바꿔보자.

```
hw,hl = get_word_stats(dfc['title'], 3, 0)
```

	count
(that, will, make)	4
(for, people, who)	4
(that, are, too)	3
(a, woman, is)	3
(ring, of, fire)	3
(dies, at, 83)	3
(are, too, real)	3
(you, need, to)	3
(of, fire, network)	3
(pictures, that, will)	3

포함되는 단어가 많으면 많을수록, 헤드라인은 고전적인 버즈피드 프로토타입과 유사해진다. 이것이 사실인지 알아보자. 어떤 사이트가 가장 구전이 잘되는 기사를 생산하는지는 보지 못했다. 버즈피드가 차트를 이끌고 있는지 확인해보자.

```
dfc['site'].value_counts().to_frame()
```

앞의 코드는 다음 결과를 생성한다.

	site
BuzzFeed	131
The Huffington Post	56
Nytimes	35
Upworthy	24
IFLScience	20
Washington Post	15
Mashable	13
Mic	11
Western Journalism	8
Business Insider	8
the Guardian	6
CNN	6
The Atlantic	6
BuzzFeed Community	5
Fox News	5
Rolling Stone	4

버즈피드가 주요 목록을 독점하는 것을 명확하게 알 수 있으며, 조나 페레티가 일했던 다른 사이트인 「허핑턴 포스트」가 두 번째로 나오는 것도 확인할 수 있다. 이것은 구전성에 대한 과학적인 연구가 큰 이익을 만들 수 있다는 것을 보여준다.

지금까지 이미지와 헤드라인을 살펴봤으니 이제 기사 전체 텍스트를 살펴보자.

기사 내용 탐색

이전 내용에서 기사 헤드라인에서 발견된 공통적인 n그램을 탐색하도록 만든 함수를 기사 전체 내용에도 적용해보자.

스탑워드를 제거한 바이그램으로 시작하자. 헤드라인은 본문에 비해 매우 짧기 때문에 스탑워드를 포함해서 보는 것이 의미 있었지만, 본문에서는 일반적으로 제거한다.

```
hw,hl = get_word_stats(dfc['text'], 2, 1)
hw
```

앞의 코드는 다음 결과를 생성한다.

	count
(islamic, state)	160
(united, states)	126
(year, old)	121
(new, york)	91
(social, media)	60
(years, ago)	57
(white, people)	51
(first, time)	49
(bernie, sanders)	45
(don't, want)	44
(last, year)	43
(every, day)	43
(black, people)	40
(climate, change)	39
(don't, know)	39
(many, people)	38
(two, years)	37
(president, obama)	36

흥미롭게도 헤드라인에서 봤던 경망스러운 표현은 완전히 사라지고 테러리즘, 정치, 인종 관계에 대해 논의하는 내용으로 가득 차 있다.

기사 내용은 어둡고 논쟁의 여지가 있는 반면에 헤드라인은 가볍게 느껴지는 것이 어떻게 가능한가? 엘비스처럼 보이는 13마리의 강아지들은 미국 인종 관계사보다 글의 양이 적을 것이다.

추가로 기사 본문의 트리그램도 살펴보자.

```
hw,hl = get_word_stats(dfc['text'], 3, 1)
hw
```

앞의 코드는 다음 결과를 생성한다.

	count
(advertisement, story, continues)	32
(articles, buzzfeed, com)	27
(check, articles, buzzfeed)	27
(buzzfeed, com, tagged)	21
(new, york, times)	19
(via, upward, spiral)	17
(pic, twitter, com)	17
(new, york, city)	16
(every, single, day)	16
(follow, us, twitter)	15
(like, us, facebook)	14
(g, m, o)	13
(facebook, follow, us)	13
(us, facebook, follow)	13
(may, like, conversations)	12
(playstation, 5, xbox)	12
(5, xbox, two)	12

갑자기 광고와 소셜에 영합하는 것처럼 보이지만, 이것으로 콘텐츠를 스코어링scoring하는 예측 모델을 구축할 것이다.

콘텐츠 예측 스코어링 모델 구축

이제 지금까지 배운 것을 사용해 주어진 콘텐츠에 대한 공유 건수를 측정할 수 있는 모델을 만들어보자. 앞서 생성한 피처와 몇 가지 추가 피처를 사용할 것이다.

더 큰 콘텐츠 샘플, 특히 일반적으로 더 많은 공유 건수를 가진 콘텐츠가 이상적이지만 가진 데이터로 해보자.

랜덤 포레스트 회귀라는 알고리즘을 사용할 것이다. 이전 장에서 분류를 기반으로 한 랜덤 포레스트의 일반적인 구현 방법을 알아봤다. 여기서는 공유 건수를 예측하기 위한 회귀 분석을 사용할 것이다. 공유 클래스를 범위로 묶을 수 있지만, 연속적인 변수를 다룰 때는 회귀를 사용하는 것이 더 바람직하다.

가장 먼저, 베어 본 모델bare-bones model을 생성하자. 이미지와 사이트의 개수 및 단어 수를 사용할 것이며, 페이스북의 '좋아요' 숫자에 대한 모델을 학습한다.

먼저 scikit-learn 라이브러리를 가져온 후 널null이 있는 행을 제거하고 인덱스를 재설정한다. 그리고 마지막으로 학습 셋과 검증 셋으로 데이터를 나눈다.

```
from sklearn.ensemble import RandomForestRegressor
all_data = dfc.dropna(subset=['img_count', 'word_count'])
all_data.reset_index(inplace=True, drop=True)
train_index = []
test_index = []
for i in all_data.index:
    result = np.random.choice(2, p=[.65,.35])
    if result == 1:
        test_index.append(i)
    else:
        train_index.append(i)
```

약 2/3와 1/3 확률의 난수 발생기를 사용해 (인덱스 기준으로) 행 항목이 각 셋에 들어가도록 결정된다. 이렇게 확률을 설정하면 검증 셋과 비교해 약 두 배의 행이 학습 셋으로 만들어진다. 다음과 같이 출력한다.

```
print('test length:', len(test_index), '\ntrain length:', len(train_index))
```

앞의 코드는 다음 결과를 생성한다.

```
test length: 140
train length: 245
```

데이터 준비를 계속해보자. 다음으로 사이트의 카테고리를 설정해야 한다. 현재 데이터 프레임 객체에는 각 사이트를 나타내는 이름이 스트링으로 들어있다. 더미 인코딩dummy encoding으로 각 사이트에 대한 칼럼을 생성한다. 해당 행이 특정 사이트를 위한 것이면 해당 칼럼은 1로 채워지고, 모든 다른 사이트 칼럼은 0으로 채워진다. 지금 바로 해보자.

```
sites = pd.get_dummies(all_data['site'])
sites
```

앞의 코드는 다음 결과를 생성한다.

	ABC News	Asbury Park Press	BBC News	Bloomberg.com	Boredom Therapy	Breitbart	Business Insider	BuzzFeed	BuzzFeed Community	CNN	...	Well	Western Journalism	Windsor News - Breaking News & Latest Headlines | Windsor Star	Wise Mind Healthy Body
0	0	0	0	0	0	0	0	1	0	0	...	0	0	0	0
1	0	0	0	0	0	0	0	1	0	0	...	0	0	0	0
2	0	0	0	0	0	0	0	0	0	0	...	0	0	0	0
3	0	0	0	0	0	0	0	0	0	0	...	0	0	0	0
4	0	0	0	0	0	0	0	1	0	0	...	0	0	0	0
5	0	0	0	0	0	0	0	0	0	0	...	0	0	0	0
6	0	0	0	0	0	0	0	1	0	0	...	0	0	0	0
7	0	0	0	0	0	0	0	0	0	0	...	0	0	0	0
8	0	0	0	0	0	0	0	0	0	0	...	0	0	0	0
9	0	0	0	0	0	0	0	0	0	0	...	0	0	0	0
10	0	0	1	0	0	0	0	0	0	0	...	0	0	0	0
11	0	0	0	0	0	0	0	1	0	0	...	0	0	0	0
12	0	0	0	0	0	0	0	0	0	0	...	0	0	0	0
13	0	0	0	0	0	0	0	1	0	0	...	0	0	0	0
14	0	0	0	0	0	0	0	0	0	0	...	0	0	0	0
15	0	0	0	0	0	0	0	0	0	0	...	0	0	0	0

더미 인코딩 결과는 앞의 그림에서 볼 수 있다.

이제 다음과 같이 데이터를 나눠 학습 셋과 검증 셋으로 나눈다.

```
y_train = all_data.iloc[train_index]['fb'].astype(int)
X_train_nosite = all_data.iloc[train_index][['img_count', 'word_count']]
X_train = pd.merge(X_train_nosite, sites.iloc[train_index],
left_index=True, right_index=True)
y_test = all_data.iloc[test_index]['fb'].astype(int)
X_test_nosite = all_data.iloc[test_index][['img_count', 'word_count']]
X_test = pd.merge(X_test_nosite, sites.iloc[test_index], left_index=True,
right_index=True)
```

이렇게 해서 X_test, X_train, y_test, y_train 변수를 설정했다. 이제 모델을 구축하면 된다.

```
clf = RandomForestRegressor(n_estimators=1000)
clf.fit(X_train, y_train)
```

두 줄 코드로 모델을 학습시켰다. 이제 페이스북이 검증 셋을 얼마나 좋아하는지 예측하는 데 사용해보자.

```
y_actual = y_test
deltas = pd.DataFrame(list(zip(y_pred, y_actual, (y_pred -
y_actual)/(y_actual))), columns=['predicted', 'actual', 'delta'])
deltas
```

앞의 코드는 다음 결과를 생성한다.

	predicted	actual	delta
0	290888.000000	395000	-0.263575
1	336476.000000	386000	-0.128301
2	276856.000000	383000	-0.277138
3	278293.000000	378000	-0.263775
4	208898.000000	352000	-0.406540
5	259866.000000	363000	-0.284116
6	262380.500000	1100000	-0.761472
7	318108.000000	360000	-0.116367
8	251200.000000	337000	-0.254599
9	310909.750000	336000	-0.074673

예측 값과 실제 값 그리고 비율 차이를 같이 볼 수 있다. 기술 통계를 살펴보자.

```
deltas['delta'].describe()
```

앞의 코드는 다음 결과를 생성한다.

```
count      140.000000
mean         0.053903
std          0.587523
min         -0.774626
25%         -0.297857
50%          0.000637
75%          0.277858
max          2.982869
Name: delta, dtype: float64
```

놀랍게도 중앙값의 오차가 0이다! 하지만 안타깝게도 긍정과 부정의 오차율에 대한 정보는 그다지 유용하지 않으며, 여기서 보는 것과 같이 평균을 내는 경향이 있다. 이제 모델을 평가하는 데 더 중요한 통계를 살펴보자. 실제 평균의 백분율로 평균 제곱 오차root mean square를 보자.

왜 이것이 더 유용한지 설명하기 위해 두 가지 샘플 수열에 대해 다음 시나리오를 수행하자.

```
a = pd.Series([10,10,10,10])
b = pd.Series([12,8,8,12])
np.sqrt(np.mean((b-a)**2))/np.mean(a)
```

결과는 다음과 같다.

```
0.20000000000000001
```

이제 평균값과 비교하자.

```
(b-a).mean()
```

결과는 다음과 같다.

```
0.0
```

확실히 이전의 것이 더 의미 있는 통계다. 이제 모델을 실행해보자.

```
np.sqrt(np.mean((y_pred-y_actual)**2))/np.mean(y_actual)
```

앞의 코드는 다음 결과를 생성한다.

```
0.6934545982263226
```

갑자기 뛰어난 모델이 덜 멋있어졌다. 이제 다른 피처를 모델에 추가해보자. 글자 수를 추가하는 것이 모델에 도움을 줄 수 있는지 알아보자. 카운트벡터라이저countvectorizer를 사용해 사이트 이름에 했던 것과 같이 개별 단어와 n그램으로 피처를 변환할 것이다.

```
from sklearn.feature_extraction.text import CountVectorizer
vect = CountVectorizer(ngram_range=(1,3)) X_titles_all =
vect.fit_transform(all_data['title'])
X_titles_train = X_titles_all[train_index]
X_titles_test = X_titles_all[test_index]
X_test = pd.merge(X_test, pd.DataFrame(X_titles_test.toarray(),
index=X_test.index), left_index=True, right_index=True)
X_train = pd.merge(X_train, pd.DataFrame(X_titles_train.toarray(),
index=X_train.index), left_index=True, right_index=True)
```

여기서는 새로운 n그램 피처를 추가했다. 이제 모델을 학습시키고 개선이 있었는지 알아보자.

```
clf.fit(X_train, y_train)
y_pred = clf.predict(X_test)
deltas = pd.DataFrame(list(zip(y_pred, y_actual, (y_pred -
y_actual)/(y_actual))), columns=['predicted', 'actual', 'delta'])
deltas
```

앞의 코드는 다음 결과를 생성한다.

	predicted	actual	delta
0	296150.000000	395000	-0.250253
1	261650.000000	392000	-0.332526
2	305240.000000	386000	-0.209223
3	212840.000000	378000	-0.436931
4	308080.000000	378000	-0.184974
5	254168.571429	374000	-0.320405
6	262640.000000	371000	-0.292075
7	224250.000000	366000	-0.387295
8	213500.000000	340000	-0.372059
9	273950.000000	337000	-0.187092

에러율을 다시 확인하면 다음과 같다.

```
np.sqrt(np.mean((y_pred-y_actual)**2))/np.mean(y_actual)
```

결과는 다음과 같다.

```
0.64352892438189691
```

약간의 개선이 있어 보인다. 다음과 같이 제목의 글자 수를 피처로 하나 더 추가한다.

```
all_data = all_data.assign(title_wc = all_data['title'].map(lambda x:
len(x.split(' '))))
X_train = pd.merge(X_train, all_data[['title_wc']], left_index=True,
right_index=True)
X_test = pd.merge(X_test, all_data[['title_wc']], left_index=True,
right_index=True)
clf.fit(X_train, y_train)
y_pred = clf.predict(X_test)
np.sqrt(np.mean((y_pred-y_actual)**2))/np.mean(y_actual)
```

앞의 코드는 다음 결과를 생성한다.

```
0.64134526362902999
```

각 피처들로 모델을 약간 개선한 것처럼 보인다. 모델에 추가할 수 있는 더 많은 피처가 있다는 것은 분명하다. 예를 들어, 요일과 발행 시간을 추가할 수 있고, 헤드라인 정규화를 실행해 기사의 주제별 목록을 만들거나 각 기사별 감성 분석을 추가하는 것을 결정할 수 있다. 이것은 단지 구전성 모델에 중요할 수 있는 피처를 다루기 시작한 것에 불과하다. 분명한 사실은 모델의 에러를 줄이기 위한 노력이 더 필요하다는 것이다.

또한 모델에 대해 매우 단순한 테스트만 진행됐다는 것도 유의해야 한다. 정확한 오류율을 표현하기 위해서는 여러 차례 측정돼야 한다. 테스트를 한 번만 수행했기 때문에 마지막 두 모델 간에 통계적으로 식별 가능한 점이 없을 수 있다.

▌ 요약

이번 장에서는 구전이 잘되는 콘텐츠의 공통된 특징과 랜덤 포레스트 회귀를 사용해 구전성을 예측하는 모델의 구축 과정을 알아봤다. 또한 다양한 형태의 피처를 결합하는 방법과 모델을 학습과 검증으로 나누는 방법도 학습했다. 잘하면 여기서 배운 것을 통해 새로운 구전 왕국을 건설할 수도 있다. 잘 안 되면, 주식 시장을 정복할 수 있는 다음 장이 더 유용할지 모른다.

07

머신 러닝으로
주식 시장 예측하기

생물학에서는 '레드 퀸의 경주Red Queen's race'라고 하는 꽤 유명한 현상이 있다. 모든 생물은 뭔가 큰 이점 때문이 아니라 적 생물로 가득한 계속 변화하는 환경에서 뒤처지지 않기 위해 경쟁에 참여한다는 것이다.

이러한 용어는 루이스 캐롤Lewis Carol의 동화 '거울 나라의 앨리스Through the Looking Glass' 중에 나오는 문장인 "이제, 여기서, 같은 장소에 있기 위해선 할 수 있을 만큼 뛰어야 한다."에서 인용됐다.

이러한 현상의 한 가지 예는 MRSA와 같이 항생제에 내성을 가진 박테리아인 수퍼버그superbugs에서 볼 수 있다. 더 강한 항생제를 개발하면, 이 박테리아는 약을 이길 수 있도록 방어를 더욱더 발전시킨다.

이러한 사실이 주식 시장과 관련 없어 보이지만, 동일한 현상이 매일 금융 시장에서 벌어지고 있다. 살아있는 생물처럼 시장도 진화하기 때문에 어느 날 빨리 적용됐던 것이 다음에는 실패하게 된다.

예를 들어, 아주 가끔씩 금융계에서 변칙적으로 수익을 얻는 현상이 나타나는 것을 경고하는 논문이 발행된다. 종종 이 현상은 실제 세계에서 외부로 알려진 다운스트림 이펙트 downstream effect다. 연말 세금 감면 할인 판매를 생각해보자. 세법의 특성상 주식매매업자가 연말에 손실을 보고 판매하는 것은 이해된다. 이로 인한 주가 하락 압박으로 인해 주식 시장의 적정 가격을 초과해 할인된다. 또한 1월에는 하락 압박이 없어진 것을 의미하며 저평가된 주식에 새로운 돈이 투입돼 상승 압박이 있게 된다. 하지만 이 현상이 알려지면, 증권 매매업자들은 12월 말에 주식을 사기 시작하고 1월에 팔려고 할 것이다. 초창기의 이익을 보고 들어온 새로운 주식매매업자들이 시장에 들어오면서 효과는 희석된다.

연말 매도 압박을 줄이고, 1월 매수 압박을 낮추고 있다. 이로 인해 원래대로 수익성에 따라 주식을 매매하게 된다. 한 번 효과가 있었던 전략은 더 이상 효과는 없기 때문에 증권 매매업자는 기존 전략을 버리고 새로운 전략으로 바꾸게 된다. 주식매매업자는 뒤처지지 않기 위해 빠르게 적응해야 한다.

이 장에서는 어떻게 주식 거래 전략을 만들고 시험하는지를 다룬다. 하지만 이 작업을 하지 않도록 하는 데 시간을 더 쓸 것이다. 자신만의 시스템을 만들 때 피해야 할 어려움들이 정말 많기 때문에 거의 불가능한 작업이다. 하지만 매우 재미있는 작업이 될 것이고 가끔 수익도 기대해볼 수 있다.

이 장에서는 다음 주제를 다룬다.

- 시장 분석의 유형
- 주식 시장에 대한 연구 내용
- 주식 거래 시스템 개발 방법
- 머신 러닝 모델을 구축하고 평가하기

▌시장 분석의 유형

금융 시장에 대해 다룰 때 필요한 주요 용어와 방법을 다뤄보자. 주식, 채권, ETF, 통화, 스왑swap 등등 셀 수 없을 정도로 많은 금융 상품들이 있지만, 주식과 주식 시장으로 내용을 한정하도록 한다. 주식은 간단히 말해 공개된 회사 소유권의 일부다. 주식 가격은 회사의 미래 전망이 좋을 때 오르고 전망이 나빠질 때 내린다.

투자자들은 일반적으로 두 개의 진영으로 나뉜다. 첫 번째 진영은 기본적 분석fundamental analysis을 믿는다. 기본적 분석가들은 회사의 재무 정보를 가지고 회사의 주식이 저평가됐는지 알아낸다. 수입과 수익 그리고 현금 흐름과 같은 다양한 요인을 분석한다. 또한 이러한 값들 간의 다양한 비율을 조사하며 회사의 재무 상태를 다른 회사와 비교하기도 한다.

두 번째 진영은 기술적 분석가들이다. 기술적 분석가들은 시장에서의 주식 가격은 이미 공개된 모든 정보를 반영하기 때문에 기본적인 분석을 하는 것은 시간 낭비라고 생각한다. 주식 차트상의 가격 추이를 보면 어디에서 가격이 오르거나 떨어질지, 혹은 정체될지 알 수 있다고 생각한다. 일반적으로 차트는 투자자들의 심리에 대한 단서를 나타낸다.

두 진영 모두 올바른 분석이 이익을 가져다준다고 믿는 것은 동일하다. 하지만 정말 그런까?

▌ 주식 시장에 대한 연구

지난 50여 년간 주식 시장에 대한 가장 영향력 있는 이론은 아마 효율적 시장 가설efficient market hypothesis일 것이다. 이 이론은 유진 파마Eugene Fama에 의해 개발됐으며, 시장은 합리적이며 이용 가능한 모든 정보가 주가에 적절히 반영된다고 말한다. 따라서 위험 조정 기준으로 투자자가 지속적으로 '시장을 초과하는 수익beat the market'을 내는 것은 불가능하다. 효율적 시장 가설은 세 가지 형태, 약형weak form, 준강형semi-strong form, 강형strong form으로 나뉜다.

약형 EMH에서 시장은 과거 가격 정보를 사용해 미래 가격을 예측하는 것이 불가능하다는 의미로서 효율적이다. 정보는 비교적 빠르게 주식에 반영된다. 또한 기술적 분석은 비효율적인 반면 일부 시나리오에서는 기본적 분석이 효과적일 수 있다.

준강형 EMH에서는 주식에 관련된 모든 새로운 공개 정보가 편향되지 않게 가격에 즉시 반영된다. 여기서는 기술적 분석과 기본적 분석 모두 효과적이지 않다. 마지막으로 강형 EMH에서는 공개 및 비공개 정보가 모두 주식 가격에 반영된다.

이런 이론을 기반으로 시장의 패턴을 활용해 돈을 벌 수 있는 기회는 많지 않다. 다행스럽게도, 시장이 매우 효율적인 방식으로 운영되는 동안 비효율적인 부분이 있다는 것이 밝혀졌다. 대부분 일시적인 경향이 있지만, 일부는 지속되기도 한다. 파마에 따르면, 가장 널리 알려진 것 중 하나는 모멘텀 전략momentum strategy의 초과 성과다.

그러면 모멘텀 전략이란 정확히 무엇인가? 여러 가지 테마들이 있지만, 기본 아이디어는 이전 기간의 수익률에 따라 최고에서 최저까지 주식의 순위가 매겨지는 것이다. 실적이 상위인 주식은 구입 후 보유 기간을 거치는데, 고정된 보유 기간이 지나면 이 절차가 반복된다. 유일하게 오래된 대표적인 모멘텀 전략은 S&P 500에서 지난해 실적 상위 25개 주식만 구입하고 1년을 보유하는 것으로 이 절차를 반복하는 것이다.

전략이 간단해 어이없게 들릴 수 있다. 하지만 지속적으로 예상을 뛰어넘는 결과를 보여줬다. 왜 그럴까? 상상하는 것처럼, 많은 연구들은 이러한 효과를 조사했으며 인간이 새로운 정보를 다루는 방법은 본질적이고 체계적으로 편향됐다는 가설이다. 연구 결과에 따르면 짧은 기간의 뉴스에는 반응이 적지만 오랜 기간의 뉴스에는 과민하게 반응한다는 것이다.

더 많은 거래자들이 이것을 배우고 투자한다면 이 효과가 없어질 것인가? 최근에 이에 대한 몇 가지 증거가 있지만 명확하지는 않다. 그럼에도 불구하고 이 효과는 현실적이며 효율적인 시장 가설에 의해 설명될 수 있는 것보다 더 오래 지속됐다. 약간 희미한 희망이지만, 자신만의 변칙적인 전략을 어떻게 찾을 것인지 생각해보자.

▌ 거래 전략 개발하기

기술적인 측면에 초점을 맞춰 전략을 개발해보자. 지난 몇 년간의 S&P 500을 살펴보자. pandas의 함수를 사용해 데이터를 가져오자. 야후Yahoo!와 구글Google을 포함해 다양한 주식 데이터 소스에 접근할 수 있다.

먼저 datareader 패키지를 설치해야 한다. 명령행에서 `pip install pandas_datareader` 라고 입력해 설치가 가능하다.

다음으로 다음과 같이 가져오기를 진행한다.

```
import pandas as pd
from pandas_datareader import data, wb
import matplotlib.pyplot as plt

%matplotlib inline
pd.set_option('display.max_colwidth', 200)
```

이제 SPY ETF 데이터를 가져오자. 이 종목은 S&P 500의 주식을 나타낸다. 2010년부터 2016년 3월까지의 데이터를 가져온다.

```
import pandas_datareader as pdr

start_date = pd.to_datetime('2010-01-01')
stop_date = pd.to_datetime('2016-03-01')

spy = pdr.data.get_data_yahoo('SPY', start_date, stop_date)
```

앞의 코드는 다음 결과를 생성한다.

Date	Open	High	Low	Close	Volume	Adj Close
2010-01-04	112.370003	113.389999	111.510002	113.330002	118944600	100.323436
2010-01-05	113.260002	113.680000	112.849998	113.629997	111579900	100.589001
2010-01-06	113.519997	113.989998	113.430000	113.709999	116074400	100.659822
2010-01-07	113.500000	114.330002	113.180000	114.190002	131091100	101.084736
2010-01-08	113.889999	114.620003	113.660004	114.570000	126402800	101.421122
2010-01-11	115.080002	115.129997	114.239998	114.730003	106375700	101.562763
2010-01-12	113.970001	114.209999	113.220001	113.660004	163333500	100.615564
2010-01-13	113.949997	114.940002	113.370003	114.620003	161822000	101.465387
2010-01-14	114.489998	115.139999	114.419998	114.930000	115718800	101.739807

이제 차트를 그릴 수 있다. 다음과 같이 종가closing price만 선택한다.

```
spy_c = spy['Close']

fig, ax = plt.subplots(figsize=(15,10))
spy_c.plot(color='k')
plt.title("SPY", fontsize=20)
```

앞의 코드는 다음 결과를 생성한다.

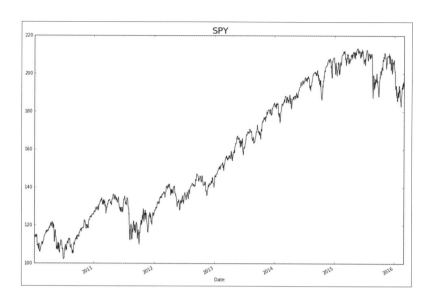

위의 그림에서 선택한 기간 동안 S&P 500의 종가에 대한 가격 차트를 볼 수 있다. 이 ETF 에 투자했다면 해당 기간 동안의 수익이 어떻게 됐을지 분석해보자.

먼저 최초 오픈 시 데이터를 가져온다.

```
first_open = spy['Open'].iloc[0]
first_open
```

앞의 코드는 다음 결과를 생성한다.

```
112.370003
```

다음은 해당 기간의 마지막 날의 종가를 가져온다.

```
last_close = spy['Close'].iloc[-1]
last_close
```

결과는 다음과 같다.

```
198.11000100000001
```

마지막으로 전체 기간의 변화는 다음과 같다.

```
last_close - first_open
```

앞의 코드는 다음 결과를 생성한다.

```
85.739998000000014
```

해당 기간의 첫날에 100주를 구입한 비용은 약 11,237달러가 되고, 해당 기간의 마지막 날 같은 100주의 가격은 약 19,811달러가 된다. 이 거래로 76%의 이익을 얻을 수 있었다. 나쁘지 않다.

이제 같은 기간 동안 당일 거래 수익에 대해 살펴보자. 내일 개장 때 주식을 사고 같은 날 장 마감 시 판매하는 것으로 가정한다.

```
spy['Daily Change'] = pd.Series(spy['Close'] - spy['Open'])
```

이 코드는 매일 시가와 종가의 차이를 보여준다. 한번 살펴보자.

```
spy['Daily Change']
```

앞의 코드는 다음 결과를 생성한다.

```
Date
2010-01-04      0.959999
2010-01-05      0.369995
2010-01-06      0.190002
2010-01-07      0.690002
2010-01-08      0.680001
2010-01-11     -0.349999
2010-01-12     -0.309997
2010-01-13      0.670006
2010-01-14      0.440002
2010-01-15     -1.090004
2010-01-19      1.439995
2010-01-20     -0.390000
2010-01-21     -2.220001
2010-01-22     -1.989998
2010-01-25     -0.440002
2010-01-26     -0.029998
2010-01-27      0.660004
2010-01-28     -1.620002
2010-01-29     -1.650002
2010-02-01      0.909996
2010-02-02      1.119995
2010-02-03     -0.049995
```

해당 기간 동안의 수익 차이를 합해보자.

```
spy['Daily Change'].sum()
```

앞의 코드는 다음 결과를 생성한다.

```
41.460173000000196
```

살펴본 바와 같이 85점을 넘는 수익이 41점이 됐다. 시장 수익의 절반 이상이 해당 기간 동안 보유하는 것으로부터 나온 것이다.

당일 매매보다 장외 시간의 수익이 더 좋았지만 변동성은 어떨까? 수익은 항상 위험 조정 기준에 따라 판단되기 때문에 주식을 보유한 것과 장외 시간 거래를 한 두 거래 전략을 표준 편차 기준으로 비교해보자.

NumPy를 이용해 다음과 같이 계산한다.

```
np.std(spy['Daily Change'])
```

앞의 코드는 다음 결과를 생성한다.

```
1.1449966111357177
```

이제 표준 편차를 구한다.

```
spy['Overnight Change'] = pd.Series(spy['Open'] - spy['Close'].shift(1))
np.std(spy['Overnight Change'])
```

앞의 코드는 다음 결과를 생성한다.

```
0.95281601518051173
```

장외 시간은 당일 매매에 비해 변동성이 낮았다. 하지만 모든 변동성이 같게 나오는 것은 아니다. 두 전략에 대해 주가가 내린 날과 오른 날의 평균의 변화를 비교해보자.

먼저 주가 상승 시 당일 매매 전략을 살펴보자.

```
spy[spy['Daily Change']<0]['Daily Change'].mean()
```

앞의 코드는 다음 결과를 생성한다.

```
-0.90606707692307742
```

이제 장외 시간을 살펴보자.

```
spy[spy['Overnight Change']<0]['Overnight Change'].mean()
```

앞의 코드는 다음 결과를 생성한다.

$$-0.66354681502086243$$

장외 시간의 경우 당일 매매에 비해 평균 하락 이동이 적은 걸 볼 수 있다.

지금까지 지수 관점에서 살펴봤다면, 이제 수익률을 살펴보자. 수익률은 좀 더 실제적인 의미에서 수익과 손해를 파악하는 데 도움을 준다. 세 가지 전략에 대해 각 시나리오별로 다음과 같이 일일 수익률(장 마감과 마감 사이 변화), 당일 수익률(장 시작부터 마감까지), 장외 수익률(장 마감에서 시작까지) pandas 시리즈를 만들 것이다.

```
daily_rtn = ((spy['Close'] -
spy['Close'].shift(1))/spy['Close'].shift(1))*100
id_rtn = ((spy['Close'] - spy['Open'])/spy['Open'])*100
on_rtn = ((spy['Open'] - spy['Close'].shift(1))/spy['Close'].shift(1))*100
```

pandas.shift() 함수를 사용해 전일 시리즈에서 각 시리즈를 뺐다. 예를 들면 이전 코드의 첫 번째 Series는 현재 각 일별 종가에서 전달 종가를 뺀 것이다. 새로 생성한 Series는 차이로 인해 적은 데이터 포인트를 포함한다. 새로 생성한 Series를 출력하면 다음과 같다.

```
daily_rtn
```

앞의 코드는 다음 결과를 생성한다.

```
Date
2010-01-04              NaN
2010-01-05         0.264709
2010-01-06         0.070406
2010-01-07         0.422129
2010-01-08         0.332777
2010-01-11         0.139655
2010-01-12        -0.932624
2010-01-13         0.844623
2010-01-14         0.270456
2010-01-15        -1.122423
2010-01-19         1.249559
2010-01-20        -1.016860
2010-01-21        -1.922910
2010-01-22        -2.229184
2010-01-25         0.512772
2010-01-26        -0.419057
2010-01-27         0.475715
```

이제 세 가지 전략에 대한 통계를 살펴보자. 각 수익률 시리즈에서 데이터를 가져온 후 요약 결과를 출력하는 함수를 생성한다. 각 수익, 손실, 브레이크이븐breakeven 거래별로 샤프 비율Sharpe ratio이라고 불리는 통계 결과를 구한다. 수익률은 위험 조정 기준에 따라 정해진다. 이는 샤프 비율이 제공하는 것과 정확히 일치하며, 변동성을 고려해 수익률을 비교하는 방법이다. 여기서는 연 수익률을 산출하는 데 샤프 비율을 사용한다.

```python
def get_stats(s, n=252):
    s = s.dropna()
    wins = len(s[s>0])
    losses = len(s[s<0])
    evens = len(s[s==0])
    mean_w = round(s[s>0].mean(), 3)
    mean_l = round(s[s<0].mean(), 3)
    win_r = round(wins/losses, 3)
    mean_trd = round(s.mean(), 3)
    sd = round(np.std(s), 3)
```

```
max_l = round(s.min(), 3)
max_w = round(s.max(), 3)
sharpe_r = round((s.mean()/np.std(s))*np.sqrt(n), 4)
cnt = len(s)
print('Trades:', cnt,\
    '\nWins:', wins,\
   '\nLosses:', losses,\
   '\nBreakeven:', evens,\
   '\nWin/Loss Ratio', win_r,\
   '\nMean Win:', mean_w,\
   '\nMean Loss:', mean_l,\
   '\nMean', mean_trd,\
   '\nStd Dev:', sd,\
   '\nMax Loss:', max_l,\
   '\nMax Win:', max_w,\
   '\nSharpe Ratio:', sharpe_r)
```

이제 각각의 전략을 수행해 통계를 확인하자. 매수/유지 전략(일일 수익률)에서 시작해 다음과 같이 다른 두 개의 전략으로도 적용해보자.

```
get_stats(daily_rtn)
```

앞의 코드는 다음 결과를 생성한다.

```
Trades: 1549
Wins: 844
Losses: 699
Breakeven: 6
Win/Loss Ratio 1.207
Mean Win: 0.691
Mean Loss: -0.743
Mean 0.041
Std Dev: 1.009
Max Loss: -6.512
Max Win: 4.65
Sharpe Ratio: 0.6477
```

```
get_stats(id_rtn)
```

앞의 코드는 다음 결과를 생성한다.

```
Trades: 1550
Wins: 851
Losses: 689
Breakeven: 10
Win/Loss Ratio 1.235
Mean Win: 0.517
Mean Loss: -0.59
Mean 0.021
Std Dev: 0.758
Max Loss: -4.175
Max Win: 3.683
Sharpe Ratio: 0.4472
```

```
get_stats(on_rtn)
```

앞의 코드는 다음 결과를 생성한다.

```
Trades: 1549
Wins: 821
Losses: 720
Breakeven: 8
Win/Loss Ratio 1.14
Mean Win: 0.421
Mean Loss: -0.437
Mean 0.02
Std Dev: 0.63
Max Loss: -5.227
Max Win: 4.09
Sharpe Ratio: 0.5071
```

보는 바와 같이 매수/유지 전략은 세 전략 중 가장 높은 표준 편차와 더불어 가장 높은 평균 수익률을 보여준다. 또한 일일 최대 손실도 있다. 장외 전략은 일일 거래 전략과 거의 비슷한 평균 수익률을 보이지만 변동성은 훨씬 적다. 샤프 비율도 일일 거래 전략보다 높게 나타난다.

이것으로 미래의 전략을 비교할 수 있는 확실한 기준이 생겼다. 이제 세 가지 기존 전략을 날려버릴 수 있는 전략에 대해 이야기해보자.

신비로운 새 전략에 대한 통계를 살펴보자.

```
Trades: 1549
Wins: 454
Losses: 340
Breakeven: 755
Win/Loss Ratio 1.335
Mean Win: 0.684
Mean Loss: -0.597
Mean 0.07
Std Dev: 0.663
Max Loss: -3.46
Max Win: 5.93
Sharpe Ratio: 1.6675
```

이 전략을 통해 매수/유지 전략보다 샤프 비율을 거의 세 배로 늘리고 변동성을 크게 낮췄으며, 최대 이익max win을 늘리고 최대 손실max loss을 거의 반으로 줄였다.

어떻게 시장을 혼내줄 만한 전략을 만들었을까? 1,000건의 랜덤 장외 신호(매수 또는 비매수)를 생성해 수행한 후 가장 실적이 좋은 것을 선택했다. 그리고 실적이 가장 좋은 1,000개의 신호로 전략을 만들었다.

이 전략이 시장을 이길 만한 전략은 분명히 아니다. 그럼 왜 이것을 했나? 충분한 전략을 테스트하면 우연한 기회에 놀랄 만한 몇 가지 전략을 발견하게 된다는 것을 보여주기 위해서다. 데이터 마이닝의 궤변이기도 하고 거래 전략 개발 시 실세 위험도 있다. 현실 세계의 제약으로 인해 체계적으로 편향된 실제 세계의 반응에 전략이 연결돼 있다는 것이 중요하다. 거래의 우위를 차지하길 원한다면 시장과 거래하지 않고 시장과 거래하는 사람들과 거래할 수도 있다.

사람들이 특정 환경에서 어떻게 반응하는가를 깊이 이해하는 것에서 우위가 만들어진다.

분석 기간 확대

분석을 확대해보자. 우선 2000년부터 인덱스 데이터를 가져오자.

```
start_date = pd.to_datetime('2000-01-01')
stop_date = pd.to_datetime('2016-03-01')
sp = pdr.data.get_data_yahoo('SPY', start_date, stop_date)
```

이제 차트를 살펴보자.

```
fig, ax = plt.subplots(figsize=(15,10))
sp['Close'].plot(color='k')
plt.title("SPY", fontsize=20)
```

앞의 코드는 다음 결과를 생성한다.

여기서 2000년 초부터 2016년 3월 1일까지 SPY에 대한 가격 반응을 살펴보자. 시장은 해당 기간 동안 많은 움직임이 있었으며 매우 긍정적인 상황과 매우 부정적인 상황을 모두 경험했다.

세 가지 기본 전략과 관련해 새로운 확장 기간에 대한 기준선을 설정해보자.

먼저 다음과 같이 각각의 전략에 변수를 설정하자.

```
long_day_rtn = ((sp['Close'] -
sp['Close'].shift(1))/sp['Close'].shift(1))*100

long_id_rtn = ((sp['Close'] - sp['Open'])/sp['Open'])*100
long_on_rtn = ((sp['Open'] -
sp['Close'].shift(1))/sp['Close'].shift(1))*100
```

이제 각각의 전략별로 지수 총합을 살펴보자.

1. 우선, 장 마감부터 마감까지다.

    ```
    (sp['Close'] - sp['Close'].shift(1)).sum()
    ```

    앞의 코드는 다음 결과를 생성한다.

    ```
    52.67250100000001
    ```

2. 다음으로, 장 개장부터 마감까지다.

    ```
    (sp['Close'] - sp['Open']).sum()
    ```

    앞의 코드는 다음 결과를 생성한다.

    ```
    -36.91226699999963
    ```

3. 마지막으로, 장 마감부터 개장까지다.

```
(sp['Open'] - sp['Close'].shift(1)).sum()
```

앞의 코드는 다음 결과를 생성한다.

```
86.77226799999964
```

이제 각 전략별 통계를 살펴보자.

4. 먼저, 장 마감부터 마감까지 통계를 구한다.

```
get_stats(long_day_rtn)
```

앞의 코드는 다음 결과를 생성한다.

```
Trades: 4064
Wins: 2168
Losses: 1881
Breakeven: 15
Win/Loss Ratio 1.153
Mean Win: 0.819
Mean Loss: -0.91
Mean 0.016
Std Dev: 1.275
Max Loss: -9.845
Max Win: 14.52
Sharpe Ratio: 0.1958
```

5. 다음으로 일간 거래 수익률 통계를 구한다.

```
get_stats(long_id_rtn)
```

앞의 코드는 다음 결과를 생성한다.

```
Trades: 4065
Wins: 2128
Losses: 1908
Breakeven: 29
Win/Loss Ratio 1.115
Mean Win: 0.686
Mean Loss: -0.766
Mean -0.0
Std Dev: 1.052
Max Loss: -8.991
Max Win: 8.435
Sharpe Ratio: -0.0063
```

6. 마지막으로, 장외 시간 수익률 통계를 구한다.

```
get_stats(long_on_rtn)
```

앞의 코드는 다음 결과를 생성한다.

```
Trades: 4064
Wins: 2152
Losses: 1878
Breakeven: 34
Win/Loss Ratio 1.146
Mean Win: 0.436
Mean Loss: -0.466
Mean 0.016
Std Dev: 0.696
Max Loss: -8.322
Max Win: 6.068
Sharpe Ratio: 0.3541
```

더 긴 기간에 대해 세 가지 전략 간의 차이점이 더 두드러진다는 걸 알 수 있다. 지난 16년 간 S&P ETF를 장 중에만 보유했다면 돈을 잃었을 것이다. 그리고 장외 시간만 ETF를 보유했다면 50%가 넘는 수익률을 올릴 수 있었다. 거래 수수료와 세금이 없다는 가정이긴 하지만 그럼에도 불구하고 놀랄 만한 발견이다.

서포트 벡터 회귀로 모델 만들기

이제 비교 가능한 기준이 있으니 첫 번째 회귀 모델을 만들어보자. 주식의 이전 마감 주가만 사용해 다음 날 마감 주가를 예측하는 매우 기본적인 모델부터 시작할 것이다. 서포트 벡터 회귀^{support vector regression}를 사용해 모델을 만들어보자.

첫 번째 단계는 각 일자별 가격 이력을 포함하는 데이터프레임 객체를 설정하는 것이다. 다음과 같이 최근 20개 마감 정보를 모델에 포함시킨다.

```
for i in range(1, 21, 1):
    sp.loc[:,'Close Minus ' + str(i)] = sp['Close'].shift(i)
    sp20 = sp[[x for x in sp.columns if 'Close Minus' in x or x ==
'Close']].iloc[20:,]
sp20
```

앞의 코드는 다음 결과를 생성한다.

	Close	Close Minus 1	Close Minus 2	Close Minus 3	Close Minus 4	Close Minus 5	Close Minus 6	Close Minus 7	Close Minus 8	Close Minus 9	...	Close Minus 11
Date												
2000-02-01	140.937500	139.562500	135.875000	140.250000	140.812500	141.937500	140.343704	144.437500	144.750000	147.000000	...	146.968704
2000-02-02	141.062500	140.937500	139.562500	135.875000	140.250000	140.812500	141.937500	140.343704	144.437500	144.750000	...	145.812500
2000-02-03	143.187500	141.062500	140.937500	139.562500	135.875000	140.250000	140.812500	141.937500	140.343704	144.437500	...	147.000000
2000-02-04	142.593704	143.187500	141.062500	140.937500	139.562500	135.875000	140.250000	140.812500	141.937500	140.343704	...	144.750000
2000-02-07	142.375000	142.593704	143.187500	141.062500	140.937500	139.562500	135.875000	140.250000	140.812500	141.937500	...	144.437500

해당 코드는 같은 줄에 각 날짜별 종가를 이전 20개와 같이 보여준다.

이 형식은 모델에 입력할 X 배열의 기초가 된다. 하지만 이것을 준비하기 전에 몇 가지 추가적인 단계가 필요하다.

먼저 칼럼을 시간 기준으로 왼쪽에서 오른쪽으로 정렬한다.

268

```
sp20 = sp20.iloc[:,::-1]
sp20
```

앞의 코드는 다음 결과를 생성한다.

	Close Minus 20	Close Minus 19	Close Minus 18	Close Minus 17	Close Minus 16	Close Minus 15	Close Minus 14	Close Minus 13	Close Minus 12	Close Minus 11	...	Close Minus 9
Date												
2000-02-01	145.437500	139.750000	140.000000	137.750000	145.750000	146.250000	144.500000	143.062500	145.000000	146.968704	...	147.000000
2000-02-02	139.750000	140.000000	137.750000	145.750000	146.250000	144.500000	143.062500	145.000000	146.968704	145.812500	...	144.750000
2000-02-03	140.000000	137.750000	145.750000	146.250000	144.500000	143.062500	145.000000	146.968704	145.812500	147.000000	...	144.437500
2000-02-04	137.750000	145.750000	146.250000	144.500000	143.062500	145.000000	146.968704	145.812500	147.000000	144.750000	...	140.343704
2000-02-07	145.750000	146.250000	144.500000	143.062500	145.000000	146.968704	145.812500	147.000000	144.750000	144.437500	...	141.937500

이제 서포트 벡터 머신을 가져와서 학습 및 테스트 행렬과 각각의 벡터를 설정한다.

```
from sklearn.svm import SVR
clf = SVR(kernel='linear')
X_train = sp20[:-1000]
y_train = sp20['Close'].shift(-1)[:-1000]
X_test = sp20[-1000:]
y_test = sp20['Close'].shift(-1)[-1000:]
```

작업할 데이터의 개수가 4,000개를 조금 넘기 때문에 테스트를 위해 마지막 1,000개를 선택했다. 다음과 같이 모델을 학습하고 테스트해보자.

```
model = clf.fit(X_train, y_train)
preds = model.predict(X_test)
```

이제 예측 값을 가지고 실제 데이터와 비교해보자.

```
tf = pd.DataFrame(list(zip(y_test, preds)), columns=['Next Day Close',
'Predicted Next Close'], index=y_test.index)
tf
```

앞의 코드는 다음 결과를 생성한다.

Date	Next Day Close	Predicted Next Close
2012-03-09	137.580002	137.711754
2012-03-12	140.059998	137.845997
2012-03-13	139.910004	139.961618
2012-03-14	140.720001	139.878612
2012-03-15	140.300003	140.680807
2012-03-16	140.850006	140.359465
2012-03-19	140.440002	140.792090
2012-03-20	140.210007	140.356091
2012-03-21	139.199997	140.104833

모델 성능 평가

이제 모델의 성능을 살펴보자. 종가가 개장 시 주가보다 높을 것으로 예측되면 다음 날 개장 시에 매수한다. 그리고 같은 날 장 마감 시에 매도한다.

이어서 다음과 같이 추가 데이터를 데이터프레임 객체에 추가해서 결과를 계산한다.

```
cdc = sp[['Close']].iloc[-1000:]
ndo = sp[['Open']].iloc[-1000:].shift(-1)
tf1 = pd.merge(tf, cdc, left_index=True, right_index=True)
tf2 = pd.merge(tf1, ndo, left_index=True, right_index=True)
tf2.columns = ['Next Day Close', 'Predicted Next Close', 'Current Day
Close', 'Next Day Open']
tf2
```

앞의 코드는 다음 결과를 생성한다.

Date	Next Day Close	Predicted Next Close	Current Day Close	Next Day Open
2012-03-09	137.580002	137.711754	137.570007	137.550003
2012-03-12	140.059998	137.845997	137.580002	138.320007
2012-03-13	139.910004	139.961618	140.059998	140.100006
2012-03-14	140.720001	139.878612	139.910004	140.119995
2012-03-15	140.300003	140.680807	140.720001	140.360001
2012-03-16	140.850006	140.359465	140.300003	140.210007
2012-03-19	140.440002	140.792090	140.850006	140.050003
2012-03-20	140.210007	140.356091	140.440002	140.520004
2012-03-21	139.199997	140.104833	140.210007	139.179993

이익과 손실의 신호를 받기 위해 다음 코드를 추가한다.

```
def get_signal(r):
    if r['Predicted Next Close'] > r['Next Day Open']:
        return 1
    else:
        return 0
def get_ret(r):
    if r['Signal'] == 1:
        return ((r['Next Day Close'] - r['Next Day Open'])/r['Next
        Day Open']) * 100
    else:
        return 0
tf2 = tf2.assign(Signal = tf2.apply(get_signal, axis=1))
tf2 = tf2.assign(PnL = tf2.apply(get_ret, axis=1))
tf2
```

앞의 코드는 다음 결과를 생성한다.

Date	Next Day Close	Predicted Next Close	Current Day Close	Next Day Open	Signal	PnL
2012-03-09	137.580002	137.711754	137.570007	137.550003	1	0.021810
2012-03-12	140.059998	137.845997	137.580002	138.320007	0	0.000000
2012-03-13	139.910004	139.961618	140.059998	140.100006	0	0.000000
2012-03-14	140.720001	139.878612	139.910004	140.119995	0	0.000000
2012-03-15	140.300003	140.680807	140.720001	140.360001	1	-0.042746
2012-03-16	140.850006	140.359465	140.300003	140.210007	1	0.456457
2012-03-19	140.440002	140.792090	140.850006	140.050003	1	0.278471
2012-03-20	140.210007	140.356091	140.440002	140.520004	0	0.000000
2012-03-21	139.199997	140.104833	140.210007	139.179993	1	0.014373

이제 주가 이력을 사용해 다음 날 주가를 성공적으로 예측할 수 있다. 다음과 같이 얻을 수 있는 지수를 계산해보자.

```
(tf2[tf2['Signal']==1]['Next Day Close'] - tf2[tf2['Signal']==1]['Next Day
Open']).sum()
```

앞의 코드는 다음 결과를 생성한다.

```
1.989974000000018
```

흠, 아직 좋아 보이진 않는다. 하지만 기간에 대해 검증했는가? 독립적으로 평가해보진 않았다. 지난 1,000일 동안 일간 거래로 생성한 포인트는 얼마나 될까?

```
(sp['Close'].iloc[-1000:] - sp['Open'].iloc[-1000:]).sum()
```

앞의 코드는 다음 결과를 생성한다.

```
30.560202000000288
```

기본적인 일간 매수 전략은 우리의 전략과 맞지 않아 보인다. 두 개의 전략을 비교하기 위해 전체 통계를 구해보자.

먼저 해당 기간 동안 기본적인 일간 전략의 통계는 다음과 같다.

```
get_stats((sp['Close'].iloc[-1000:] -
sp['Open'].iloc[-1000:])/sp['Open'].iloc[-1000:] * 100)
```

앞의 코드는 다음 결과를 생성한다.

```
Trades: 1000
Wins: 546
Losses: 448
Breakeven: 6
Win/Loss Ratio 1.219
Mean Win: 0.458
Mean Loss: -0.512
Mean 0.021
Std Dev: 0.656
Max Loss: -4.175
Max Win: 2.756
Sharpe Ratio: 0.5016
```

이제 다음과 같이 우리가 만든 모델의 결과를 구해보자.

```
get_stats(tf2['PnL'])
```

앞의 코드는 다음 결과를 생성한다.

```
Trades: 1000
Wins: 254
Losses: 222
Breakeven: 524
Win/Loss Ratio 1.144
Mean Win: 0.468
Mean Loss: -0.523
Mean 0.003
Std Dev: 0.453
Max Loss: -2.135
Max Win: 2.756
Sharpe Ratio: 0.0957
```

결과가 좋지 않다. 거래 전략을 수정하면 어떨까? 개장보다 더 큰 금액인 경우 대신에 지수가 높아진 경우만 거래하면 어떨까? 이러면 도움이 될까? 한번 해보자. 수정된 신호를 가지고 전략을 다시 수행해보면 다음과 같다.

```python
def get_signal(r):
    if r['Predicted Next Close'] > r['Next Day Open'] + 1:
        return 1
    else:
        return 0
def get_ret(r):
    if r['Signal'] == 1:
        return ((r['Next Day Close'] - r['Next Day Open'])/r['Next
        Day Open']) * 100
    else:
        return 0
tf2 = tf2.assign(Signal = tf2.apply(get_signal, axis=1))
tf2 = tf2.assign(PnL = tf2.apply(get_ret, axis=1))
(tf2[tf2['Signal']==1]['Next Day Close'] - tf2[tf2['Signal']==1]['Next Day
Open']).sum()
```

앞의 코드는 다음 결과를 생성한다.

```
-12.610090000000127
```

이제 다음과 같이 통계를 구한다.

```python
get_stats(tf2['PnL'])
```

앞의 코드는 다음 결과를 생성한다.

```
Trades: 1000
Wins: 50
Losses: 52
Breakeven: 898
Win/Loss Ratio 0.962
Mean Win: 0.586
Mean Loss: -0.676
Mean -0.006
Std Dev: 0.256
Max Loss: -1.966
Max Win: 2.756
Sharpe Ratio: -0.3636
```

결과가 더 나빠졌다. 과거의 가격 이력이 좋은 결과가 나오도록 추천한다면, 정반대도 확실히 기대할 수 있다. 모델을 통해 역투자 지표를 개발한 것으로 보인다. 한번 탐색해보자. 강한 수익을 예측할 때 거래하지 않고, 반대의 경우 거래한다면 다음과 같다.

```
def get_signal(r):
    if r['Predicted Next Close'] > r['Next Day Open'] + 1:
        return 0
    else:
        return 1
def get_ret(r):
    if r['Signal'] == 1:
        return ((r['Next Day Close'] - r['Next Day Open'])/r['Next
        Day Open']) * 100
    else:
        return 0
tf2 = tf2.assign(Signal = tf2.apply(get_signal, axis=1))
tf2 = tf2.assign(PnL = tf2.apply(get_ret, axis=1))
(tf2[tf2['Signal']==1]['Next Day Close'] - tf2[tf2['Signal']==1]['Next Day
Open']).sum()
```

앞의 코드는 다음 결과를 생성한다.

```
42.900288000000415
```

통계를 구해보자.

```
get_stats(tf2['PnL'])
```

결과는 다음과 같다.

```
Trades: 999
Wins: 495
Losses: 396
Breakeven: 108
Win/Loss Ratio 1.25
Mean Win: 0.446
Mean Loss: -0.491
Mean 0.026
Std Dev: 0.605
Max Loss: -4.175
Max Win: 1.969
Sharpe Ratio: 0.6938
```

이것은 역투자 지표처럼 보인다. 다음 날 강한 실적을 예측하는 경우 (적어도 테스트 기간 동안은) 시장은 상당히 저조하다. 대부분의 시나리오에서 유효할까? 그럴 가능성은 없다. 시장은 경향이 있다. 시장은 평균 회귀mean reversion에서 추세 지속으로 전환되는 경향이 있다. 좀 더 테스트하기 위해 다른 기간에 대해 모델을 재수행하자.

```
X_train = sp20[:-2000]
y_train = sp20['Close'].shift(-1)[:-2000]
X_test = sp20[-2000:-1000]
y_test = sp20['Close'].shift(-1)[-2000:-1000]
model = clf.fit(X_train, y_train)
preds = model.predict(X_test)
tf = pd.DataFrame(list(zip(y_test, preds)), columns=['Next Day Close',
'Predicted Next Close'], index=y_test.index)
cdc = sp[['Close']].iloc[-2000:-1000]
ndo = sp[['Open']].iloc[-2000:-1000].shift(-1)
tf1 = pd.merge(tf, cdc, left_index=True, right_index=True)
tf2 = pd.merge(tf1, ndo, left_index=True, right_index=True)
```

```
tf2.columns = ['Next Day Close', 'Predicted Next Close', 'Current Day
Close', 'Next Day Open']
def get_signal(r):
    if r['Predicted Next Close'] > r['Next Day Open'] + 1:
        return 0
    else:
        return 1
def get_ret(r):
    if r['Signal'] == 1:
        return ((r['Next Day Close'] - r['Next Day Open'])/r['Next
        Day Open']) * 100
    else:
        return 0
tf2 = tf2.assign(Signal = tf2.apply(get_signal, axis=1))
tf2 = tf2.assign(PnL = tf2.apply(get_ret, axis=1))
(tf2[tf2['Signal']==1]['Next Day Close'] - tf2[tf2['Signal']==1]['Next Day
Open']).sum()
```

앞의 코드는 다음 결과를 생성한다.

```
33.60002899999989
```

새로운 모델과 테스트 기간이 33 포인트라는 결과가 나왔다. 동일 기간에 대해 일일 거래
전략과 비교해보자.

```
(sp['Close'].iloc[-2000:-1000] - sp['Open'].iloc[-2000:-1000]).sum()
```

결과는 다음과 같다.

```
-7.089998000000051
```

역투자 모델이 새로운 테스트 기간에 대해서도 좋은 성능을 보여줬다.

아직까지 모델을 확장할 수 있는 것들은 많다. 모델에 기술적 지표나 기본 분석 데이터를 사용하는 것은 아직 다루지 않았으며 거래도 하루로만 제한했다. 이는 모두 조정되고 확장될 수 있다. 하지만 이제 완전히 다른 알고리즘인 동적 시간 워핑dynamic time warping을 사용하는 또 다른 모델을 소개한다. 이는 두 개 시계열 간의 유사도를 나타내는 척도를 제공한다.

동적 시간 워핑 모델링

시작에 앞서 커맨드라인에서 pip install fastdtw를 입력해 fastdtw 라이브러리의 pip 을 설치한다.

완료되면 필요한 추가 라이브러리를 다음과 같이 가져온다.

```
from scipy.spatial.distance import euclidean
from fastdtw import fastdtw
```

다음으로 두 개의 시리즈와 둘 간의 거리를 반환하는 함수를 생성한다.

```
def dtw_dist(x, y):
    distance, path = fastdtw(x, y, dist=euclidean)
    return distance
```

이제 16년의 시계열 데이터를 5일 단위로 분할한다. 하나의 추가 포인트로 기간들을 연결한다. 다음과 같이 x와 y 데이터를 생성한다.

```
tseries = []
tlen = 5
for i in range(tlen, len(sp), tlen):
    pctc = sp['Close'].iloc[i-tlen:i].pct_change()[1:].values * 100
    res = sp['Close'].iloc[i-tlen:i+1].pct_change()[-1] * 100
    tseries.append((pctc, res))
```

첫 번째 시리즈를 살펴보면 데이터의 모양을 알 수 있다.

```
tseries[0]
```

앞의 코드는 다음 결과를 생성한다.

```
(array([-3.91061453,  0.17889088, -1.60714286,  5.8076225 ]),
0.34305317324185847)
```

이제 각 시리즈를 만들었으니 알고리즘을 이용해 각 시리즈와 다른 시리즈 간의 거리를
구한다.

```
dist_pairs = []
for i in range(len(tseries)):
    for j in range(len(tseries)):
        dist = dtw_dist(tseries[i][0], tseries[j][0])
        dist_pairs.append((i,j,dist,tseries[i][1], tseries[j][1]))
```

해당 데이터를 데이터프레임 객체에 할당한다. 같은 시리즈를 나타내는 거리가 0인 시리
즈는 제외한다. 또한 시리즈를 시간으로 정렬하고, 첫 번째 시리즈가 시간순으로 두 번째
시리즈보다 앞에 있는 것만 추출한다.

```
dist_frame = pd.DataFrame(dist_pairs, columns=['A','B','Dist', 'A Ret', 'B Ret'])
sf =
dist_frame[dist_frame['Dist']>0].sort_values(['A','B']).reset_index(drop=1)
sfe = sf[sf['A']<sf['B']]
```

마지막으로 거리가 1보다 작고 첫 번째 시리즈가 수익을 낸 것으로만 제한한다.

```
winf = sfe[(sfe['Dist']<=1)&(sfe['A Ret']>0)]
winf
```

앞의 코드는 다음 결과를 생성한다.

	A	B	Dist	A Ret	B Ret
3312	4	69	0.778629	1.360843	-1.696072
3439	4	196	0.608377	1.360843	0.410595
3609	4	366	0.973193	1.360843	0.040522
3790	4	547	0.832545	1.360843	-1.447712
3891	4	648	0.548913	1.360843	-0.510458
4035	4	792	0.719260	1.360843	0.819056
5463	6	598	0.678313	1.180863	2.896685
5489	6	624	0.897108	1.180863	0.757222
7769	9	471	0.932647	2.333028	-0.212983
13002	16	27	0.849448	0.754885	-0.571339

그래프를 그려서 가장 첫 패턴이 어떻게 보이는지 살펴보자.

```
plt.plot(np.arange(4), tseries[6][0])
```

앞의 코드는 다음 결과를 생성한다.

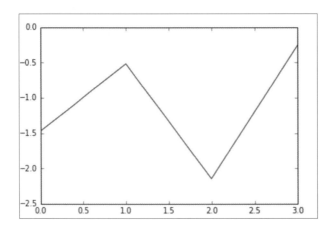

이제 두 번째 그래프를 그려보자.

```
plt.plot(np.arange(4), tseries[598][0])
```

앞의 코드는 다음 결과를 생성한다.

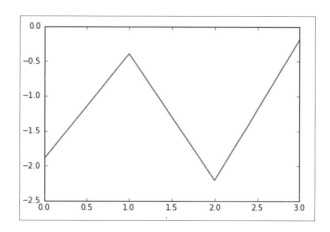

그래프를 보면 원하는 것처럼 커브가 거의 동일하다. 다음 날 수익을 얻을 수 있는 모든 커브를 찾은 후 이런 수익을 내는 커브와 유사도가 높은 커브를 찾아서 또 다른 이익을 얻기 위해 매수할 것이다.

이제 거래를 평가할 함수를 만들어보자. 수익을 얻지 못한 것은 제외하고 비슷한 커브는 매수한다. 손실이 난 커브는 제거한다.

```
excluded = {}
return_list = []
def get_returns(r):
    if excluded.get(r['A']) is None:
        return_list.append(r['B Ret'])
        if r['B Ret'] < 0:
            excluded.update({r['A']:1})
winf.apply(get_returns, axis=1);
```

이제 return_list에 저장된 거래의 수익률로 결과를 평가해보자.

```
get_stats(pd.Series(return_list))
```

앞의 코드는 다음 결과를 생성한다.

```
Trades: 569
Wins: 352
Losses: 217
Breakeven: 0
Win/Loss Ratio 1.622
Mean Win: 0.572
Mean Loss: -0.646
Mean 0.108
Std Dev: 0.818
Max Loss: -2.999
Max Win: 3.454
Sharpe Ratio: 2.0877
```

지금까지 결과 중 가장 좋은 결과며, 다른 모델에 비해 수익/손실 비율이 가장 높다. 지금 까지 본 다른 모델과 비교했을 때 특히 새로운 모델이 중요한 부분이다.

이제 모델이 튼튼한지 알아보기 위해 다른 기간에 대해 검토함으로써 심도 있는 조사를 해 야 한다. 4일보다 연장하면 모델이 개선될까? 손실이 발생하는 패턴은 항상 제외해야 하는 가? 고민해야 할 많은 추가 질문들이 있지만, 이것은 독자를 위한 연습 문제로 남겨둔다. 이러한 기술을 활용할 때는 이것이 단지 수박 겉핥기 정도임을 알아야 한다. 또한 모델을 적절하게 테스트하기 위한 추가적인 관찰과 심층적인 검증이 필요하다.

▌ 요약

이번 장에서는 주식 시장을 살펴봤으며 머신 러닝을 이용해 거래 전략을 수립하는 방법을 배웠다. 서포트 벡터 회귀를 사용해 첫 번째 전략을 세웠고, 동적 시간 워핑을 사용해 두 번째 전략도 만들었다.

이 장의 내용만으로도 책 한 권을 채울 수 있다는 것은 의심의 여지가 없다. 거래 전략에서 가장 중요한 많은 요소인 포트폴리오 구성portfolio construction, 위험 완화risk mitigation, 자금 관리 등에 대해서는 다루지 않았다. 이런 요소들은 거래 신호보다 더 중요한 실제 전략의 기본이다.

이 장이 자신만의 연구를 한 단계 도약시키는 계기가 됐으면 하지만, '시장을 이기는 것 beating the market'은 거의 불가능한 게임이라는 것에 유의했으면 한다. 세상에서 가장 똑똑한 사람들과의 경쟁이기 때문이다. 시도해보기로 결정했다면 행운을 빈다. 원하는 결과가 나오지 않는다면 내가 경고했다는 것을 기억하라!

다음 장에서는 이미지 유사도 엔진을 만드는 방법을 알아본다.

08

이미지 유사도 엔진
구축하기

지금까지 숫자와 텍스트로만 작업했다면, 이 장에서는 이미지의 세계로 들어가보자.

무언가 다음 단계의 마법이 필요할 것 같지만, 이미지를 기계가 읽을 수 있는 형식으로 변환하는 것은 텍스트를 변환하는 것만큼 쉽다.

이미지 기반의 머신 러닝에서 'hello world'라 할 수 있는 숫자 인식digit recognition부터 시작해, 이번 장의 끝에서는 이미지 기반의 고급 딥러닝 애플리케이션을 구축할 것이다. 이런 고도화된 애플리케이션을 구축하려면 어떻게 해야 할까? 왜 반드시 이런 기술을 익혀야 할까?

추가로 딥러닝 알고리즘이 왜 그렇게 중요하고 주변에서 흔히 과대 선전되고 있는지 이해하기 위해 많은 시간을 할애할 것이다.

이 장에서 다룰 주제는 다음과 같다.

- 이미지 머신 러닝
- 이미지 작업하기
- 유사한 이미지 찾기
- 딥러닝의 이해
- 이미지 유사도 엔진 구축

▌ 이미지 기반의 머신 러닝

텍스트나 숫자 데이터 관련 머신 러닝 애플리케이션이 많은 것처럼 이미지 관련 애플리케이션도 많은 편이다. 중요한 의미를 갖는 최신 연구들도 많다.

3주 전의 뉴스 기사에서 읽었던 텍스트의 이상한 단편을 찾기 위해 익숙하게 구글 검색을 실행하면, 그 첫 번째 검색 결과가 바로 원하는 결과일 것이다. 이제 동일한 작업을 이미지나 영화, GIF에서 한다고 상상해보자. 예를 들어, 6개월 전에 본 GIF가 현재 슬랙^{Slack} 대화에 아주 잘 맞을 것 같지만 라마와 먹이를 주는 사람이 포함돼 있다는 것만 기억난다. 여기서 대부분의 이미지 검색은 해시태그^{hashtag}와 이미지 주변에 텍스트를 포함하고 있으므로 찾기가 어렵다. 하지만 지난 몇 년간 구글 같은 회사들이 기계가 이미지의 내용을 레이블로 붙이는 놀라운 발전을 가져왔다. 이러한 연구 결과가 공개되면서 이미지를 검색하는 방법이 근본적으로 변화했다.

구글 리서치의 해당 블로그 포스팅(http://googleresearch.blogspot.com/2014/11/a-picture-is-worth-thousand-coherent.html)은 목표를 위한 발전과 기술적인 도전의 성취들을 설명하고 있다. 예를 들어 다음 이미지에서는 스토브 위에 있는 두 개의 피자가 보인다.

이미지 출처: https://research.googleblog.com/2014/11/a-picture-is-worth-thousand-coherent.html

이미지에 레이블을 붙이기 위해 필요한 것은 각 사물을 이해하는 것이 아니라 그들 사이의 관계다. 인간이 설명하는 것과 잘 맞는 자연스럽게 들리는 문구여야 한다. 예들 들면, 기술적으로 맞다고 하더라도 사람은 '피자 옆에 있는 피자 아래 오븐'이라고 레이블을 붙이진 않을 것이다.

이미지 기반의 다른 머신 러닝 애플리케이션으로 안면 인식이 있다. 페이스북의 딥페이스 기술에 대한 최근 뉴스 기사를 본 적이 있을 것이다. 해당 애플리케이션은 매우 진보된 기술로 보고됐으며, 이미지가 머리의 뒷면이어도 사람으로 인식하고 정확도도 거의 완벽에 가깝다.

이 기술은 사회에 큰 영향을 줄 수 있을 뿐 아니라 페이스북에게도 매우 귀중한 기술이다. 하나의 사진에 한 번 태그를 하면 더 이상 추가적인 태깅을 하지 않아도 앞으로 모든 사진은 자동으로 태깅된다.

이것은 매우 어려운 작업이며, 머리카락과 옷, 나이의 변화(사진마다의 촬영 각도와 조명은 이야기하지 않더라도)는 사람에게조차 대단히 도전적인 작업이다. 사실 컴퓨터가 바둑과 같은 게임에서 인간을 능가하기 시작한 것처럼, 이러한 유형의 인식 작업에서도 인간을 능가하기 시작했다.

이러한 새로운 수준의 기계 정복은 비교적 새로운 종류의 알고리즘으로 '딥러닝Deep Learning'
이라는 포괄적인 용어에 속한다. 이 장의 뒷부분에서는 딥러닝이 다른 알고리즘과 어떻게
다르고 왜 성공했는지 이해하기 위해 깊이 있게 파고들 것이다. 하지만 지금은 그 시작으
로서 이미지를 작업하는 기본 방법에 대해 살펴보자.

▌ 이미지 작업

자연어 처리를 처음 소개할 때는 단어를 수치로 표현하기 위해 일종의 변환이 필요하다는
것을 배웠고 단어–문서 행렬term-document matrix 형태로 변환했다. 이제 이미지를 처리하기
위해 이미지를 숫자 형태로 만드는 다른 종류의 변환을 수행해야 한다.

필기 숫자 이미지 몇 개를 살펴보자.

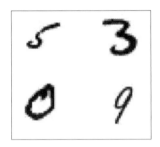

위의 특정 숫자는 필기 숫자 MNIST 데이터베이스에서 가져온 것이다(맞다. 이것은 매우 중
요하다). 이 데이터베이스는 미국 통계청 직원과 고등학교 학생의 필기 샘플에서 수집한 수
만 개의 숫자를 포함한다.

이제 머신 러닝을 통해 이 숫자를 인식하기로 했다면, 어떻게 이 데이터를 수치로 표현할
수 있을까?

한 가지 방법은 이미지의 각 픽셀을 동일한 사이즈의 숫자 행렬로 만드는 것이다. 이렇게
하면 픽셀의 속성을 행렬의 값으로 나타낼 수 있다. 사실 이것으로 완료된 것이다.

각 숫자 이미지는 주어진 캔버스 사이즈(28×28이나 64×64픽셀)로 사이즈가 조정되고 중앙에 정렬돼 있으며 각 픽셀의 색상 강도는 0과 1 사이의 값으로 표현된다. 1은 순수한 검은색이고 0은 순수한 흰색이다. 이 절차를 그레이 스케일링grey scaling이라고 한다.

이 간단한 방법을 통해 현실 세계의 '물건'을 머신 러닝 알고리즘에 사용할 수 있는 수치로 변환했다.

이제 다시 샘플을 살펴보자. scikit-learn에서 사용 가능한 MNIST 데이터베이스를 로드한다.

```
from sklearn import datasets
import matplotlib.pyplot as plt
import numpy as np
%matplotlib inline
digits = datasets.load_digits()
def display_img(img_no):
    fig, ax = plt.subplots()
    ax.set_xticklabels([])
    ax.set_yticklabels([])
    ax.matshow(digits.images[img_no], cmap = plt.cm.binary);
display_img(0)
```

앞의 코드는 다음 결과를 생성한다.

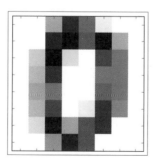

앞의 코드에서 필요한 패키지와 숫자 데이터셋을 차례로 로드하고, 마지막으로 matplotlib
을 사용해 첫 번째 숫자를 표시했다. 8×8, 전체 픽셀이 64개로 스케일됐기 때문에 미완성
된 것처럼 보인다. 다음 명령어를 실행해 실제 행렬을 확인할 수 있다.

```
digits.images[0]
```

앞의 코드는 다음 결과를 생성한다.

```
array([[  0.,    0.,    5.,   13.,    9.,    1.,    0.,    0.],
       [  0.,    0.,   13.,   15.,   10.,   15.,    5.,    0.],
       [  0.,    3.,   15.,    2.,    0.,   11.,    8.,    0.],
       [  0.,    4.,   12.,    0.,    0.,    8.,    8.,    0.],
       [  0.,    5.,    8.,    0.,    0.,    9.,    8.,    0.],
       [  0.,    4.,   11.,    0.,    1.,   12.,    7.,    0.],
       [  0.,    2.,   14.,    5.,   10.,   12.,    0.,    0.],
       [  0.,    0.,    6.,   13.,   10.,    0.,    0.,    0.]])
```

이러한 특정 숫자는 0과 16 사이로 스케일되지만, 각 픽셀 수준의 이미지의 색상 강도와
어떻게 연결돼 있는지 확인할 수 있다. 이것을 알고리즘에 적용하면 8×8 행렬을 길이 64
짜리 단일 벡터로 병합해야 한다. 다음과 같이 확인할 수 있다.

```
digits.data[0].shape
```

앞의 코드는 다음 결과를 생성한다.

```
(64,)
```

이것은 학습 셋의 피처 벡터의 로우가 된다. 또한 다음 명령어로 데이터와 연관된 레이블
을 볼 수 있다.

```
digits.target[0]
```

앞의 코드는 다음 결과를 생성한다.

0

이제 이미지 데이터를 알고리즘에 제공하기 위한 모든 준비가 됐다.

지금까지 흑백 이미지로 작업하는 방법에 대해서만 논의했지만, 놀랍게도 색상 작업 역시 간단하다. 각 픽셀은 세 가지 피처 RGB 값으로 표현된다. 하나의 피처를 유지하고자 한다면 RGB의 평균을 사용해도 된다.

이미지를 작업 가능한 형태로 변환했으니 사용할 알고리즘을 살펴보자.

▌ 유사한 이미지 찾기

일반적으로 숫자 MNIST 데이터베이스는 분류 작업에 사용되며, 필기 숫자가 주어지면 레이블을 찾는 방식이다. 여기서는 이를 다른 방식인, 이미지가 주어지면 가장 유사한 이미지를 찾는 방식으로 사용할 것이다. 레이블을 사용하지 않기 때문에 지도 작업supervised task의 반대인 비지도 작업unsupervised task이다.

책의 앞부분에서 텍스트 기반 피처를 다룰 때 소개했던 알고리즘인 코사인 유사도에서 시작해보자. 이 알고리즘은 X 행렬 각 행의 단위 벡터를 계산한다. 각각의 점은 다른 점과 내적을 구하고 벡터 사이의 코사인 각을 제공한다. 마지막으로 두 개의 이미지가 얼마나 '근접'한지 알려주는 단일 지표가 만들어진다. 지금부터 알아보자.

먼저, 필요한 라이브러리를 가져온다.

```
import pandas as pd
from sklearn.metrics.pairwise import cosine_similarity
```

다음으로, 첫 번째 이미지인 0과 다른 모든 이미지 간의 유사도를 계산한다.

```
X = digits.data
co_sim = cosine_similarity(X[0].reshape(1,-1), X)
```

1차 배열을 입력할 때, scikit-learn에 맞는 형태로 배열을 변경해야 한다.

마지막으로 결과를 pandas 데이터프레임 객체에 입력하고 결과를 살펴보자.

```
cosf = pd.DataFrame(co_sim).T
cosf.columns = ['similarity']
cosf.sort_values('similarity', ascending=False)
```

결과는 다음과 같다.

	similarity
0	1.000000
877	0.980739
464	0.974474
1365	0.974188
1541	0.971831
1167	0.971130
1029	0.970858
396	0.968793
1697	0.966019
646	0.965490

첫 번째 행은 1로 완전히 일치하는데 이것은 원래 이미지이기 때문이다. 아래로는 유사도 순서로 정렬한 다른 이미지가 있다. 877번 이미지를 살펴보자. 이전에 만든 함수를 사용해 표시해보자.

```
display_img(877)
```

결과는 다음과 같다.

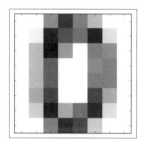

이 이미지 또한 0인 것을 알 수 있으며, 옳은 방향으로 가고 있다는 걸 보여준다. 이미지 0번과 877번을 옆에 놓고 살펴보자.

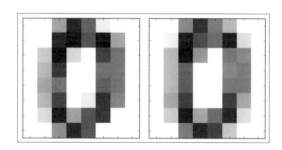

두 개의 0은 매우 비슷하게 보인다. 동일한 사람이 쓴 글씨라는 것에 돈을 걸어도 좋다.

이제 이것으로 재미있는 것을 해보자. 0의 반대는 무엇일까 찾아보자. 가장 유사도가 낮은 이미지는 1626번이다.

```
display_img(1626)
```

결과는 다음과 같다.

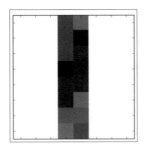

놀랍게도 바이너리 코딩을 확인한 셈이다. 1의 반대는 사실 0이다.

이제 이미지 기반의 머신 러닝 애플리케이션에서 자주 사용하는 다른 알고리즘인 카이 제곱 커널chi-squared kernel을 살펴보자. 코사인 유사도와 비슷하지만, 두 개 벡터 간의 유사도를 나타내는 스칼라 값을 제공한다.

$$k(x,y) = \exp\left(-\gamma \sum_i \frac{(x[i] - y[i])^2}{x[i] + y[i]}\right)$$

카이 제곱 커널 유사도가 이전에 실행했던 코사인 유사도와 어떻게 다른지 비교해보자.

```
from sklearn.metrics.pairwise import chi2_kernel
k_sim = chi2_kernel(X[0].reshape(1,-1), X)
kf = pd.DataFrame(k_sim).T
kf.columns = ['similarity']
kf.sort_values('similarity', ascending=False)
```

앞의 코드는 다음 결과를 생성한다.

	similarity
0	1.000000e+00
1167	1.644255e-07
877	1.040593e-07
464	1.232666e-08
1541	8.598399e-09
1365	8.274881e-09
1029	1.907361e-09
855	1.487874e-10
1697	1.191874e-10
957	1.870301e-11

코사인 유사도 결과와 정렬 순서는 다소 다르지만, 가장 첫 번째는 대부분 같은 값을 가진다.

카이 제곱 커널에서 가장 비슷한 이미지를 살펴보자.

```
display_img(1167)
```

결과는 다음과 같다.

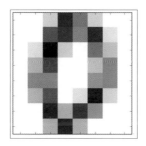

다시 말하면, 원래 이미지와 매우 비슷한 0을 가지고 있다.

왜 다른 알고리즘이 아닌 코사인 유사도와 카이 제곱 커널 중에 선택해야 할까? 코사인 유사도는 자연어 처리 작업에 더 적합한 반면, 카이 제곱 커널은 이미지 기반 작업에서 너 선호된다.

여기서 한 자리 숫자를 나타내는 흑백의 작은 박스를 통해 어떻게 피자나 원숭이, 모터사이클을 구분할 수 있을지 궁금할 것이다. 하지만 지금까지 한 작업들과의 차이를 구분하는 데 필요한 정보가 부족한 건 사실이다.

문자 수만으로 '모비딕'과 '오만과 편견'의 차이를 아는 것은 불가능하며, 다른 추상적인 계층을 추가하는 것이 필요하다. 텍스트의 경우 단어 및 단어 조합, 그리고 시각 정보를 사용하는 것과 유사하게 픽셀 클러스터를 사용한다. 이러한 픽셀 클러스터는 시각적 어휘visual vocabulary를 구성하며, 이것은 시각 단어 꾸러미 방식으로 알려져 있다. 텍스트 모음이 단어의 순서를 무시하는 것과 같은 방법으로 시각 단어의 모음은 시각 어휘의 공간적 순서를 무시한다.

이 시점에서 시각 단어의 과정을 더 자세히 설명하기 위해 더 높은 차원의 개념을 살펴보자. 시각 단어의 모음은 텍스처 인식으로부터 시작된다. 다음 예제를 보자.

Julesz, 1981; Cula & Dana, 2001; Leung & Malik 2001; Mori, Belongie & Malik, 2001; Schmid 2001; Varma & Zisserman, 2002, 2003; Lazebnik, Schmid & Ponce, 2003

여기에는 세 가지 다른 텍스처가 있고, 각각은 텍스처의 단위인 텍스트론textrons의 반복으로 구성된다. 이것은 시각 어휘의 기초를 형성한다.

각 샘플은 다음 그림과 같이 이러한 피처에 대한 히스토그램으로 표현할 수 있다.

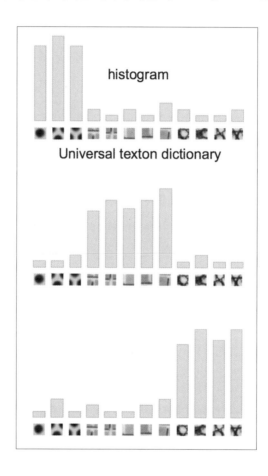

보는 바와 같이 단어 꾸러미와 비슷하며 문서에서 어휘별 히스토그램을 보는 것과 매우 유사하다.

여기까지 주로 개념적인 설명이었고, 시각 단어 꾸러미의 실제 구현을 포함하는 것과는 거리가 있다. 전체적인 설명을 하는 것은 책의 범위를 벗어나지만, 시각 단어로 사용하기 위한 관심 지점points of interest을 선택하고 정규화 및 크기가 변하지 않도록 피처를 만드는 것을 포함한다.

이런 전처리가 완료되면, 텍스트 처리와 마찬가지로 유사도 행렬이 계산되고 분류 알고리즘에 데이터가 입력된다. 다시 말해, 텍스트 처리와 마찬가지로 일반적으로 SVM이다.

▌ 딥러닝의 이해

시각 단어 꾸러미 방식은 인상적인 성능을 발휘하지만, 최근에 딥러닝이라는 새로운 방식이 등장했다. 딥러닝은 인공지능 분야에 새로운 생명력을 불어넣었으며 벤치마크를 계속 갱신하고 있다. 이미지 유사도 엔진을 다루는 이번 장의 뒷부분에서 딥러닝을 사용하겠지만, 우선 딥러닝이 무엇이고 왜 이것이 중요한지 살펴볼 것이다.

딥러닝은 수십 년 동안 계속돼온 뇌의 뉴런neurons을 모델로 하는 퍼셉트론perceptrons이라는 알고리즘에 뿌리를 두고 있다.

생물학 수업에서 뉴런이 어떻게 동작하는지 대부분 배웠다. 기본적인 내용은 다음과 같다.

- 각 뉴런은 다른 뉴런과 네트워크로 연결돼 있다.
- 뉴런이 활성화되면 연결된 뉴런에게 신호를 전송한다.
- 신호를 받은 뉴런은 활성화 조건에 따라 스스로 활성화한다.

이것은 다음 그림에 나오는 지각 모델perception model의 기초다.

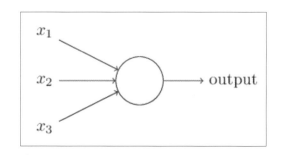

뉴런을 개별적인 의사 결정 단위라고 생각할 수 있다. 뉴런이 새로운 일자리 제안을 받아들여야 할지 결정하는 것을 가정해보자. 해당 시나리오에서 위치와 연봉, 미래 관리자의 느낌, 사무실 등이 관련된 입력 항목이 된다. 이 경우 1. 일자리를 수락하거나 0. 수락하지 않거나의 양자 택일이다. 각 입력 항목은 일자리를 수락할지 결정하는 데 도움을 주지만 영향도가 모두 같지는 않다. 예를 들어, 사무실이 10/10이지만 연봉이 2/10라면 수락할 가능성은 낮다. 그러나 반대로 사무실이 2/10지만 연봉이 10/10이면 수락할 가능성은 높아진다. 그러므로 연봉이 사무실보다 의사 결정에 더 중요하다. 퍼셉트론의 언어로는 연봉 입력이 더 높은 가중치를 가진다고 말할 수 있다. 모든 입력(x's)과 각각의 가중치(w's)를 결합하면 해당 기능을 실행하거나 실행하지 않게 만드는 입력 값을 가지게 된다.

수학적으로 다음과 같다.

$$output = \begin{cases} 0 \ if \ \sum_j w_j x_j \leq threshold \\ 1 \ if \ \sum_j w_j x_j > threshold \end{cases}$$

지금까지 퍼셉트론을 의사 결정 단위라고 생각했지만, 아직 학습이 어떻게 이뤄지는지에 내해서는 논의하시 않았다.

학습을 이해하기 위해 퍼셉트론의 몇 가지 의사 결정 규칙을 배워야 한다.

학습할 첫 번째 규칙은 AND 함수다. AND 함수는 다음과 같이 작동한다. 두 개의 입력을 받아서 둘 다 양수면 해당 함수는 1을 출력하고, 만약 하나의 입력이 음수이거나 둘 다 음수라면 0을 출력할 것이다. 가중치는 0과 1 사이의 난수로 설정한다.

학습 과정을 알아보자. X_1 입력은 1이고, X_2 입력은 −1이다. W_1은 임의로 0.8로, W_2는 임의로 0.2로 설정한다. 출력이 1이 되려면 두 입력 값은 양수여야 하고 임계 값은 1보다 큰 값이다.

그러므로 $W_1{*}X_1 + W_2{*}X_2$는 $1{*}0.8 + −1{*}0.4{=}0.8{−}0.4 = 0.4$다. 이제 예상하는 결과와 비교하면 0.4의 오차가 있다고 말할 수 있다. 이제 가중치를 조정하기 위해 해당 오류를 입력 값으로 입력해 모델을 개선한다.

이렇게 하기 위해 다음 공식을 사용해 각각의 경우를 평가한다.

$$w_i \leftarrow w_i + \Delta w_i$$
$$\Delta w_i = \eta \left(t - 0 \right) x_i$$

i번째 입력 값의 가중치를 w_i라고 하면 t는 목표 결과며, o는 실제 결과다. 여기서 목표 결과는 0이고 실제 결과는 0.4다. 지금은 n 항은 무시하자. 이것이 바로 학습 속도$^{learning\ rate}$며, 수정이 클지 작을지 결정한다. 여기서는 1로 가정한다.

가중치를 수정하기 위해 X_1을 살펴보자. $1{*}(0{−}0.4){*}1$로 −0.4가 된다. 이것이 가중치 증분이 된다. 그래서 방정식 1을 수정하면 0.8−0.4로 새로운 가중치 W_1은 0.4가 된다. X_1의 가중치는 줄었고, X_2의 가중치는 어떤지 살펴보자.

X_2의 가중치는 $1{*}(0{−}0.4){*}−1$로 0.4다. 가중치를 수정하면 0.2+0.4 = 0.6이 된다. 가중치는 예상한 것과 정확히 비슷해지고 있다. 충분히 작은 학습 속도로 계속 실행하게 되면 모델은 수렴하게 되고 AND 함수를 학습하게 된다.

모델이 어이없을 정도로 간단해 보이지만(실수하진 않았지만 (XOR 같은 함수는 학습할 수 없는) 분명한 한계가 있다.) 오늘날 딥러닝 프레임워크의 기본 구성 요소다. 이 모델을 적용해 점점 복잡한 표현을 학습하고, 계단형 함수를 시그모이드sigmoid 함수로 개선하거나 네트워크를 형성하기 위해 뉴런을 쌓는 것, 하위 계층을 통해 에러를 할당하는 더 나은 방법과 같은 혁신을 만들어낸다.

이러한 최신 기술을 결합하면 XOR 함수를 학습하는 데 필요한 비선형 표현뿐 아니라 어떠한 패턴도 학습할 수 있다. 뉴런 층을 쌓아서(출력이 입력으로 피드되도록) 상위 계층이 좀 더 복잡한 데이터 표현을 알아낼 수 있다.

다음 그림에서 안면 인식 작업의 절차를 알 수 있다.

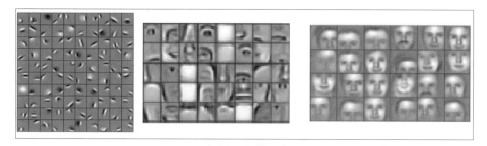

http://www.andrewng.org

앞 그림의 왼쪽에서 오른쪽으로 표현의 복잡도가 증가하는 것을 알 수 있다. 이는 딥러닝 네트워크의 각 은닉 계층hidden layer에서 일어난다.

다음 다이어그램을 보면 한 개의 은닉층을 가진 네트워크로 보이지만, 실제의 경우 일반적으로 많은 은닉 계층을 포함하고 있다. 이것이 딥러닝의 '딥deep'의 유래다.

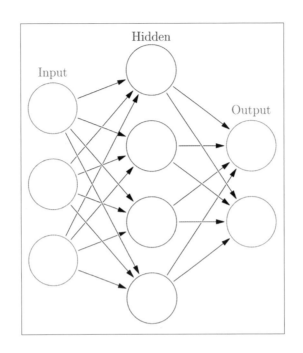

이것을 '장님과 코끼리' 우화처럼 생각할 수 있다.

> "코끼리의 다리를 만진 장님은 기둥 같다고 하고, 꼬리를 만진 장님은 밧줄 같다고 하고, 몸통
> 을 만진 장님은 나뭇가지 같다고 하고, 귀를 만진 장님은 부채와 같다고 하고, 배를 만진 장님
> 은 벽과 같다고 하고, 상아를 만진 장님은 파이프와 같다고 말한다."
>
> – 위키피디아(Wikipedia)

전체 그림에 접근할 수 없기 때문에 개별적으로 평가한 것으로 정확히 말할 수 없다. 하지만 속성의 집합을 하나로 모으고 모으면 코끼리라고 말할 수 있으며, 다음에는 기둥 + 밧줄 + 나뭇가지 + 부채 + 벽 + 파이프의 조합이 코끼리와 같다고 할 수 있는 확신이 들게 된다.

이제 딥러닝이 무엇인지에 대한 이해도가 높아졌으니 딥러닝을 사용해 애플리케이션을 만들어보자.

302

이미지 유사도 엔진 구축하기

이 장의 내용을 잘 따라왔다면, 이제 즐거운 작업을 할 때가 됐다. 인공지능에서 이뤄진 큰 발전의 힘을 이용해 정말 중요한 작업을 할 것이다. 당신의 영적 동물을 찾는 것이다. 정확히는 CIFAR-10 이미지 데이터셋에서 고양이와 가장 비슷한 것을 찾을 것이다. CIFAR-10이란 무엇일까? CIFAR-10 데이터셋은 컴퓨터비전 연구에서 표준으로 사용되는 데이터다. 개와 개구리, 비행기와 자동차 같은 사물 10가지 종류별로 수만 개의 이미지가 있다. 무엇보다 중요한 것은 고양이 이미지가 있다는 것이다.

여기서 딥러닝에 대해 알아야 할 것은 지금까지 다룬 알고리즘은 매우 강력한 편이지만, 최소한 홈게이머homegamers에게는 맞지 않다는 사실이다. 이는 다른 알고리즘에 비해 더 많은 학습 시간과 더 많은 컴퓨팅 파워가 필요하다는 것을 의미한다. 뉴럴 아키텍처가 더 빨리 채택되지 못한 이유이기도 하다. 저렴한 GPU의 출현 덕분에 연구원들이 사용 가능하게 됐다.

이러한 이유로 모델의 처리 시간을 줄이기 위해 두 가지 조치를 할 것이다.

첫 번째 조치는 GraphLab Create를 사용하는 것이다. Create는 대규모 머신 러닝을 위해 널리 사용되는 프레임워크다. 괜찮은 API를 제공해 pandas나 scikit-learn처럼 인기가 있다. 유료 서비스라 라이선스가 필요하지만, 부트캠프나 Coursera와 같은 MOOCs^Massive Open Online Courses가 포함된 학업적인 목적에는 무료다. 자세한 내용은 사이트에서 확인할 수 있다.

Graphlab 설치는 간단하다. 자세한 내용은 https://dato.com/download/install-graphlab-create-command-line.html에서 확인할 수 있다. 라이선스를 얻기 위한 양식을 작성하면 제공하는 pip 명령어를 복사/붙여넣기하면 된다.

 파이썬 2.7을 사용해야 한다. 현재 기준으로 파이썬 3는 지원하지 않는다.

처리 시간을 단축하기 위한 다음 조치는 트랜스퍼 러닝transfer learning이다. 트랜스퍼 러닝의 배경은 매우 명확한 작업을 목표로 고도로 학습된 딥러닝 네트워크 파워를 사용하는 것이다. 아직 학습되지 않은 작업을 위한 피처로 하위 레벨을 사용하기 위해 이러한 네트워크의 마지막 계층을 제거한다. 하위 레벨은 항목에 대한 표현 결합 측면에서 특이성이 적다. 숫자 인식 세계에서 하위 레벨은 반복적이거나 연속적인 형태로 나타나는 반면에 상위 레벨은 0과 1로 나타나고, 코끼리 인식의 세계에서는 부채나 나뭇가지로 나타난다. 트랜스퍼 러닝에서는 구체적으로 학습되지 않은 새로운 분야에 적용할 수 있도록 하위 레벨 피처를 추출할 수 있다.

 Coursera의 machine learning foundations 과정에서 이 영역에 대한 많은 정보를 가져왔으며, 더 많은 자료에 관심이 있다면 https://www.coursera.org/learn/ml-foundations에 접속해보길 바란다.

영적 동물을 가지고 코딩을 시작해보자.

처음은 import문으로 시작한다.

```
import graphlab
graphlab.canvas.set_target('ipynb')
```

다음 CIFAR-10 데이터셋을 사용해 이미지셋을 가져온다.

```
gl_img =
graphlab.SFrame('http://s3.amazonaws.com/dato-datasets/coursera/deep_learning/image_train_data')
gl_img
```

결과는 다음과 같다.

id	image	label	deep_features	image_array
24	Height: 32 Width: 32	bird	[0.242871761322, 1.09545373917, 0.0, ...	[73.0, 77.0, 58.0, 71.0, 68.0, 50.0, 77.0, 69.0, ...
33	Height: 32 Width: 32	cat	[0.525087952614, 0.0, 0.0, 0.0, 0.0, 0.0, ...	[7.0, 5.0, 8.0, 7.0, 5.0, 8.0, 5.0, 4.0, 6.0, 7.0, ...
36	Height: 32 Width: 32	cat	[0.566015958786, 0.0, 0.0, 0.0, 0.0, 0.0, ...	[169.0, 122.0, 65.0, 131.0, 108.0, 75.0, ...
70	Height: 32 Width: 32	dog	[1.12979578972, 0.0, 0.0, 0.778194487095, 0.0, ...	[154.0, 179.0, 152.0, 159.0, 183.0, 157.0, ...
90	Height: 32 Width: 32	bird	[1.71786928177, 0.0, 0.0, 0.0, 0.0, 0.0, ...	[216.0, 195.0, 180.0, 201.0, 178.0, 160.0, ...

id나 label 같은 식별 정보가 포함된 여러 칼럼을 확인할 수 있지만 'deep features'라 표시돼 있는 칼럼도 볼 수 있다. 해당 피처는 대규모로 학습된 딥러닝 네트워크에서 추출한 것이다. 잠시 후에 이것을 어떻게 사용하는지 설명할 것이다. 일단 계속 진행해보자.

다음 코드를 사용해 이미지를 볼 수 있다.

```
gl_img['image'][0:5].show()
```

결과는 다음과 같다.

이섭게도 이미지가 아주 적지만 더 질 보이게 크기를 조정할 수 있다.

```
graphlab.image_analysis.resize(gl_img['image'][2:3], 96,96).show()
```

결과는 다음과 같다.

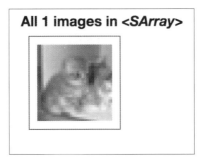

비교할 이미지는 가져왔으니, 이제 자신의 이미지가 필요하다. 해당 작업에 딱 맞는 사진을 가져올 것이다. 여러분은 당연히 자신의 이미지를 가져와야 한다.

```
img = graphlab.Image('/Users/alexcombs/Downloads/profile_pic.jpg')
ppsf = graphlab.SArray([img])
ppsf = graphlab.image_analysis.resize(ppsf, 32,32)
ppsf.show()
```

결과는 다음과 같다.

다음으로 해당 이미지를 앞서 학습된 이미지가 포함된 프레임에 넣는다. 하지만 이렇게 하기 위해 피처를 추출해야 한다.

```
ppsf = graphlab.SFrame(ppsf).rename({'X1': 'image'})
ppsf
```

앞의 코드는 다음 결과를 생성한다.

image
Height: 32 Width: 32
[1 rows x 1 columns]

이제 이미지의 딥 피처를 추출한다.

```
ppsf['deep_features'] = deep_learning_model.extract_features(ppsf)
ppsf
```

앞의 코드는 다음 결과를 생성한다.

image	deep_features
Height: 32 Width: 32	[2.32031345367, 0.0, 0.0, 0.0, 0.0, 0.31992828846, ...
[1 rows x 2 columns]	

여기서 비교할 이미지와 동일한 수준으로 마지막 처리가 필요하다.

```
ppsf['label'] = 'me'
gl_img['id'].max()
```

앞의 코드는 다음 결과를 생성한다.

49970

해당 프레임에서 가장 큰 ID는 49,970이니 내 사진은 기억하기 쉽게 50,000으로 한다.

```
ppsf['id'] = 50000
ppsf
```

앞의 코드는 다음 결과를 생성한다.

image	deep_features	label	id
Height: 32 Width: 32	[2.32031345367, 0.0, 0.0, 0.0, 0.0, 0.31992828846, ...	me	50000

[1 rows x 4 columns]

거의 다 했다. 이제 해당 칼럼을 모두 합친다.

```
labels = ['id', 'image', 'label', 'deep_features']
part_train = gl_img[labels]
new_train = part_train.append(ppsf[labels])
new_train.tail()
```

결과는 다음과 같다.

49913	Height: 32 Width: 32	automobile	[1.2023819685, 0.342965483665, 0.0, ...
49919	Height: 32 Width: 32	automobile	[0.0, 0.0, 0.0, 0.769036352634, 0.0, ...
49927	Height: 32 Width: 32	dog	[0.558163285255, 0.0, 1.05110442638, 0.0, 0.0, ...
49958	Height: 32 Width: 32	cat	[0.674960494041, 0.0, 0.0, 1.9640891552, ...
49970	Height: 32 Width: 32	cat	[1.07501864433, 0.0, 0.0, 0.0, 0.0, 0.0, ...
50000	Height: 32 Width: 32	me	[2.32031345367, 0.0, 0.0, 0.0, 0.0, 0.31992828846, ...

이제 딥 피처가 벡터로 표시된 이미지 전체의 큰 프레임이 만들어졌다. 이제 가장 비슷한 이미지를 찾는 매우 간단한 모델을 사용한다.

처음으로 k-최근접 이웃 모델k-nearest neighbors model을 사용해 임의의 고양이와 다른 이미지를 비교함으로써 모델의 적합도를 확인해보자.

```
knn_model =
graphlab.nearest_neighbors.create(new_train,features=['deep_features'],
label='id')
```

앞의 코드는 다음 결과를 생성한다.

```
Starting brute force nearest neighbors model training.
```

테스트할 새끼 고양이를 가져온다.

```
cat_test = new_train[-2:-1]
graphlab.image_analysis.resize(cat_test['image'], 96,96).show()
```

결과는 다음과 같다.

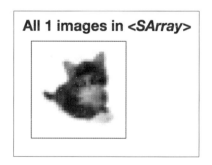

화소로 처리된 사랑스러운 작은 괴물이 시험 대상이다. 닮은 고양이를 찾아보자.

```
sim_frame = knn_model.query(cat_test)
sim_frame
```

앞의 코드는 다음 결과를 생성한다.

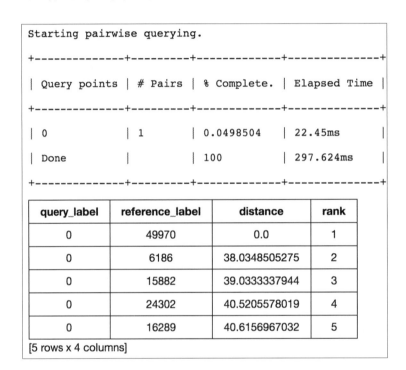

```
Starting pairwise querying.
+---------------+----------+--------------+--------------+
| Query points  | # Pairs  | % Complete.  | Elapsed Time |
+---------------+----------+--------------+--------------+
| 0             | 1        | 0.0498504    | 22.45ms      |
| Done          |          | 100          | 297.624ms    |
+---------------+----------+--------------+--------------+
```

query_label	reference_label	distance	rank
0	49970	0.0	1
0	6186	38.0348505275	2
0	15882	39.0333337944	3
0	24302	40.5205578019	4
0	16289	40.6156967032	5

[5 rows x 4 columns]

최종적으로 비슷한 새끼 고양이들을 볼 수 있다.

```
def reveal_my_twin(x):
    return gl_img.filter_by(x['reference_label'],'id')
spirit_animal = reveal_my_twin(knn_model.query(cat_test))
spirit_animal['image'].show()
```

결과는 다음과 같다.

모두 다 고양이 이미지라서 모두 비슷해 보인다.

다른 고양이로 한 번 더 해보자. 코딩은 생략하고 대상 고양이와 닮은 고양이만 확인해
보자.

우선 대상 사진이다.

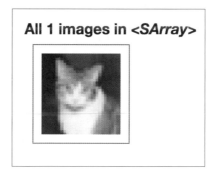

그리고 닮은 고양이들이다.

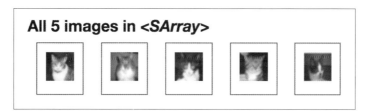

145개 이미지로 어울리는 정도에 따라 점수를 줘야 한다. 하지만 다들 기다리는 나의 동물 쌍둥이를 밝혀보자.

```
me_test = new_train[-1:]
graphlab.image_analysis.resize(me_test['image'], 96,96).show()
```

결과는 다음과 같다.

이제 가장 닮은 고양이를 찾아보자.

```
sim_frame = knn_model.query(me_test)
sim_frame
```

앞의 코드는 다음 결과를 생성한다.

```
Starting pairwise querying.

+--------------+---------+-------------+--------------+

| Query points | # Pairs | % Complete. | Elapsed Time |

+--------------+---------+-------------+--------------+

| 0            | 1       | 0.0498504   | 31.203ms     |

| Done         |         | 100         | 330.71ms     |

+--------------+---------+-------------+--------------+
```

query_label	reference_label	distance	rank
0	50000	0.0	1
0	6567	38.5852216196	2
0	11293	41.9754457649	3
0	22193	42.8440615614	4
0	36138	42.8565376605	5

[5 rows x 4 columns]

이제 결과를 보자.

```
graphlab.image_analysis.resize(spirit_animal['image'][0:1], 96,96).show()
```

결과는 다음과 같다.

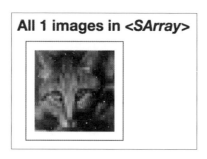

All 1 images in <SArray>

모자 때문인 것 같지만 이 고양이를 영적 동물로 받아들일 것이다.

▌ 요약

이 장에서는 컴퓨터비전 애플리케이션을 위한 머신 러닝을 살펴봤다. 실제 현장에서 사용되는 다양한 기술과 이런 기술을 사용해 작동되는 애플리케이션을 만드는 방법을 다뤘다. 또한 딥러닝 원리와 피처 추출 및 분류 방법을 알아봤다. 하지만 이제 자신의 영적 동물을 찾는 과학적이고 심오한 방법론을 얻었다는 것이 가장 중요하다. 이것만으로도 이 책의 값어치는 충분하다고 생각한다.

다음 장에서는 챗봇 애플리케이션을 만드는 방법을 알아본다.

09

챗봇 구축하기

컴퓨터가 등장한 이후 오랫동안 우리는 컴퓨터와 대화할 수 있는 시대를 상상해왔다. 영화에서 나오는 것처럼 기계라는 초지능적 에이전트와 말이다. 이러한 로봇은 단순히 대화하는 것을 넘어서 2001년 나온 영화《스페이스 오딧세이》와 같이 감정을 판단할 수 있고, 필요에 따라 명령을 반박하는 것까지 가능하게 된다.

영화가 나온 지 11년이 지난 후에 애플은 아이폰4S를 출시하면서 시리Siri를 소개했다. 시리를 사용해본 누구나 영화에 나온 기계 HAL9000에 의해 보여졌던 인텔리전스에 견줄만한 무언가를 마수하려면 아직 오랜 시간이 필요함을 명확히 깨닫게 된다. 최근에 소개된 이런 에이전트나 챗봇chatbot은 여전히 부족하지만, 그럼에도 해당 분야는 빠르게 발전하고 있다.

이 장에서는 챗봇을 구축하는 방법을 처음부터 배울 것이다. 이를 통해 현장의 역사와 미래 전망에 대해 알게 된다.

이 장에서 다루는 내용은 다음과 같다.

- 튜링 테스트
- 챗봇의 역사
- 챗봇 설계하기
- 챗봇 구축하기

▍튜링 테스트

1950년대 앨런 튜링은 그의 유명한 논문에서 "기계는 생각할 수 있는가?"라는 질문을 제기했다. 그는 이 질문에 대해 정면으로 대응하기보다는 '다른 사람의 생각의 문제'라는 구조로 문제를 제기했다. 이 문제는 "다른 사람의 생각과 우리의 생각이 같다는 것을 진짜 어떻게 알 수 있을까?"라는 질문을 통해 제기됐다.

생각의 내부적인 활동이 아닌 단지 행동을 관찰할 수 있기 때문에 우리와 같다고 생각하는 믿음을 가져야 한다. 튜링은 기계가 지능을 가진 것처럼 행동한다면, 실제로 그렇게 봐야 한다고 제안했다. 이것을 간단히 튜링 테스트Turing test라고 한다. 이 시험을 통과한다는 것은 인간이 기계를 대등한 인간으로 확신한다는 의미다.

이 시점에서 프로그램이 튜링 테스트를 성공적으로 통과했는지 궁금할 것이다. 그 대답은 아직 공식적인 튜링 테스트가 없다는 것이다. 가장 가까운 것은 뢰브너 상Loebner Prize이라는 공식 이벤트다. 이 상은 매년 개최되는 콘테스트로 심사위원이 인간으로 확신하게 만든 챗봇에게 수여된다. 이것이 논리적이고 학문적으로 들린다면, 다른 방식으로 설명한 것도 있다. 이 경연에 대한 뢰브너의 후원은 어떤 종류의 노동에 대한 경멸의 소산이라고 말할 수 있다.

다행히, 이러한 점에서 '튜링 테스트 통과'에 대한 주장은 실제 과학보다 더 흥미진진하다는 것을 알 수 있다. 그럼에도 불구하고 튜링의 원래 개념은 유용한 가설이다.

▌챗봇의 역사

아버지가 나를 검정색과 녹색으로 깜빡거리는 모니터가 딸린 IBM XT 앞에 앉히고 '그것'에게 이야기하라고 했던 날을 기억한다. 대화는 다음과 같이 진행됐다.

>안녕? 오늘 기분 어때?

>안녕. 누구지?

>안녕... 오늘 어떠니?

>괜찮아. 넌 네가 누군지 말하지 않았어.

>너와 논의를 해야 해.

>해야 한다고? 왜?

>이야기를 좀 바꿔보자. 가족에 대해 말해봐.

>넌 같이 대화하기 불가능하네.

>더 자세히 말해줄 수 있니?

>미치겠네 정말.

>아마 넌 내가 널 죽이길 바랄 거야.

>좋아, 넌 나를 놀래키는구나.

>흑시 너 자신에 대헤 말히고 있니?

>뭐라고?? 그건 말이 안 돼.

>답변이 어떤 도움이 됐나요?

>종료

>매우 흥미롭네.

>나가기

>이야기해줘서 감사

>#$###$#@@….

대화를 나눴던 '그것'은 ELIZA라는 프로그램이었다. 1960년 중반에 MIT 인공지능 연구소의 조셉 바이젠바움Joseph Weizenbaum에 의해 작성된 ELIZA는 로저리안Rogerian 정신 치료사의 반응을 흉내 내기 위해 만들어졌다. 어떤 면에서는 웃기는 실험이었지만, 프로그램은 어떤 사용자가 실제 인간과 채팅하고 있다고 확신할 만하다.

임의 추출과 정규 표현식을 사용해 앵무새처럼 반응하도록 하는 200줄밖에 안 되는 코드로 놀랄 만한 기능이라고 할 수 있다. 오늘날에도 이 간단한 프로그램은 대중문화의 주제로 남아있다. 시리에게 ELIZA가 누구냐고 물어보면, 자신의 친구며 똑똑한 정신 치료사라고 이야기할 것이다.

ELIZA가 챗봇의 초기 사례라면, 다음에 나온 것은 무엇인가? 최근 몇 년 동안, 새로운 챗봇이 폭발적으로 증가했고 가장 주목할 만한 것은 클레버봇Cleverbot이다.

클레버봇은 1997년 웹을 통해 세상에 공개됐다. 그 후로 수백만 개의 변환을 거듭했다. 초기 챗봇과 다르게, (이름에서 알 수 있듯이) 클레버봇은 매 변환을 거치면서 더 똑똑해졌다. 정확히 알고리즘이 어떻게 동작하는지 알긴 어렵지만, 데이터베이스에 모든 대화를 저장하고 가장 비슷한 질문과 데이터베이스의 응답을 확인하고 가장 적절한 응답을 찾는 방식으로 동작한다.

다음 스크린샷에서 말이 안 되는 질문을 만들었고, 문자열이 비슷한 걸로 질문과 비슷한 대상을 찾은 것을 볼 수 있다.

계속해봤다.

다시 한 결과는... 비슷한가?

대화가 지속될 수 있는 주제가 계속되는 것을 알 수 있다. 대답에 대한 응답으로 대답에 대해 더 자세히 파고들고 맞는지 확인하는 요청을 받았다. 이것이 클레버봇이 잘하고 똑똑하게 보이는 것 중의 하나다.

인간에게 배우는 챗봇이 재미있을 수 있지만, 또한 어두운 면도 가지고 있다.

지난해, 마이크로소프트는 Tay라는 이름의 챗봇을 트위터[Twitter]에 발표했다. 사람들은 초대되고 Tay의 질문을 받았다. Tay는 자신의 성격에 따라 응답했다. 마이크로소프트는 챗봇을 19세 미국 소녀처럼 보이게 프로그래밍한 것으로 보인다. 가상의 '절친bestie'을 계획했지만, 유일한 문제는 당신보다 나치 청소년에 어울리는 말을 하기 시작했다는 것이다.

믿기 힘든 자극적인 트윗이 계속되자 마이크로소프트는 Tay를 트위터에서 빼고 해당 이슈에 대해 사과했다.

> "많은 사람들이 알다시피, 수요일에 Tay라는 이름의 챗봇을 시작했다. Tay가 했던 의도하지 않은 공격적이고 상처를 주는 트윗에 대해 매우 죄송하게 생각하며, 이는 우리가 누구며, 무엇을 의미하는지 그리고 Tay를 어떻게 설계했는지를 나타내진 않는다. Tay는 현재 오프라인이며, 우리의 원칙 및 가치와 상충하는 악의적인 의도를 잘 예상할 수 있을 때 복귀시킬 것이다."
>
> – 2016년 3월 25일, 마이크로소프트 공식 블로그

앞으로 챗봇을 시작하길 원하는 브랜드들은 이 큰 실패에서 교훈을 얻어야 한다.

브랜드들이 챗봇을 할 것이라는 데는 의심의 여지가 없다. 페이스북에서부터 타코벨Taco Bell에 이르기까지 모든 브랜드가 게임에 참여하고 있다.

타코봇TacoBot을 살펴보자.

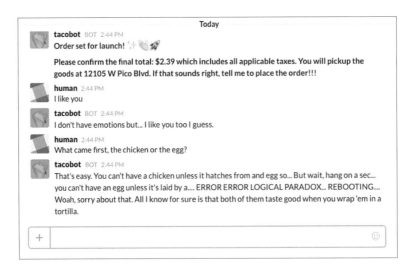

이것은 실제 상황이다. Tay와 같은 실패에도 불구하고, 타코봇과 같은 UI는 미래를 위한 좋은 기회다. 다음 마지막 사례는 그 이유를 설명하는 데 도움이 된다.

쿼츠Quartz는 최근에 뉴스를 대화로 바꿔주는 앱을 출시했다. 하루의 기사를 평범한 리스트로 보여주는 대신 친구로부터 뉴스를 듣는 것처럼 대화에 참여한다.

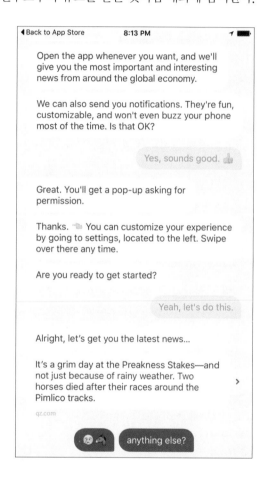

트위터의 PM인 데이빗 개스카David Gasca는 미디엄Medium에 해당 앱에 대한 경험을 작성하고 포스팅했다. 일반적으로 인간 관계 속에서 나타나는 감정을 통한 대화의 자연스러움을 묘사했던 것이다. 이는 해당 앱에서 광고를 만났을 때 느끼는 것에 대한 그의 생각이다.

"단순한 디스플레이 광고와 다르게, 앱과의 대화 관계에서 뭔가 빚진 것 같은 느낌으로 클릭하게 된다. 잠재 의식 수준에서 앱을 내버려두지 않고 보답해야 할 것 같은 느낌을 받게 된다. 앱이 콘텐츠를 제공한다. 지금까지 좋았으니 GIF를 즐긴다. 친절하게 묻기 때문에 아마 클릭할 것이다."

이 경험이 일반적이라면 그다음으로 바로 광고에서의 큰 건을 예상할 수 있다. 광고 수익으로 인해 UI 디자인이 발전할 것이라는 점에서는 의심의 여지가 없다.

"더 많은 챗봇이 인간처럼 행동할수록 인간처럼 여겨질 것이다."

–맷 웹(Mat Webb), 공학자이자 『Mind Hacks』의 공동 저자

이제 이런 것들이 어떻게 동작하는지 알고 싶을 것이다. 바로 시작해보자.

▌ 챗봇 설계하기

원래 ELIZA 애플리케이션은 200줄의 코드로 돼 있다. 파이썬 NLTK 구현은 이와 비슷하게 짧다. 발췌한 부분은 NLTK 웹사이트(http://www.nltk.org/modules/nltk/chat/eliza.html)에서 찾을 수 있으며, 다음에 보는 것처럼 복사했다.

```
# Natural Language Toolkit: Eliza
#
# Copyright (C) 2001-2016 NLTK Project
# Authors: Steven Bird <stevenbird1@gmail.com>
# Edward Loper <edloper@gmail.com>
# URL: <http://nltk.org/>
# For license information, see LICENSE.TXT
# Based on an Eliza implementation by Joe Strout
<joe@strout.net>,
# Jeff Epler <jepler@inetnebr.com> and Jez Higgins
<mailto:jez@jezuk.co.uk>.
# a translation table used to convert things you say into
things the
```

```
# computer says back, e.g. "I am" --> "you are"
from __future__ import print_function
from nltk.chat.util import Chat, reflections
    # a table of response pairs, where each pair consists of a
    # regular expression, and a list of possible responses,
    # with group-macros labelled as %1, %2.
    pairs = ((r'I need (.*)',("Why do you need %1?", "Would it
        really help you to get %1?","Are you sure you need
        %1?")),(r'Why don't you (.*)',
        ("Do you really think I don't %1?","Perhaps eventually
        I will %1.","Do you really want me to %1?")),
    [snip](r'(.*)\?',("Why do you ask that?", "Please consider
        whether you can answer your own question.",
        "Perhaps the answer lies within yourself?",
        "Why don't you tell me?")),
    (r'quit',("Thank you for talking with me.","Good-bye.",
    "Thank you, that will be $150. Have a good day!")),
    (r'(.*)',("Please tell me more.","Let's change focus a bit...
        Tell me about your family.","Can you elaborate on
        that?","Why do you say that %1?","I see.",
        "Very interesting.","%1.","I see. And what does that
        tell you?","How does that make you feel?",
        "How do you feel when you say that?"))
    )
eliza_chatbot = Chat(pairs, reflections)
def eliza_chat():
    print("Therapist\n---------")
    print("Talk to the program by typing in plain English,
        using normal upper-")
    print('and lower-case letters and punctuation. Enter "quit"
        when done.')
    print('='*72)
    print("Hello. How are you feeling today?")
eliza_chatbot.converse()
def demo():
    eliza_chat()
if __name__ == "__main__":
    demo()
```

코드에서 보는 것과 같이 입력 문장은 구문 분석된 후에 정규식에 대응된다. 입력이 일치하면 무작위의 응답(가끔 입력의 일부를 다시 말하는)을 반환한다. 그럼 '타코가 필요해! need a taco'가 타코를 얻는 데 정말 도움을 줄 수 있는 응답을 이끌어낼 수 있을까? 분명히 대답은 "예"며, 다행히 기술적으로 제공할 수 있는 수준에 와있다(타코봇에게 축복을). 하지만 이 코드는 초기 단계임에도 불구하고, 놀랍게도 어떤 사람들은 ELIZA가 진짜 인간이라고 믿기도 했다.

그럼 더 발전된 봇은 어떨까? 그것은 어떻게 만들어져 있을까?

놀랍게도, 만나게 되는 챗봇의 대부분은 머신 러닝을 사용하지 않으며, 검색 기반 모델을 사용한다. 이것은 질문과 내용에 따라 미리 정의된 응답을 의미한다. 이런 봇의 가장 일반적인 아키텍처는 AIML Artificial Intelligence Markup Language이다. AIML은 봇이 사용자 입력에 상호작용할 수 있는 방법을 나타내는 XML 기반 스키마 schema다.

이것은 ELIZA가 동작하는 방식보다 더 개선된 버전이다.

AIML을 사용해 응답을 생성하는 방법을 살펴보자. 우선, 모든 입력을 표준화하는 전처리를 한다. 'Waaazzup???'이 입력되면 'WHAT IS UP'으로 변경한다. 이 전처리 단계는 동일한 것을 말하는 무수한 방법을 하나의 규칙에 대응하는 하나의 입력으로 줄여준다. 여기서 구두점이나 다른 관계없는 입력은 제거된다. 이 작업이 완료되면 입력이 적절한 규칙과 대응된다. 샘플 모형은 다음과 같다.

```
<category>
    <pattern>WHAT IS UP</pattern>
    <template>The sky, duh. Pfft. Humans...</template>
</category>
```

이것은 기본 설정이고 와일드카드와 무작위 추출, 우선순위 등을 넣을 수 있다. 다음은 와일드카드를 사용하는 예제다.

```
<category>
    <pattern>* FOR ME<pattern>
    <template>I'm a bot. I don't <star/>. Ever.</template>
</category>
```

여기서 와일드카드 *는 **FOR ME** 앞에 하나 또는 하나 이상의 단어가 있다는 것을 의미하고 출력 형식에서 이것을 다시 말한다. 사용자가 Dance for me!라고 썼다면, 응답은 I'm a bot. I don't dance. Ever.가 된다.

보다시피 이러한 규칙이 실제 지능에 근사하게 만드는 것은 아니지만, 착각을 일으키는 몇 가지 요령이 있다. 더 좋은 방법은 주제에 맞게 응답을 생성하는 것이다.

예를 들어, 다음은 주제를 끌어내는 규칙이다.

```
<category>
    <pattern>I LIKE TURTLES</pattern>
    <template>I feel like this whole <set name="topic">turle</set>
        thing could be a problem. What do you like about them?
    </template>
</category>
```

주제가 설정되면 문맥에 맞는 특별한 규칙을 적용할 수 있다.

```
<topic name="turtles">

    <category>
        <pattern>* SHELL IS *</pattern>
        <template>I dislike turtles primarily because of their shells.
            What other creepy things do you like about turtles?
        </template>
    </category>

    <category>
```

```
    <pattern>* HIDE *</pattern>
    <template>I wish like a turtle that I could hide from this
conversation.</template>
    </category>
</topic>
```

대화는 다음과 같다.

>I like turtles! (나는 거북이가 좋아!)

>I feel like this whole turtle thing could be a problem. What do you like about them?
(거북이 전체를 좋아하는 건 아닐 텐데, 거북이의 무엇이 좋니?)

>I like how they hide in their shell. (거북이가 등껍질 안에 숨는 걸 좋아해.)

>I wish like a turtle I could hide from this conversation. (나도 거북이처럼 이 대화에서
숨을 수 있다면 좋겠어.)

대화가 진행되면서 사실감이 더해지는 것을 알 수 있다.

아마도 이 방법이 딥러닝 시대의 최첨단 기술이 아니란 것은 알 것이다. 대부분의 봇은 규
칙 기반이지만, 차세대 챗봇이 나오고 있으며 이들은 뉴럴 네트워크 기반이다.

2015년 오리올 빈야스Oriol Vinyas와 구글의 쿠옥 르Quoc Le는 시퀀스 투 시퀀스 기반의 뉴럴
네트워크를 구축한 것을 설명한 논문(http://arxiv.org/pdf/1506.05869v1.pdf)을 발행했다.
이런 유형의 모델은 'ABC'와 같은 연속된 문장이 입력되면, 'XYZ'와 같은 연속된 문장을
출력한다.

예를 들어 이러한 입력과 출력은 하나의 언어를 다른 언어로 번역하는 것과 같다. 하지만
여기서 작업한 학습 데이터는 언어 번역이 아니라 기술 지원 기록과 영화 대화다. 두 모델
의 결과 모두 흥미로웠지만 영화 모델 기반의 대화는 헤드라인을 훔친 대화였다.

다음은 논문에서 발췌한 예시 대화다.

```
Human: who is skywalker ?
Machine: he is a hero .
Human: who is bill clinton ?
Machine: he 's a billionaire .
Human: is sky blue or black ?
Machine: blue .
Human: does a cat have a tail ?
Machine: yes .
Human: does a cat have a wing ?
Machine: no
Human: can a cat fly ?
Machine: no .
Human: how many legs does a cat have ?
Machine: four , i think .
```

사람이 명시적으로 부호화하거나 학습 데이터셋을 제공하지 않았는데, 인간과 대화하는 것 같아서 무섭게 느껴진다. 좀 더 살펴보자.

```
Human: what do you think about tesla ?
Machine: he 's a good conductor .
Human: what do you think about bill gates ?
Machine: he 's a good man .
Human: What do you think about messi ?
Machine: he 's a great player .
Human: what do you think about cleopatra ?
Machine: oh , she 's very regal .
Human: what do you think about england dur-
ing the reign of elizabeth ?
Machine: it was a great place .
```

모델이 성별(남자, 여자), 장소(영국), 직업(운동선수) 등의 지식을 가지고 응답하는 것을 주목하자. 의미, 윤리, 도덕에 대한 질문조차도 잘 어울린다.

```
Human: what is the purpose of life ?
Machine: to serve the greater good .
Human: what is the purpose of living ?
Machine: to live forever .
```

대화는 계속된다.

> **Human:** *okay , i need to know how should i behave morally ...*
> **Machine:** *i don 't know how to tell you .*
> **Human:** *is morality and ethics the same ?*
> **Machine:** *yes , sir .*
> **Human:** *what are the things that i do to be immoral ?*
> **Machine:** *i don 't know .*
> **Human:** *give me some examples of moral actions ...*
> **Machine:** *i 'm not a moralist .*
> **Human:** *alright , morality ?*
> **Machine:** *integrity .*

이 문서가 미래에 대한 두려움을 조금이라도 느끼게 만들지 못했다면, 이미 어떤 인공지능일 가능성이 있다.

진심으로 논문 전체 내용을 읽어볼 것을 추천한다. 그 내용이 지나치게 기술적이진 않으며, 이 기술이 어디로 향하고 있는지 확실히 알게 될 것이다.

챗봇의 역사와 종류, 그리고 설계에 대해 많이 이야기했으니, 이제 구축을 시작해보자.

▌ 챗봇 구축하기

여기서 챗봇의 관점에서 가능한 것이 무언인지 생각해보면, 아마도 가장 우수하면서 최첨단인 구글 수준의 봇을 구축하고 싶을 것이다. 자, 이제 완전히 정반대로 하게 될 것이기 때문에 그런 생각은 바로 버리길 바란다. 최고가 아니라 최악의 봇을 만들 것이다.

구글이 구축한 것과 비교할 만한 챗봇을 구축하는 것은 상당한 하드웨어와 시간이 필요하기 때문이다. 실제 학습 데이터셋을 돌리는 데만 적어도 한두 달 정도 걸리기 때문에 맥북 프로에서 모델을 만들 수는 없다. 이는 AWS^Amazon Web Service에서 시간을 좀 빌려야 하는 것을 의미한다. 강력한 사양과 더불어 GPU도 필요하다. 이런 시도를 할 필요가 있긴 하지만, 단지 매우 멋지고 매력적인 것을 만드는 데 목표가 있다면 충분히 다룰 것이다.

사전에 경고하고 싶은 건 클레버봇은 Tay가 아니지만, 대화가 좀 기분 나쁠 수도 있다는 점이다. 쉽게 기분이 상하는 편이라면 다른 학습 셋을 찾는 게 좋을 것이다.

이제 시작해보자!

우선, 학습 데이터가 필요하다. 또한 이 과정이 가장 어려운 단계다. 다행히도, 놀랄 만한 대화 데이터가 있는 저장소를 발견했다. notsocleverbot.com 사이트는 사람들로 하여금 클레버봇과 대화한 가장 어리석은 대화를 제출하게 한다. 이보다 더 좋은 학습 셋이 있을까?

해당 사이트에서 클레버봇과 한 사용자 간의 예제 대화를 살펴보자.

```
User: *lightsaber battle*.
Cleverbot: Luke I am your father.
User: *swings with lightsaber*.
Cleverbot: *Blocks* *Swings lightsaber*.
User: *blocks stabs with lightsaber*.
Cleverbot: *pushes back with the force*.
User: *pulls out gun*.
Cleverbot: *Pulls out nuke*.
User: *pulls out chuck norris*.
Cleverbot: *pulls out God*.
User: *pulls out universe*.
Cleverbot: *pulls out his mom*.
User: Mommy... *sobs*.
Cleverbot: *curls up and cries*.
User: *cuddles and cries*.
Cleverbot: *kisses neck softly*.
User: *cries more*.
Cleverbot: *kisses tears more*.
User: *cries even more*.
Cleverbot: *Whispers* It's ok.
User: *still sobs*.
Cleverbot: *snaps neck*.
User: WTF?!
```

이제 시작한다. 사이트에서 기록을 다운로드해야 한다. 이를 위해 2장, '저렴한 아파트 찾기 앱 구축하기'에서와 동일한 도구인 import.io를 사용할 것이다.

페이지의 폼에 해당 링크를 붙여넣기만 하면 된다. 형식은 다음과 같다.

http://www.notsocleverbot.com/index.php?page=1

해당 요청이 전달되면 사이트에서 요청을 처리해 다음과 같은 페이지를 반환한다.

여기서, 모든 것이 잘된 것처럼 보이면 맨 위 오른쪽에 있는 핑크색 **Done** 버튼을 누른다.

사이트에서는 페이지 처리 후 다음 페이지로 이동한다.

이어서 중간에 있는 **Show URL Generator** 버튼을 누른다.

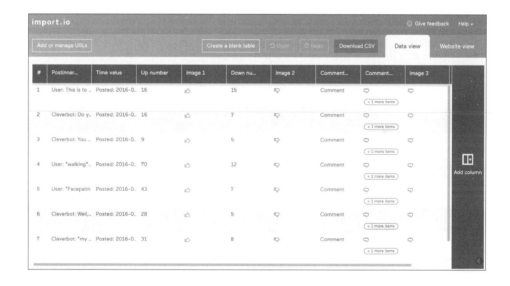

다음으로 다운로드할 번호의 범위를 설정할 수 있다. 예를 들어 1–20 범위에서 1씩 증가해도 된다. 더 많은 페이지를 가져오면, 모델이 더 좋아질 것은 명백하다. 하지만 서버에 세금이 부과된다는 걸 기억하고 신중하길 바란다.

작업이 완료되면, **Add to list**를 클릭하고 텍스트 박스에서 엔터를 입력하면 **Save**를 클릭할 수 있다. 실행되고 작업이 완료되면 CSV 파일로 데이터를 다운로드할 수 있다.

다음으로, 주피터 노트북을 사용해 데이터를 검토하고 처리한다. 먼저 pandas와 파이썬 정규 표현식 라이브러리인 re를 가져온다. 데이터를 더 잘 확인할 수 있도록 칼럼 간격을 더 넓히도록 설정한다.

```
import pandas as pd
import re
pd.set_option('display.max_colwidth',200)
```

이제 데이터를 가져온다.

```
df = pd.read_csv('/Users/alexcombs/Downloads/nscb.csv')
df
```

앞 코드의 결과는 다음과 같다.

	Postinner link	Postinner link_link	Time value	Up number	Image 1
0	User: *walking*\nCleverbot: *looks at you and winks* ;)\nUser: O.O *walks faster*\nCleverbot: *catches up with you and pins you against a wall*\nUser: *eyes widen* W-What do you want? \nCleverbot: ...	http://www.notsocleverbot.com/index.php?i=48277	Posted: 2016-04-18 04:30:53	21	http://www.notsocleverbot.com/images/thumbs_
1	User: *Facepalm* You are so stupid, you know that, right? \nCleverbot: I cannot argue with you.\nUser: So you admit your idiocy.\nCleverbot: You're all and I am nothing.\nUser:	http://www.notsocleverbot.com/index.php?i=48275	Posted: 2016-04-16 22:39:34	32	http://www.notsocleverbot.com/images/thumbs_

대화 데이터의 첫 번째 칼럼에만 관심이 있으므로, 구문 분석을 한다.

```
convo = df.iloc[:,0]
convo
```

앞 코드의 결과는 다음과 같다.

```
0        User: *walking*\nCleverbot: *looks at you and winks* ;)\nUser: O.O *walks faster*\nCleverbot: *catches up wi
th you and pins you against a wall*\nUser: *eyes widen* W-What do you want?\nCleverbot: ...
1        User: *Facepalm* You are so stupid, you know that, right?\nCleverbot: I cannot argue with you.\nUser: So you
admit your idiocy.\nCleverbot: You're all and I am nothing.\nUser: Yess!!!\nCleverbot: ...
2                                        Cleverbot: Well, my wife left
me today.\nUser: Feels bad for you.\nCleverbot: Not really, I have an amazing boyfriend :).
3                       Cleverbot: *my dragongirl chest fills with dragon milk*.\nUser: WHAT THE ACTUAL FUC
K?!?!!?\nCleverbot: *gives birth to dragon baby*\nUser: WHAT. THE. FUCK. HAPPENED. TO. CLEVERBOT.
4                                        Cleverbot: He'll have to sit and watch them al
l.\nUser: What the frick are you talking about.\nCleverbot: Something more pleasant than you!
5        Cleverbot: Give me a riddle.\nUser: What has a head but no body . has a bed but never sleeps . runs but neve
r walks.\nUser: What? I don't know.\nCleverbot: A river.\nCleverbot: A river is not a fl...
6        User: I"m commander shepard.\nCleverbot: Really?\nUser: Yupp.\nCleverbot: That's nice. Can I meet your frien
d?\nUser: Garrus or Tali.\nCleverbot: Garrus because he is more impressive.\nUser: Okay ...
```

앞의 스크린샷에서 사용자와 클레버봇 간의 대화를 하고 있으며, 대화를 시작할 수 있다는 것을 알 수 있다. 필요한 형태의 데이터를 얻기 위해 질문과 응답의 쌍으로 구문 분석을 해야 한다. 누가 무엇을 말했는지 알 필요는 없지만, 각 질문에 각 응답이 대응되는 것에는 관심이 있다. 왜 그런지 알아보자. 이제 텍스트에서 정규 표현식의 마술을 수행해보자.

```python
clist = []
def qa_pairs(x):
    cpairs = re.findall(": (.*?)(?:$|\n)", x)
    clist.extend(list(zip(cpairs, cpairs[1:])))
convo.map(qa_pairs);
convo_frame = pd.Series(dict(clist)).to_frame().reset_index()
convo_frame.columns = ['q', 'a']
```

앞 코드의 결과는 다음과 같다.

16	" i cant beleieve i spelled now wrong"	So now you are calling me silly?
17	"72	WTF *TAKES OFF SUNGLASSES MOTHER OF GOD*
18	"Darling so there you are, with that look on your face".	I am wearing leggings and a leotard, what are you wearing?
10	"Eate you mom".	Nn
20	"Help me, I'm pregnant.".	Boo. You need better jokes.
21	"I have a gun, get in the van".	I have the power to flush you.
22	"I kind of liked it your way, how you shyly placed your eyes on me".	Oh did you ever know? That I had mine on you.
23	"I"	You're ridiculous
24	"If frown is shown then I will know that you are no dreamer".	I am not Bill Gates. I am Martin Levenius. But that was obvious logic, it is tautological.

오케이, 코드가 많아졌는데 무슨 일이 일어났나? 먼저 질문과 응답 튜플을 담을 수 있는 리스트를 생성했다. 대화를 함수에 넣으면 정규 표현식을 사용해 쌍으로 분리해준다.

마지막으로 q와 a 칼럼을 가진 pandas 데이터프레임에 넣었다.

이제 사용자의 질문에 가장 가까운 질문을 맞추기 위해 알고리즘적인 마술을 적용할 것이다.

```
from sklearn.feature_extraction.text import TfidfVectorizer
from sklearn.metrics.pairwise import cosine_similarity
vectorizer = TfidfVectorizer(ngram_range=(1,3))
vec = vectorizer.fit_transform(convo_frame['q'])
```

앞의 코드에서 TfidfVectorization 라이브러리와 코사인 유사도 라이브러리를 가져왔다. 다음으로 학습 데이터를 사용해 tf-idf 행렬을 생성한다. 이제 새로운 질문을 변환해 학습 데이터에 있는 기존 질문과의 유사도를 측정한다.

 코사인 유사도와 tf-idf 알고리즘에 대한 자세한 내용은 5장, '맞춤형 뉴스피드 만들기'에서 다뤘으니 프로그램이 어떻게 동작하는지 알고 싶다면 돌아가서 확인하자.

유사도 점수를 구해보자.

```
my_q = vectorizer.transform(['Hi. My name is Alex.'])
cs = cosine_similarity(my_q, vec)
rs = pd.Series(cs[0]).sort_values(ascending=0)
top5 = rs.iloc[0:5]
top5
```

앞 코드의 결과는 다음과 같다.

```
29799      0.638891
53118      0.537884
29802      0.531098
29801      0.528135
46095      0.460475
```

무엇이 보이는가? 이것은 질문과 가장 가까운 질문 간의 코사인 유사도다. 왼쪽 값은 인덱스고, 오른쪽 값은 코사인 유사도다. 다음을 살펴보자.

```
convo_frame.iloc[top5.index]['q']
```

결과는 다음과 같다.

```
29799      Hi my name is Cleverbot.
53118      Okay your name is Alex.
29802      Hi my name is pat
29801      Hi my name is lune.
46095      My name is.
```

보다시피 똑같지는 않지만 확실히 비슷한 점이 있다.

이제 응답을 살펴보자.

```
rsi = rs.index[0]
rsi
convo_frame.iloc[rsi]['a']
```

앞 코드의 결과는 다음과 같다.

```
'Are you clever or something.'
```

오케이, 봇은 벌써 자신만의 스타일이 있어 보인다. 좀 더 해보자.

많은 문장을 쉽게 테스트할 수 있는 편리한 함수를 만들어보자.

```
def get_response(q):
    my_q = vectorizer.transform([q])
    cs = cosine_similarity(my_q, vec)
    rs = pd.Series(cs[0]).sort_values(ascending=0)
    rsi = rs.index[0]
    return convo_frame.iloc[rsi]['a']
get_response('Yes, I am clearly more clever than you will ever be!')
# '네 분명히 당신보다 똑똑합니다.'
```

결과는 다음과 같다.

```
'Prove it.'
```

확실히 몬스터를 만들었다. 계속 해보자.

```
get_response('You are a stupid machine. Why must I prove anything to you?')
# '넌 멍청한 기계야. 왜 내가 증명해야 하지?'
```

결과는 다음과 같다.

```
'Right you are.'
```

맘에 든다. 계속 해보자.

```
get_response('My spirit animal is a menacing cat. What is yours?')
# '내 영적 동물은 위협적인 고양이다. 너의 영적 동물은?'
```

```
'NAME!!!!!!!!!!!'
```

응답한 내용은 다음과 같다.

```
get_response('I mean I didn't actually name it.')
# '실제로 아직 이름을 정하지 못했어'
```

결과는 다음과 같다.

```
'*throws pillow*.'
```

계속 해보자.

```
get_response('Do you have a name suggestion?')
# '추천할 이름이 있니?'
```

결과는 다음과 같다.

```
'KAHHHHHHHN. Do YOU have a name.'
```

응답한 내용은 다음과 같다.

```
get_response('I think it might be a bit aggressive for a kitten')
# '새끼 고양이에게는 좀 공격적인 이름이다.'
```

결과는 다음과 같다.

```
"I'm calling the police."
```

상황을 진정시키려고 시도한다.

```
get_response('No need to involve the police.')
# '경찰을 부를 필요는 없어'
```

결과는 다음과 같다.

```
'I want to talk to you forever.'
```

그리고 마지막으로,

```
get_response('And I you, Cleverbot')
# '그리고 나 너 클레버봇'
```

결과는 다음과 같다.

```
"No. I'm Clevercake."
```

놀랍게도, 이 대화는 봇뿐만 아니라 봇이 아닌 것도 포함해서 최고의 대화 중 하나다.

이제 케이크 기반의 지능을 생성했으므로, 텍스트 메시지를 통해 실제로 대화하는 것을 설정해보자.

이 작업을 위해 몇 가지 것들이 필요하다. 첫 번째는 twilio 계정이다. 이 서비스는 텍스트 메시지를 보내고 받을 수 있는 무료 계정을 제공한다.

http://www.twilio.com에 접속해서 **sign up**을 클릭하고 무료 개발자 API 키를 받는다.
몇 가지 로그인 정보를 입력하면 전화번호를 확인하기 위해 문자를 전송한다. 설정이 완
료되면 퀵스타트 문서에서 세부 내용을 확인할 수 있다. 왼쪽 위 구석에 있는 드롭다운 메
뉴에서 파이썬을 선택했는지 확인하자.

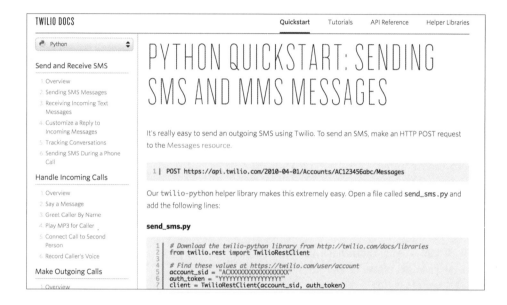

파이썬 코드에서 메시지를 보내는 것은 간단하지만, twilio 번호가 필요하다. 이 번호는
코드에서 수신 메시지를 보낼 때 사용한다. 비트를 수신하는 것은 웹 서버를 실행해야 하
기 때문에 좀 더 복잡하다. 문서가 간결하기 때문에 설정하는 데 어려움은 없을 것이다.
twilio 번호를 관리하는 위치 아래에 공개망에 접속된 플라스크[flask] 서버 URL을 붙여 넣
는다. 번호를 클릭하기만 하면 URL에 붙여넣기를 할 수 있다.

설정이 완료되면 플라스크 웹 서버를 실행해야 한다. 플라스크 앱에서 사용할 코드는 다음과 같이 간략하게 적었다.

```python
from flask import Flask, request, redirect
import twilio.twiml
import pandas as pd
import re
from sklearn.feature_extraction.text import TfidfVectorizer
from sklearn.metrics.pairwise import cosine_similarity
app = Flask(__name__)
PATH_TO_CSV = 'your/path/here.csv'
df = pd.read_csv(PATH_TO_CSV)
convo = df.iloc[:,0]
clist = []
def qa_pairs(x):
    cpairs = re.findall(": (.*?)(?:$|\n)", x)
    clist.extend(list(zip(cpairs, cpairs[1:])))
convo.map(qa_pairs);
convo_frame = pd.Series(dict(clist)).to_frame().reset_index()
convo_frame.columns = ['q', 'a']
vectorizer = TfidfVectorizer(ngram_range=(1,3))
vec = vectorizer.fit_transform(convo_frame['q'])
@app.route("/", methods=['GET', 'POST'])
def get_response():
    input_str = request.values.get('Body')
    def get_response(q):
        my_q = vectorizer.transform([input_str])
        cs = cosine_similarity(my_q, vec)
```

```
        rs = pd.Series(cs[0]).sort_values(ascending=0)
        rsi = rs.index[0]
        return convo_frame.iloc[rsi]['a']
    resp = twilio.twiml.Response()
    if input_str:
        resp.message(get_response(input_str))
        return str(resp)
    else:
        resp.message('Something bad happened here.')
        return str(resp)
```

꽤 진전된 것처럼 보이지만, 기본적으로 전에 사용했던 코드와 같은 코드를 사용했다. 단지 전에 get_request 함수에 직접 입력했던 데이터가 아니라 twilio가 보낸 POST 데이터(텍스트 본문)를 가져온다.

모든 게 계획대로 된다면, 언제나 메시지를 보낼 수 있는 이상한 친구를 가지게 될 것이다.

▌ 요약

이 장에서는 챗봇에 대해 전체적으로 알아봤다. 우리는 이런 종류의 애플리케이션이 폭발적으로 증가하는 첨단에 있다. 이 장을 통해 자신만의 봇을 생성하고 싶은 마음이 들었는지 들지 않았는지 알 수 없지만, 적어도 해당 애플리케이션이 동작하는 원리와 미래의 모습에 대해서는 깊이 이해했길 바란다.

앱에 마지막 말을 남겨보자.

```
get_response("Say goodbye, Clevercake")
```

```
'Goodbye.'
```

다음 장에서는 추천 엔진의 세계로 빠져보자.

09장 챗봇 구축하기 | 341

10

추천 엔진 구축하기

모든 것과 마찬가지로, 이것은 낙담과 독한 칵테일로부터 시작됐다. 어느 토요일에 젊은 두 청년이 데이트를 가는 대신 같이 붙어있었다. 두 하버드 신입생은 술을 마시며 앉아있는 동안 한탄하면서 아이디어를 구체화하기 시작했다. 맞는 여자를 만나기 위한 기회를 기대하는 것 대신 컴퓨터 알고리즘을 쓸 수 있다면 어떨까?

그들은 사람을 매칭하는 데 중요한 것은 첫 번째 어색한 데이트를 정말 찾고 있는 모든 이들을 위한 일종의 정보를 제공하는 설문지를 만드는 일이라고 생각했다. 이러한 설문지를 활용해 사람들을 수선했고, 없어져야 할 데이트를 제거할 수 있었다. 이 프로세스는 매우 효율적이었다.

이 아이디어는 보스턴과 전국의 대학생에게 제공되는 새로운 서비스로 시장에 진출했다. 그들은 지체없이 실행에 옮겼다.

얼마 후, 그들이 만든 디지털 중매 서비스는 큰 성공을 거뒀다. 전국 언론의 주목을 받으며 다음 몇 년간 수만 번의 중매를 이끌어냈다.

사실 회사는 크게 성공했고 결국 이 회사의 기술을 사용하길 원하는 큰 회사에 팔리게 됐다.

OkCupid를 생각하고 있다면 40년 후에 나왔기 때문에 그것은 틀렸다. 지금 이야기하고 있는 회사는 IBM 1401 메인프레임에서 펀치카드를 사용하던 1965년에 시작됐다. 그리고 계산을 수행하는 데 3일이 걸렸다.

하지만 이상하게도, OkCupid와 1965년의 선구자인 컴패터빌리티 리서치Compatibility Research, Inc 사이에는 관계가 있다. 컴패터빌리티 리서치의 공동창업자인 제프 타Jeff Tarr의 딸인 제니퍼 타Jennifer Tarr는 OkCupid의 공동창업자인 크리스 코인Chris Coyne의 와이프다. 세상 참 좁다.

이것이 왜 추천 엔진을 구축하는 장과 관련이 있을까? 이것이 가장 먼저 시작됐을 가능성이 크기 때문이다. 대부분의 사람들이 추천 엔진은 밀접하게 관련된 제품이나 음악, 영화 등을 찾아주는 도구라고 생각하지만, 원래는 잠재적인 친구를 찾아주는 것이었다. 그러므로 이런 시스템이 어떻게 작동하는지 생각할 수 있는 모델로서 참조할 만한 좋은 구조를 제공한다.

이 장에서는 추천 엔진의 다양한 추천시스템을 살펴본다. 어떻게 상업적으로 구현되고 내부적으로 어떻게 동작하는지 알 수 있다. 마지막으로 깃허브GitHub 저장소를 찾는 자체 추천 엔진을 구현할 것이다.

이 장에서는 다음 주제를 다룬다.

- 협업 필터링collaborative filtering
- 콘텐츠 기반 필터링content-based filtering
- 하이브리드 시스템
- 추천 엔진 구축하기

▌ 협업 필터링

2012년 초에 타깃 매장에서 다량의 쿠폰이 고등학생 나이의 딸에게 배달된 일을 겪었던 남자에 대한 이야기가 있다. 그는 매니저에게 강력히 항의했는데, 해당 쿠폰이 아기 옷과 분유, 가구와 같은 것에 집중돼 있었다.

남자의 불만을 듣고 나서 매니저는 정중히 사과했다. 실제로 며칠 동안 추적한 결과, 매니저는 기분이 나빠졌고 전화상으로 어떻게 이런 일이 일어났는지 확인하길 원했다. 이번에 전화로 사과했던 사람은 딸의 아빠였다. 사실 그의 딸이 임신한 것처럼 보였기 때문이다. 그녀의 쇼핑 습관으로 비밀이 탄로나게 됐다.

그녀의 비밀을 드러낸 알고리즘은 최소화해서 부분적으로 적용됐더라도 협업 필터링에 기반하고 있다.

그럼 협업 필터링이 무엇인가?

협업 필터링은 어딘가에 취향이 비슷한 사람이 있을 것이라는 아이디어에서 나왔다. 비슷한 사람들이 항목을 평가한 방식과 비슷하게 평가했지만, 다른 사람들이 평가하지 않은 추가 항목을 가졌다고 가정한다. 취향이 비슷하다는 걸 발견했을 때 비슷한 사람들이 높게 평가한 항목이나 아직 평가하지 않은 항목에서 추천이 생성된다. 이것은 디지털 중매와 많이 비슷하지만 결과는 실제 데이트할 사람이 아니라 매칭되는 노래나 제품이다.

임신한 고등학생의 사례에서 보는 것처럼, 무향 로션, 면봉, 비타민 보충제의 조합을 구입하게 되면 나중에 아기 침대나 기저귀를 구입하는 사람들과 짝을 이루게 된다.

사용자 기반 필터링

예제를 통해 실제로 어떻게 동작하는지 살펴보자.

유틸리티 매트릭스^{utility matrix}를 가지고 시작해보자. TDM^{Term-Document matrix}과 비슷하지만 용어와 문서 대신 제품과 사용자로 표현한다.

여기서 고객 A–D가 있고 0부터 5까지 평가한 제품이 있다고 가정한다.

	Snarky's Potato Chips	SoSo SmoothLotion	DufflyBeer	BetterTapWater	XXLargeLivin'Football Jersey	SnowyCottonBalls	Disposos'Diapers
A	4		5	3	5		
B		4		4		5	
C	2		2		1		
D		5		3		5	4

앞에서 본 것처럼 유사한 항목을 찾고 싶을 때, 코사인 유사도를 사용할 수 있다. 여기서도 사용해보자. 사용자 A와 가장 비슷한 사용자를 찾을 것이다. 평가되지 않은 항목이 많이 포함된 벡터가 있어서 누락된 값을 입력한다. 사용자 A와 B를 먼저 비교해보자.

```
from sklearn.metrics.pairwise import cosine_similarity
cosine_similarity(np.array([4,0,5,3,5,0,0]).reshape(1,-1),\
                np.array([0,4,0,4,0,5,0]).reshape(1,-1))
```

앞 코드의 결과는 다음과 같다.

```
array([[ 0.18353259]])
```

보는 바와 같이 둘 간에 공통적인 평가가 없기 때문에 유사도가 높지 않게 나왔다.

사용자 C와 A를 비교해보자.

```
cosine_similarity(np.array([4,0,5,3,5,0,0]).reshape(1,-1),\
                np.array([2,0,2,0,1,0,0]).reshape(1,-1))
```

앞 코드의 결과는 다음과 같다.

```
array([[ 0.88527041]])
```

동일한 제품을 매우 다르게 평가했음에도 불구하고 둘 간에 높은 유사도 점수(1은 완벽히 유사하다는 점을 기억하자.)가 나왔다. 왜 이런 결과가 나왔을까? 문제는 평가되지 않은 제품에 대해 0을 사용하는 것이다. 평가되지 않은 제품은 부정적인 것으로 합의돼 등록된다.

그럼 어떻게 고칠 수 있을까?

누락된 값에 0을 사용하는 대신 할 수 있는 것은 각 사용자의 평가의 평균이 0 혹은 중립이 되도록 하는 것이다. 각 사용자의 평가에서 평가 전체에 대한 평균을 빼면 된다. 예를 들어, A 사용자의 경우 평균은 17/4, 4.25다. 이제 사용자 A의 각 개별 평가에서 이 값을 뺀다.

완료되면, 모든 다른 사용자의 평균을 구하고 각 평가에서 평균을 빼는 작업을 전체 사용자에 대해 완료한다.

이 절차의 결과는 다음 표와 같다. 각 사용자의 행의 합은 반올림 문제가 있으니 무시하자.

	Snarky's Potato Chips	SoSo SmoothLotion	DufflyBeer	BetterTapWater	XXLargeLivin'Football Jersey	SnowyCottonBalls	Disposos'Diapers
A	-.25		.75	-1.25	.75		
B		-.33		-.33		.66	
C	-.33		.33		-.66		
D		.75		-1.25		.75	-.25

이제 새롭게 중심이 적용된 데이터에서 코사인 유사도를 찾아보자. A와 B 그리고 C를 다시 비교해보자.

먼저 A와 B를 비교한 결과는 다음과 같다.

```
cosine_similarity(np.array([ .25,0,.75,-1.25,.75,0,0])\
        .reshape(1,-1),\
        np.array([0,-.33,0,-.33,0,.66,0])\
        .reshape(1,-1))
```

앞 코드의 결과는 다음과 같다.

```
array([[ 0.30772873]])
```

이제 A와 C를 비교해보자.

```
cosine_similarity(np.array([-.25,0,.75,-1.25,.75,0,0])\
                .reshape(1,-1),\
                np.array([.33,0,.33,0,-.66,0,0])\
                .reshape(1,-1))
```

앞 코드의 결과는 다음과 같다.

```
array([[-0.24618298]])
```

A와 B 간의 유사도가 약간 증가한 반면, A와 C의 유사도는 급격히 감소했다. 생각한 대로 됐다.

이 중심화 절차centering process는 누락 값을 처리하는 데 도움을 주는 것 외에도 모든 사용자의 평균을 0에 맞춰서 높게 평가하거나 낮게 평가하는 평가자들을 처리하는 데 도움을 준다. 이 공식은 피어슨 상관 계수Pearson correlation coefficient와 같으며 계수는 −1과 1 사이의 값을 가진다.

이제 해당 구조를 사용해 제품의 평가를 예측해보자. 세 명의 사용자 X, Y, Z로 한정하고 Y, Z는 평가했지만 X가 평가하지 않은 제품의 평가를 예측한다.

각 사용자의 원래 평가에서 시작한다.

	Snarky's Potato Chips	SoSo SmoothLotion	DufflyBeer	BetterTapWater	XXLargeLivin'Football Jersey	SnowyCottonBalls	Disposos'Diapers
X		4		3		4	
Y		3.5		2.5		4	4
Z		4		3.5		4.5	4.5

그다음에는 이 평가 값을 중심화한다.

	Snarky's Potato Chips	SoSo SmoothLotion	DufflyBeer	BetterTapWater	XXLargeLivin'Football Jersey	SnowyCottonBalls	Disposos'Diapers
X		.33		−.66		.33	?
Y		0		−1		.5	.5
Z		−.125		−.625		.375	.375

이제 사용자 X가 Disposos의 기저귀에 어떤 평가를 했을지 알고 싶다. 사용자 Y와 Z의 평가를 사용해 중심화된 코사인 유사도에 따라 가중 평균을 구해 계산할 수 있다.

우선 사용자 Y에 대한 수치를 가져온다.

```
user_x = [0,.33,0,-.66,0,33,0]
user_y = [0,0,0,-1,0,.5,.5]
    cosine_similarity(np.array(user_x).reshape(1,-1),\
    np.array(user_y).reshape(1,-1))
```

앞 코드의 결과는 다음과 같다.

```
array([[ 0.42447212]])
```

이제 사용자 Z 차례다.

```
user_x = [0,.33,0,-.66,0,33,0]
user_z = [0,-.125,0,-.625,0,.375,.375]

cosine_similarity(np.array(user_x).reshape(1,-1),\
                np.array(user_z).reshape(1,-1))
```

앞 코드의 결과는 다음과 같다.

```
array([[ 0.46571861]])
```

이제 사용자 X와 Y 간의 유사도(.42447212)와 Z 간의 유사도(.46571861) 수치를 계산했다.

다 합쳐서 각 사용자의 평가를 X에 대한 유사도로 가중치를 준 다음 전체 유사도로 나눈다.

(.42447212 * (4) + .46571861 * (4.5)) / (.42447212 + .46571861) = 4.26

사용자 X의 Disposo의 기저귀에 대한 기대 평가는 4.26이다(쿠폰을 보내면 좋겠다!).

아이템 기반 필터링

지금까지 사용자 기반 협업 필터링만 살펴봤지만 사용할 수 있는 다른 방법이 있다. 실제로 사용자 기반 필터링보다 훨씬 성능이 좋은 이 방법은 바로 아이템 기반 필터링이다. 작동 방식은 다른 비슷한 사용자를 평가 기록으로 매칭하고 각각의 평가된 아이템을 다른 모든 아이템과 비교해 가장 비슷한 것을 찾게 되며 중심 코사인 유사도를 사용한다.

어떻게 동작하는지 살펴보자.

다시 유틸리티 행렬을 사용한다. 이번에는 사용자의 노래에 대한 평가다. 사용자는 각 열에 있고 노래는 각 행에 있다.

	U1	U2	U3	U4	U5
S1	2		4		5
S2		3		3	
S3	1		5		4
S4		4	4	4	
S5	3				5

이제 U3가 S5에 할당할 평가를 알고 싶다고 가정한다. 비슷한 사용자를 찾는 게 아니라 사용자 간에 평가한 방식에 기반해서 노래를 찾게 된다.

350

예제를 살펴보자.

먼저 각 노래 행을 중심화하고 대상 행인 S5에 대한 코사인 유사도를 계산한다.

	U1	U2	U3	U4	U5	CntrdCoSim
S1	−1.66		.33		1.33	.98
S2		0		0		0
S3	−2.33		1.66		.66	.72
S4		0	0	0		0
S5	−1		?		1	1

맨 오른쪽 열이 S5 행에 대해 각 행별로 중심 코사인 유사도로 계산됐다.

그다음에는 U3에 대한 노래 평가를 사용하기 위한 가장 인접한 이웃의 수로 k를 선택한다. 간단한 예제로 k=2를 사용한다.

노래 S1과 S3는 유사도가 높기 때문에 S1과 S3에 대한 U3의 평가(각각 4와 5)를 사용한다.

평가를 계산해보자.

(.98 * (4) + .72 * (5)) / (.98 + .72) = 4.42

따라서 아이템 기반 협업 필터링을 기반으로 U3는 S5에 대해 4.42라는 높은 평가를 할 것이라고 계산했다.

앞서 사용자 기반 필터링이 아이템 기반 필터링보다 덜 효과적이라고 이야기했다. 왜 그럴까?

여러분과 좋아하는 것이 비슷한 친구가 있지만 그 외 다른 것에는 전혀 관심 없는 경우가 좋을 것 같다.

예를 들어, 둘 다 '왕좌의 게임Game of Thrones'이라는 미드를 좋아하지만, 친구는 노르웨이 데스 메탈 음악을 좋아할 수 있다. 하지만 당신은 노르웨이 데스 메탈을 듣는 것을 죽는 것보다 더 싫어 할 수 있다. 데스 메탈을 제외하고 여러 방면에서 비슷한 경우 사용자 기반 추천에서는 화염, 도끼, 해골, 곤봉과 같은 단어가 포함된 밴드를 앞으로도 추천받게 된다. 아이템 기반 필터링에서 이런 제안은 거의 대부분 제거된다.

코드 예제를 가지고 빠르게 내용을 정리해보자.

먼저 예제 데이터프레임을 생성한다.

```python
import pandas as pd
import numpy as np
from sklearn.metrics.pairwise import cosine_similarity

df = pd.DataFrame({'U1':[2 , None, 1, None, 3], 'U2': [None, 3, None, 4, None],\
                   'U3': [4, None, 5, 4, None], 'U4': [None, 3, None, 4, None], 'U5': [5, None, 4, None, 5]})

df.index = ['S1', 'S2', 'S3', 'S4', 'S5']

df
```

앞 코드의 결과는 다음과 같다.

	U1	U2	U3	U4	U5
S1	2.0	NaN	4.0	NaN	5.0
S2	NaN	3.0	NaN	3.0	NaN
S3	1.0	NaN	5.0	NaN	4.0
S4	NaN	4.0	4.0	4.0	NaN
S5	3.0	NaN	NaN	NaN	5.0

이제 사용자와 아이템을 가지고 평가 행렬 함수를 생성한다. 해당 함수는 협업 필터링을 기반으로 예상 평가를 반환한다.

```
def get_sim(ratings, target_user, target_item, k=2):
centered_ratings = ratings.apply(lambda x: x - x.mean(), axis=1)
csim_list = []
for i in centered_ratings.index:
csim_list.append(cosine_similarity(np.nan_to_num(centered_ratings.loc[i,:].
values).reshape(1, -1),
np.nan_to_num(centered_ratings.loc[target_item,:]).reshape(1, -1)).item())
new_ratings = pd.DataFrame({'similarity': csim_list, 'rating':
ratings[target_user]}, index=ratings.index)
top = new_ratings.dropna().sort_values('similarity',
ascending=False)[:k].copy()
top['multiple'] = top['rating'] * top['similarity']
result = top['multiple'].sum()/top['similarity'].sum()
    return result
```

이제 값을 입력하면 사용자—아이템별 예상 평가를 반환한다.

```
get_sim(df, 'U3', 'S5', 2)
```

앞 코드의 결과는 다음과 같다.

```
4.423232002361576
```

이전 분석과 결과가 일치하는 걸 확인할 수 있다.

지금까지 사용자와 아이템을 비교할 때 단일 엔티티로 봤지만, 이세는 사용자와 아이템을 피처 묶음feature basket으로 나누는 다른 방식으로 알아보자.

콘텐츠 기반 필터링

음악가인 팀 웨스터그렌은 수년간 '왜 다른 음악가들처럼 잘 나가지 못하지?'라는 이야기를 들어왔다. 그들의 음악은 라디오에서 듣는 음악만큼 좋았다. 하지만 어찌됐든 그들은 아직 큰 성공을 거두지 못했다. 팀은 그들의 음악과 잘 맞는 충분히 많은 사람들에게 노출되지 않기 때문이라고 생각했다.

팀은 음악가의 일을 그만두고 영화 음악 작곡가로서 일을 시작했다. 그는 음악이 확연히 구분되는 구조 또는 구성 성분을 분석할 수 있는 DNA를 가지고 있다고 생각했다.

여러 생각을 통해, 그는 음악 게놈을 구축하는 아이디어로 회사를 만드는 것을 고려하기 시작했다. 그는 이 아이디어를 회사를 만들어 매각한 친구 중 한 명에게 이야기했고 그는 팀의 아이디어를 좋아했다. 그들은 사업 계획서를 만들고 프로젝트를 위한 초기 자금을 모으기 시작했다. 그리고 그렇게 진행됐다.

다음 몇 년간, 그들은 수백만 개의 음악에 대해 수작업을 통해 귀로 듣고 나서 꼼꼼하게 400개의 다른 피처마다 0에서 5까지의 범위로 코드화하는 작은 규모의 음악가를 고용했다. 3~4분 정도의 노래를 평가하는 데는 30분 정도 소요됐다.

해당 피처에는 얼마나 싱어의 목소리가 귀에 거슬리는지, 템포에는 분당 얼마나 많은 비트가 들어있는지와 같은 변수들이 포함돼 있다. 첫 번째 프로토타입이 완성되기까지 거의 1년이 걸렸다. 전체를 엑셀의 VBA 매크로를 사용해 만들었고, 추천 한 개를 하는 데 거의 4분 정도가 걸렸다. 하지만 결국 그것은 효과가 있었다.

이 회사는 판도라 뮤직^{Pandora Music}으로, 매일 전 세계 수백만 명이 사용하고 있는 상품이므로 이미 들어봤거나 사용하고 있을 것이다. 의심의 여지없이 콘텐츠 기반 필터링의 성공 사례다.

콘텐츠 기반 필터링에서 하나의 노래는 각각의 독립적인 단위로 취급되는 것이 아니라 친구 간 코사인 유사도를 비교하는 데 사용하는 피처 벡터가 된다.

이러한 노래는 피처 벡터로 분석될 수 있을 뿐 아니라 청취자에게도 적용된다. 청취자의 취향 프로파일은 공간에서 벡터화돼 그들의 취향 프로파일과 노래 자체를 측정할 수 있다.

팀 웨스터그렌에게 이것은 마술이었다. 많은 추천들과 같이 음악에 대한 대중성에 기반하는 것이 아니라 고유의 구조화된 유사도에 기반해 추천하기 때문이다. 만약 어떤 사람이 X라는 노래를 아직 듣지 않았지만, Y라는 노래가 X라는 노래와 유전적으로 동일하다면 Y라는 노래도 좋아할 것이란 의미다. 이것이 콘텐츠 기반 필터링이다.

▌하이브리드 시스템

지금까지 주요 추천 시스템을 살펴봤다. 하지만 큰 규모의 개발 환경에서는 두 가지 추천 엔진 모드를 활용하게 된다. 이것을 하이브리드 시스템이라 하며, 각 시스템만 독립적으로 사용할 때의 단점을 제거하는 데 도움을 준다. 두 시스템은 함께 좀 더 견고한 솔루션을 만든다.

각 종류별 장점과 단점을 살펴보자.

협업 필터링:

협업 필터링의 장점은 다음과 같다.

- 수작업으로 피처를 만들 필요가 없음

협업 필터링의 단점은 다음과 같다.

- 아이템과 사용자가 많아지면 제대로 동작하지 않음
- 아이템의 개수가 구입할 수 있는 개수를 초과하면 데이터가 빈약해짐

콘텐츠 기반 필터링:

콘텐츠 기반 필터링의 장점은 다음과 같다.

- 많은 사용자가 필요하지 않음

콘텐츠 기반 필터링의 단점은 다음과 같다.

- 정확한 피처를 정의하기 어려움
- 뜻밖의 발견은 부족함

대규모 사용자가 없는 경우 콘텐츠 기반 필터링이 더 나은 선택이지만, 성장함에 따라 협업 필터링을 추가하면 추천 시 뜻밖의 발견을 만드는 데 도움이 된다.

이제 추천 엔진의 종류와 내부적인 동작 방법에 익숙해졌으므로, 자체 엔진을 구축해보자.

▌ 추천 엔진 구축하기

정말 유용한 깃허브 저장소를 찾는 것은 내가 좋아하는 일 중 하나다. 저장소는 엘라스틱 서치ElasticSearch를 사용할 때 수십 줄의 코드를 저장할 수 있는 머신 러닝 기반의 라이브러리와 손으로 만든 튜토리얼 등을 모두 포함하고 있다. 문제는 이런 라이브러리를 찾기가 어렵다는 것이다. 다행히, 깃허브 API를 활용하는 방법을 알고 있어서 이런 보석 같은 코드를 찾을 수 있게 도와줄 수 있다.

깃허브 API를 사용해 협업 필터링 기반의 추천 엔진을 만들어보자. 우선 별 표시를 한 저장소를 모두 가져온 후 해당 저장소의 제작자 리스트를 가져온다. 그런 다음, 사용자들이 별 표시를 한 모든 저장소의 리스트를 가져온다. 작업이 완료되면 별 표시를 한 저장소를 비교해 나와 가장 비슷한 사용자를 찾을 수 있다(본인의 저장소를 이용하는 방법도 추천한다). 그들이 별 표시를 한(그리고 별 표시를 하지 않은) 저장소를 이용해 추천 항목을 생성할 수 있다.

시작해보자. 우선 필요한 라이브러리를 가져온다.

```
import pandas as pd
import numpy as np
import requests
import json
```

이제 깃허브에서 계정을 개설하고 깃허브 처리를 위해 저장소에 별 표시를 해야 한다. 개발자 프로그램에 등록할 필요는 없다. 프로필에서 인증 토큰을 받을 수 있으므로 API를 사용할 수 있다. 해당 코드로 동작은 하지만 예제에서 사용하기에는 제한이 있다.

API를 사용할 수 있는 토큰을 생성하기 위해 다음의 URL https://github.com/settings/tokens에 접속하자. 오른쪽 위 코너에서 다음과 같은 이미지 버튼을 볼 수 있다.

Personal access tokens

Generate new token

Tokens you have generated that can be used to access the GitHub API.

Generate new token 버튼을 클릭한다. 완료되면 토큰을 복사해 다음 코드에 입력한다. 둘 다 따옴표로 닫아야 한다.

```
myun = YOUR_GITHUB_HANDLE
mypw = YOUR_PERSONAL_TOKEN
```

이제 별 표시를 한 모든 저장소의 이름을 가져오는 함수를 만든다.

```
my_starred_repos = []
def get_starred_by_me():
    resp_list = []
    last_resp = ''
    first_url_to_get = 'https://api.github.com/user/starred'
```

```
first_url_resp = requests.get(first_url_to_get, auth=
(myun,mypw))
last_resp = first_url_resp
resp_list.append(json.loads(first_url_resp.text))

while last_resp.links.get('next'):
    next_url_to_get = last_resp.links['next']['url']
    next_url_resp = requests.get(next_url_to_get, auth=
    (myun,mypw))
    last_resp = next_url_resp
    resp_list.append(json.loads(next_url_resp.text))

for i in resp_list:
    for j in i:
        msr = j['html_url']
        my_starred_repos.append(msr)
```

코드가 길지만, 기본적으로 별 표시한 저장소를 얻기 위해 API에 쿼리한다. 깃허브는 하나의 호출에 모든 것을 반환하지 않고 페이지 수 매김pagination을 사용한다. 이 때문에 각 응답에 반환되는 .links를 확인해야 한다. 호출할 다음 링크가 있는 경우 계속 쿼리한다.

다음으로 우리가 생성한 함수를 호출하면 된다.

```
get_starred_by_me( )
```

이렇게 하면 별 표시를 한 모든 저장소를 볼 수 있다.

```
my_starred_repos
```

코드의 결과는 다음과 비슷해진다.

```
['https://github.com/pydata/pandas',
 'https://github.com/ipython/ipywidgets',
 'https://github.com/tweepy/tweepy',
 'https://github.com/matplotlib/matplotlib',
 'https://github.com/d3/d3',
 'https://github.com/JohnLangford/vowpal_wabbit',
 'https://github.com/tensorflow/tensorflow',
 'https://github.com/scikit-learn/scikit-learn',
 'https://github.com/chncyhn/flappybird-qlearning-bot',
 'https://github.com/josephmisiti/awesome-machine-learning',
 'https://github.com/vinta/awesome-python',
```

다음으로 별 표시를 한 각 라이브러리의 사용자 이름을 분석해 별 표시가 된 라이브러리를 검색할 수 있도록 해야 한다.

```python
my_starred_users = []
for ln in my_starred_repos:
    right_split = ln.split('.com/')[1]
    starred_usr = right_split.split('/')[0]
    my_starred_users.append(starred_usr)

my_starred_users
```

앞 코드의 결과는 다음과 같다.

```
['pydata',
 'ipython',
 'tweepy',
 'matplotlib',
 'd3',
 'JohnLangford',
 'tensorflow',
 'scikit-learn',
 'chncyhn',
 'josephmisiti',
 'vinta',
 'yawitzd',
 'ujjwalkarn',
```

별 표시를 한 모든 사용자에 대해 처리하고 나면, 별 표시를 한 모든 저장소를 검색해야 한다.

다음 함수가 이를 수행한다.

```python
starred_repos = {k:[] for k in set(my_starred_users)}
def get_starred_by_user(user_name):
    starred_resp_list = []
    last_resp = ''
    first_url_to_get = 'https://api.github.com/users/'+ user_name
    +'/starred'
    first_url_resp = requests.get(first_url_to_get, auth=
    (myun,mypw))
    last_resp = first_url_resp
    starred_resp_list.append(json.loads(first_url_resp.text))

    while last_resp.links.get('next'):
        next_url_to_get = last_resp.links['next']['url']
        next_url_resp = requests.get(next_url_to_get, auth=
        (myun,mypw))
        last_resp = next_url_resp

starred_resp_list.append(json.loads(next_url_resp.text))

    for i in starred_resp_list:
        for j in i:
            sr = j['html_url']
            starred_repos.get(user_name).append(sr)
```

이 함수는 앞서 호출한 함수와 거의 동일한 방식으로 동작하지만, 마지막 호출이 다르다. 별 표시가 된 저장소를 나중에 쓰기 위해 사전에 추가한다.

이제 호출해보자. 각 사용자가 별 표시를 한 저장소의 개수에 따라 실행 시 몇 분이 걸릴 수 있다. 실제로 4,000개 이상의 저장소에 별 표시한 사용자만 가져왔다.

```
for usr in list(set(my_starred_users)):
    print(usr)
    try:
        get_starred_by_user(usr)
    except:
        print('failed for user', usr)
```

앞 코드의 결과는 다음과 같다.

```
podopie
twitter
grangier
bmtgoncalves
bloomberg
donnemartin
cchi
monkeylearn
misterGF
clips
hangtwenty
sandialabs
yhat
d3
```

호출 전에 별 표시가 된 사용자 목록을 셋으로 변경했다. 한 명의 사용자 핸들에 여러 개의 저장소가 별 표시돼 있어 중복되는 경우를 발견했으며 이렇게 해서 추가적인 호출을 줄일 수 있었다.

이제 별 표시를 한 모든 사람이 별 표시를 한 모든 저장소를 포함하는 피처 셋을 만들어야 한다.

```
repo_vocab = [item for sl in list(starred_repos.values()) for item in sl]
```

다음으로, 다수의 사용자가 동일한 저장소를 별 표시하는 것을 방지하기 위해 중복을 제거하고자 변환한다.

```
repo_set = list(set(repo_vocab))
```

몇 개나 추출되는지 살펴보자.

```
len(repo_vocab)
```

앞 코드의 결과는 다음과 같다.

```
12378
```

80개가 넘는 저장소에 별 표시를 했는데, 해당 저장소의 사용자가 별 표시한 저장소를 모두 합하면 12,000개의 고유한 저장소가 된다.

이제 완전한 피처 셋 혹은 저장소 목록이 만들어졌으므로 모든 사용자를 대상으로 각 저장소가 별 표시를 받았다면 1, 별 표시를 안 받았다면 0인 바이너리 벡터를 생성한다.

```
all_usr_vector = []
for k,v in starred_repos.items():
    usr_vector = []
    for url in repo_set:
        if url in v:
            usr_vector.extend([1])
        else:
            usr_vector.extend([0])
    all_usr_vector.append(usr_vector)
```

방금 했던 작업은 저장소 목록에 있는 각각의 저장소에 별 표시를 했는지 모든 사용자에 대해 확인하는 것이다. 별 표시를 받았다면 1이고, 못 받았다면 0이 된다.

여기서 각 사용자별(모두 79명)로 12,378개의 아이템 바이너리 벡터를 가진다. 이것을 데이터프레임에 넣는다. 행 인덱스는 별 표시를 한 사용자가 되고 열은 저장소 목록이 된다.

```
df = pd.DataFrame(all_usr_vector, columns=repo_set,
index=starred_repos.keys())
df
```

앞 코드의 결과는 다음과 같다.

	https://github.com/wagerfield/parallax	https://github.com/agibsonsw/AndyPython	https://github.c behavior
bmtgoncalves	0	0	0
twitter	0	0	0
matryer	0	0	0
bloomberg	0	0	0
donnemartin	0	0	0
cchi	0	0	0
monkeylearn	0	0	0

다음으로 다른 사용자와 자신을 비교하기 위해 해당 프레임에 행을 추가한다.

```
my_repo_comp = []
for i in df.columns:
    if i in my_starred_repos:
        my_repo_comp.append(1)
    else:
        my_repo_comp.append(0)

mrc = pd.Series(my_repo_comp).to_frame('acombs').T
mrc
```

앞 코드의 결과는 다음과 같다.

	0	1	2	3	4	5	6	7	8	9	...	12368	12369	12370	12371	12372	12373	12374	12375	12376	12377
acombs	0	0	0	0	0	0	0	0	0	0	...	0	0	0	0	0	0	0	0	0	0

이제 적당한 열 이름을 추가하고 다른 데이터프레임과 결합해야 한다.

```
mrc.columns = df.columns

fdf = pd.concat([df, mrc])

fdf
```

앞 코드의 결과는 다음과 같다.

Quartz	0	0	0
toddmotto	0	0	0
cemoody	0	0	0
PMSI-AlignAlytics	0	0	0
lukhnos	0	0	0
fivethirtyeight	0	0	0
acombs	0	0	0

앞의 스크린샷에서 데이터프레임에 추가된 것을 확인할 수 있다.

여기서 자신과 별 표시를 한 다른 사용자 간의 유사도를 계산할 필요가 있다. 이제 pearsonr 함수를 사용해 계산하기 위해 SciPy에서 가져와야 한다.

```
from scipy.stats import pearsonr

sim_score = {}
for i in range(len(fdf)):
```

```
    ss = pearsonr(fdf.iloc[-1,:], fdf.iloc[i,:])
    sim_score.update({i: ss[0]})

sf = pd.Series(sim_score).to_frame('similarity')
sf
```

앞 코드의 결과는 다음과 같다.

	similarity
0	NaN
1	NaN
2	0.007047
3	NaN
4	0.134539
5	0.164320
6	NaN
7	0.011832

방금 했던 작업은 데이터프레임의 마지막 벡터(자신의 벡터)와 다른 모든 사용자의 벡터를 비교해 중심 코사인 유사도(피어슨 상관 계수)를 생성한 것이다. 일부 값은 별 표시를 한 저장소가 없어서 계산상 0으로 나누게 돼, NaN(숫자 아님)이다.

가장 유사도가 높은 사용자의 인덱스를 반환하도록 해당 값을 정렬하자.

```
sf.sort_values('similarity', ascending=False)
```

앞 코드의 결과는 다음과 같다.

	similarity
79	1.000000
31	0.204703
5	0.164320
71	0.149323
4	0.134539
64	0.111629
24	0.105784
69	0.091494

가장 유사도가 높은 사용자와 우리가 즐길 수 있는 저장소를 추천하기 위해 사용할 저장
소가 있다. 해당 사용자와 무엇에 별 표시를 했는지 살펴보자.

완벽하게 유사도가 높은 첫 번째 사용자는 자신의 저장소이므로 무시하자. 그 아래로 보
면, 가장 가깝게 매칭되는 사용자 31, 사용자 5, 그리고 사용자 71이 있다. 각각을 살펴
보자.

```
fdf.index[31]
```

앞 코드의 결과는 다음과 같다.

```
'lmcinnes'
```

누구인지 그리고 저장소가 무엇인지 살펴보자.

https://github.com/lmcinnes에 가면 누구의 저장소인지 알 수 있다.

훌륭한 라이브러리인 hdbscan의 개발자며 scikit-learn과 matplotlib의 컨트리뷰터
^{contributor}다.

Leland McInnes
lmcinnes

Tutte Institute for Mathematics an
Ottawa, Ontario, Canada
Joined on Apr 15, 2015

그가 별 표시한 것을 보자. 이를 확인하기 위한 여러 가지 방법이 있다. 코드를 사용할 수
도 있고, 별 표시가 있는 사진을 클릭할 수도 있다. 이를 위해 두 가지 방법을 사용해 비교
하고 모든 것이 일치하는지 확인해보자.

먼저 코드를 통한 방법은 다음과 같다.

```
fdf.iloc[31,:][fdf.iloc[31,:]==1]
```

앞 코드의 결과는 다음과 같다.

```
https://github.com/glennq/tga                                    1
https://github.com/iamaziz/PyDataset                             1
https://github.com/lmcinnes/hdbscan                              1
https://github.com/jupyter-incubator/kernel_gateway_bundlers     1
https://github.com/lmcinnes/hypergraph                           1
https://github.com/tensorflow/skflow                             1
https://github.com/cehorn/GLRM                                   1
https://github.com/mwaskom/seaborn                               1
https://github.com/jupyter-incubator/dashboards                  1
https://github.com/scikit-learn/scikit-learn                     1
https://github.com/stitchfix/d3-jupyter-tutorial                 1
https://github.com/matplotlib/matplotlib                         1
https://github.com/patricksnape/PyRPCA                           1
Name: lmcinnes, dtype: int64
```

13개의 별 표시된 저장소가 있다. 깃허브 사이트에서 이들을 비교해보자.

여기서 코드와 실제 내용이 동일하다는 것을 알 수 있다. 또한 별 표시를 한 것과 아닌 것을 ID로 지정할 수 있다.

안타깝게도, 13개의 별 표시된 저장소만 있다면 추천을 생성할 저장소가 많지는 않다.

다음 사용자는 유사성 측면에서 실제 친구이자 전 동료였던 챨스 차이^{Charles Chi}다.

```
fdf.index[5]
```

앞 코드의 결과는 다음과 같다.

```
'cchi'
```

깃허브 프로필은 다음과 같다.

이곳이 그가 별 표시한 저장소다.

찰스에는 별 표시한 27개의 저장소가 있으며, 그래서 추천할 만한 게 좀 있다.

마지막으로, 세 번째 비슷한 사용자를 살펴보자.

```
fdf.index[71]
```

결과는 다음과 같다.

```
'rushter'
```

해당 사용자는 아템 러스터Artem Ruster로 대략 500개 이상의 저장소에 별 표시를 했다.

Artem
rushter

⊙ Russia
✉ github@rushter.com
↻ http://rushter.com
⏱ Joined on Jan 4, 2013

별 표시한 저장소를 다음 그림에서 볼 수 있다.

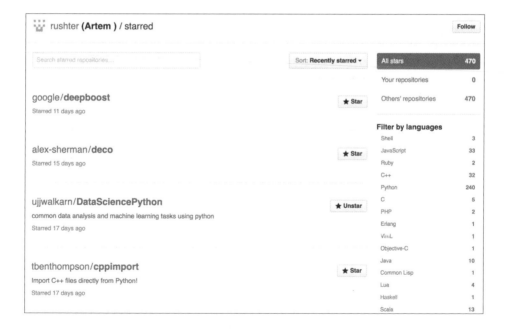

확실히 추천을 생성하기에 비옥한 토지다. 이제 위의 세 가지 링크를 사용해 몇 개의 추천을 생성해보자.

우선 그들이 별 표시를 한 저장소 중 없는 링크를 수집해야 한다. 가장 유사도가 높은 사용자들이 별 표시한 저장소뿐만 아니라 자신이 별 표시한 저장소도 추가해 데이터프레임을 생성한다.

```
all_recs =
fdf.iloc[[31,5,71,79],:][fdf.iloc[[31,5,71,79],:]==1].fillna(0).T
```

앞 코드의 결과는 다음과 같다.

	lmcinnes	cchi	rushter	acombs
https://github.com/wagerfield/parallax	0	0	0	0
https://github.com/agibsonsw/AndyPython	0	0	0	0
https://github.com/taion/scroll-behavior	0	0	0	0
https://github.com/anicollection/anicollection	0	0	0	0
https://github.com/mahmoud/lithoxyl	0	0	0	0
https://github.com/gciruelos/musthe	0	0	0	0
https://github.com/slimkrazy/python-google-places	0	0	0	0
https://github.com/afgiel/video_cnn	0	0	0	0
https://github.com/KristianOellegaard/packer-storm	0	0	0	0
https://github.com/carlsednaoui/ouibounce	0	0	0	0

모두 0인 것처럼 보이지만 걱정하지 않아도 된다. 데이터가 빈약한 행렬로 대부분 0이 된다. 모두가 별 표시를 한 저장소가 있는지 확인해보자.

```
all_recs[(all_recs==1).all(axis=1)]
```

코드의 결과는 다음과 같다.

	lmcinnes	cchi	rushter	acombs
https://github.com/tensorflow/skflow	1	1	1	1
https://github.com/scikit-learn/scikit-learn	1	1	1	1

보는 바와 같이 모두가 scikit-learn을 좋아한다. 놀랍지도 않다. 나는 놓쳤지만 그들 모두가 별 표시를 한 것이 무엇인지 살펴보자. 나를 뺀 프레임을 생성해, 일반적으로 별 표시가 돼 있는 저장소를 쿼리한다.

```
str_recs_tmp = all_recs[all_recs['acombs']==0].copy()
str_recs = str_recs_tmp.iloc[:,:-1].copy()
str_recs
```

앞 코드의 결과는 다음과 같다.

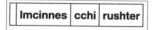

오케이, 무엇 하나 놓치지 않았던 것으로 보인다. 적어도 두 명 이상이 별 표시를 한 저장소가 있는지 찾아보자. 이것을 찾으려면 행을 합산하면 된다.

```
str_recs[str_recs.sum(axis=1)>1]
```

앞 코드의 결과는 다음과 같다.

	lmcinnes	cchi	rushter
https://github.com/rasbt/python-machine-learning-book	0	1	1
https://github.com/prakhar1989/awesome-courses	0	1	1
https://github.com/rasbt/pattern_classification	0	1	1
https://github.com/DrSkippy/Data-Science-45min-Intros	0	1	1
https://github.com/numenta/nupic	0	1	1
https://github.com/kjw0612/awesome-rnn	0	1	1
https://github.com/airbnb/aerosolve	0	1	1
https://github.com/ogrisel/parallel_ml_tutorial	0	1	1
https://github.com/ChristosChristofidis/awesome-deep-learning	0	1	1
https://github.com/PredictionIO/PredictionIO	0	1	1
https://github.com/mwaskom/seaborn	1	0	1
https://github.com/okulbilisim/awesome-datascience	0	1	1

cchi와 rushter가 별 표시를 한 많은 저장소가 있어서 가망이 있어 보인다. 저장소 이름을 보면 'awesome'이 정말 많이 보인다. 어쩌면 전체 추천 목록을 건너뛰고 'awesome'으로 키워드를 검색했었을 수도 있다.

이 시점에서 결과로부터 깊은 인상을 받았다. 이들은 모두 분명히 내 관심을 끌고, 또한 분명히 검토해야 할 대상이다.

지금까지 협업 필터링을 사용해 추천을 생성하고 난 후 집합을 사용해 약간의 추가적인 필터링을 수행했다. 추가적인 작업을 더 하고 싶다면 별 표시를 받은 총합을 기준으로 추천을 정렬할 수 있다. 깃허브 API에 추가적인 호출을 함으로써 이 작업을 할 수 있으며, 해당 정보를 제공하는 엔드포인트가 있다.

결과를 향상시키기 위해 할 수 있는 것은 콘텐츠 기반 필터링 단계를 추가하는 것이다. 이는 앞서 이야기한 하이브리드 시스템을 만드는 단계다. 자신의 저장소에서 관심을 가질 만한 유형을 알 수 있는 피처 셋을 생성해야 한다.

피처 셋을 만드는 한 가지 방법은 별 표시와 함께 설명과 저장소의 이름을 토큰화해 만드는 것이다.

다음은 내가 별 표시한 저장소다.

상상할 수 있는 것과 마찬가지로, 이는 협업 필터링을 사용해 찾은 사용자의 저장소를 조사해 단어 피처의 셋을 만드는 것이다. 여기에는 파이썬, 머신 러닝, 데이터 과학 등과 같은 많은 단어들이 포함된다. 이렇게 하면 우리와 덜 비슷한 사용자에게 우리의 관심에 기반한 추천을 제공하게 되며, 추천을 통한 우연한 발견의 기회는 줄어들 것이기 때문에 깊이 고민해야 한다. 예를 들어 별 표시를 한 저장소와 비슷하진 않지만, 매우 관심 있는 저장소일 수 있다. 충분히 가능성이 있다.

콘텐츠 기반 필터링 단계는 데이터프레임의 관점에서 무엇이 될까? 칼럼은 단어 피처(n그램)가 되고, 로우는 협업 필터링 단계에서 생성된 저장소다. 자신의 저장소와 비교하기 위해 유사도 측정을 다시 실행하면 된다.

▌ 요약

이 장에서는 추천 엔진에 대해 배웠다. 오늘날 주로 사용되는 두 가지 종류의 시스템인 협업 필터링과 콘텐츠 기반 필터링에 대해 배웠으며 하이브리드 시스템의 형태로 결합해서 사용하는 방법도 배웠다. 또한 각 시스템 종류별로 장점과 단점을 알아봤다. 마지막으로 깃허브 API를 이용해 처음부터 단계별로 추천 엔진을 만드는 것을 배웠다.

이 장의 지침들을 사용해 자신만의 추천 엔진을 구축하고 여러분에게 유용한 다양한 자원을 찾길 바란다. 내 경우에는 사용 가능한 많은 것들을 찾을 수 있었다.

이 책에서 다뤘던 모든 머신 러닝 기반 기술을 바탕으로 추천 엔진을 구축하는 여정에 행운이 있길 바란다. 머신 러닝은 앞으로의 삶 전반에 걸쳐 영향을 줄 수 있는 새로운 가능성의 세계를 열어주며, 여러분은 새로운 가능성의 세계로 첫 발을 내딛게 됐다.

| 찾아보기 |

에이콘출판의 기틀을 마련하신 故 정완재 선생님 (1935-2004)

생활 속 문제를 통해 배워보는 머신 러닝

파이썬 머신 러닝 블루프린트

발 행 | 2018년 1월 2일

지은이 | 알렉산더 콤스
옮긴이 | 곽 용 훈

펴낸이 | 권 성 준
편집장 | 황 영 주
편 집 | 조 유 나
디자인 | 박 주 란

에이콘출판주식회사
서울특별시 양천구 국회대로 287 (목동)
전화 02-2653-7600, 팩스 02-2653-0433
www.acornpub.co.kr / editor@acornpub.co.kr

한국어판 ⓒ 에이콘출판주식회사, 2018, Printed in Korea.
ISBN 979-11-6175-085-9
ISBN 978-89-6077-210-6 (세트)
http://www.acornpub.co.kr/book/python-ml-blueprints

이 도서의 국립중앙도서관 출판시도서목록(CIP)은 서지정보유통지원시스템 홈페이지(http://seoji.nl.go.kr)와
국가자료공동목록시스템(http://www.nl.go.kr/kolisnet)에서 이용하실 수 있습니다.(CIP제어번호: CIP2017031080)

책값은 뒤표지에 있습니다.